법의
균형

법의 균형
Searching for The Equilibrium of Law
© 최승필, 2021

펴낸날   1판 1쇄 2021년 4월 25일

지은이   최승필
펴낸이   윤미경

펴낸곳   헤이북스
출판등록 제2014-000031호(2013년 6월 13일)
주소   경기도 성남시 분당구 황새울로 234, 607호
전화   031-603-6166
팩스   031-624-4284
이메일   heybooksblog@naver.com

책임편집 김영회
디자인   류지혜
제작   한영문화사

ISBN   979-11-88366-27-9 03300

이해의 충돌을
조율하는
균형적 합의

Searching for
The Equilibrium of Law

**법의
균형**

최승필 지음

헤이북스

프롤로그

정의와 공정 그리고 이를 달성하기 위한 제도적 기반인 법이 우리 사회의 화두로 끊임없이 논의되고 있다. 이 과정에서 법은 강자만을 위한 것인가 하는 불신과 오해가 자리 잡게 되었다. 한때 백성이 핍박을 당하던 폭정의 왕조 시대에는 법이 사람을 짓눌러 법을 피해 칼을 들었고 다시 그 법에 의해 처단을 당하는 슬픈 모순이 있었다. 오늘날의 법은 과거의 그것과 매우 다르며 시민의 권리를 지키는 버팀목 역할을 하고 있다. 그럼에도 불구하고 왜 법에 대해서 끊임없는 불만이 제기되는 것일까.

세상이 완전하지 못하듯이 법 역시도 완벽하지 못한 것을 인정해야 할 수밖에 없지만, 세상의 불완전성을 선량한 의지를 가진 시민들이 메워가듯이 법 역시도 과거에 비해 조금씩, 조금씩 더 나아지고 있다. 그 한가운데 있는 것이 시민이다. 법률가의 법에서 시민의 법으로 향할 때 비로소 모두의 법이 될 수 있다. 좋은 법의 시작은 시민의 자각이다. 애초부터 우리가 뽑은 대표들이 완벽한 법을 만든다면 혹은 플라톤이 말한 철인哲人에 가까운 정치인들이 법과 제도를 운영한다면 더할 나위 없다. 그런 세상은 유토피아다. 유토피아의 어원은 'ou(존재하지 않는다)'와 'topos(장소)'라는 단어가 결합된 것으로 '존재하지 않는 장소'를 의미한다.

지난번 책《법의 지도》에서는 법의 본질과, 시민이 왜 법에서 중요한 역할을 차지하여야 하는지를 법 형성의 역사와 사례를 들어 이야기했다. 이번 책《법의 균형》은 다양한 분야에서 법이 표출되는 모습과 이를 바라보는 여러 가지 시각을 담는 데 주안을 두었다. 책을 기술하는 일관된 기준으로써 '균형'이라는 개념을 사용하였으며, 전형적인 법서法書와 달리 곧바로 법과 직결되지는 않지만 법에 영향을 미치고 법이 영향을 주는 이슈들을 모두 포괄하였다.

어떤 사람들은 법으로 모든 것을 해결할 수 있다고 믿는다. 특히 법률가들은 그러한 생각을 가지기 쉽다. 사실은 그렇지 않다. 그런 생각은 몇몇 사람의 의사가 형식적 법을 통해 관철되었던 과거 독재 시대의 유산에 불과하다. 사회가 고도로 발달하고 분화되면서 국가나 기업에 대해 시민이나 소비자가 과거보다 강한 힘을 바탕으로 합의를 요구할 수도 있게 되었다.

개인 간의 합의를 포함하여 모든 합의의 과정에서 각자는 자신의 생각이 궁극의 선善이라고 주장한다. 다른 쪽 역시 자신의 선함을 주장한다. 누군가는 속이고 있을 수 있고, 또 다른 누군가는 진정 선한 마음을 가졌을 수 있다. 입증할 수 없는 한 이러한 논쟁은 뫼비우스의 띠처럼 갈등의 순환을 그릴 수밖에 없다. 그래서 비록 불합리하고 다소 불편하더라도 먼저 중간을 선택한다. 법을 아직 정의에 이르지 못한 '불완전한 정의'라고 부르는 이유다. 장기적으로는 그 중간에서 또 다른 양쪽의 극단이 부딪히고 또 다른 균형적 합의로 나아가는 과정을 반복하면서 정의에 점차 수렴된다.

좋은 합의를 위해서는 우리가 맞서 있는 현실에서 무엇이 진실이고 무엇이 거짓인지를 정확히 알아야 한다. 우리 사회에서 진실과 거짓을 구별하려는 의지는 점점 더 옅어져 가는 것 같다. 객관적 시각보다는 자신들이 속한 그룹 내에서의 정보만을 메아리처럼 공유하고 이를 통해 더욱 스스로 견고해져 가는 부정적 '확증 편향確證偏向'이 작동하고 있으며, 언론마저 진실을 알리기보다는 '분노 산업'의 한 축으로 자리 잡는듯하다.

법은 진실과 왜곡되지 않은 시민의 의지를 통해 형성되어야 한다. 그렇지 않은 법은 나쁜 법이다. 나는 아직도 프랑스의 소설가이자 비평가인 에밀 졸라Émile Zola의 말을 믿고 싶다.

"진실이 전진하고 있고, 아무것도 그 발걸음을 멈추게 하지 못하리라."[1]

2021년 4월
최승필

차례

2부 법, 시민을 향하다

일러두기

이 책에 담긴 글들 중 일부는 《중앙일보》, 《중앙선데이》, 《한국일보》, 《매일경제》, 《대한변협신문》, 《전자신문》 등에 2012년 1월부터 2021년 1월까지 게재했던 칼럼들을 기반으로 하여 그 형식에서 벗어나 재기술한 것이다.

1부

법,
균형을
찾다

1장

이익과
이해
사이에서

이익의
충돌

법은 수렵과 농경의 과정에서 발생하는 이익의 충돌을 피하는 것에서 시작했다. 이익의 형태가 비교적 단순하던 시절에 법은 윤리 또는 종교의 계율과 밀접하게 맞닿아 있었다. 법이 '도덕의 최소한'이라는 말도 이를 반영한 것이다. 그러나 오늘날 법은 독자적으로 분화하기 시작했다. 과학기술의 발달과 사회구조가 복잡해지면서 과거의 단순한 도덕과 종교의 규범이 문제를 해결해주지 못하는 일들이 많이 생겼기 때문이다.

요즘의 법은 '갈등을 어떻게 해결할 것인가'에 관심을 갖는다. 그 사회가 빈곤했든 혹은 풍요했든 항상 이익의 충돌은 존재해왔다. 과거에 비해 훨씬 풍요로워졌지만 오늘날 이익의 충돌 환경이 훨씬 복잡한 것은 의문의 여지가 없다. 오히려 파이가 커진 지금 이익의 대립 양상은 더욱 격렬해지고 있다. 그 이유 중 가장 큰 것은 그간 성장의 파이를 제대로 향유하지 못했다는 점과, 저성장 시대로 접어들면서 향유의 기회 자체가 줄어들고 있기 때문이다.

그렇다면 그 해결 방안을 제시해야 할 법은 제대로 기능하고 있는 것일까? 답에 접근하기 위해서는 몇 가지 질문이 필요하다. 법은 누가 만드는 것일까? 국회의원이라고 한다면 순진한 것이다. 정확한 답은 법을 통해서 이익을 얻고 싶은 사람들이다. 각 법률 안은 각자가 표방하는 이익을 가지고 있다. 대체로 공익이라고 부르는 것으로 법의 본래 기능에 가장 충실한 것이다. 그런데 때때로 공익의 옷을 입고는 있지만 특정 그룹의 이익을 추구하는 법이 있기도 하며, 공익의 옷을 입었지만 법을 만드는 과정이 세심하지 못해 사익을 추구하는 편법을 열어주기도 한다. 여기에 때때로 민의하고 괴리된 정치적 목적의 법이 만들어지기도 한다. 바로 좋은 법, 나쁜 법, 이상한 법이다.

다수의 이익이라고 해서 반드시 공익이 되지는 않지만, 대체로 공익에 가까울 수 있다. 잠깐 짚고 넘어가자면 다수의 이익이 반드시 공익이 되지 못하는 가장 큰 이유는 현재의 다수가 미래의 다수까지 배려하지 않기 때문이다. 예를 들어, 산림을 유지하기 위해 엄격한 산림 보호 정책을 고수하고 있는 마을을 생각해보자. 마을 사람들 대부분은 목축업에 종사하고 있다. 초지가 부족해지자 마을 사람들은 산림을 개간하여 목초지로 바꾸자고 주장한다. 다수결로 마을의 정책을 바꿀 수 있다. 목초지가 늘어나자 사람들은 더 많은 가축을 사들이기 시작한다. 초지가 여유 있는 상태로 존재하는 이상 부가가치는 계속 늘어난다. 이것은 가축을 더 많이 키워 수익을 늘리고 싶다는 욕망을 자극한다. 그 끝은 어떻게 될까? 초지는 황폐화되고 먹을 것이 부족한 가축들은 아사하고 마을의 산업도 붕괴되었다. 미래 세대는 그 척박한 환경을 그대로 물려받는다. 항상 현재의 다수가 옳은 것은 아니다.

법이 추구하고자 하는 이익이 공익이라면 모두의 안전과 이익의 향유에 기여하겠지만, 그렇지 않다면 이익의 제도적 사유화가 시작된다. 특정한 업무 영역에서 필요한 자격 요건을 강화하는 것은 시민의 안전과 권리 보호를 위한 공익적 목적을 갖는다. 동시에 일종의 진입 장벽으로 관련 자격증을 가진 기득권을 보호하는 장치로 작동하기도 한다. 위기를 극복하기 위해 정책적으로 규제를 완화하고 구제 조치를 실시하는 것이 오히려 법을 어기는 사람들을 보호하고 이를 이용하게 만들기도 한다. 1998년 '외환 위기' 당시 경제 회복을 위해 일부 부실기업들을 대상으로 다소 무리해 보이기까지 한 출자 전환 방식의 지원이 있었다. 결국, 가치가 상실된 종잇조각 채권만 남게 되었다. 새로운 산업사회에 대응하기 위한 규제 특례가 규제의 우회 통로 혹은 시장 선점 전략으로 이용되는 경우도 있으며, 창업을 통해 새로운 성장 동력을 키워나가려는 지원 정책이 눈먼 돈을 사냥하는 사람들의 먹잇감이 되기도 한다. 이들 모두가 다 법에 근거해서 이루어진 것이다. 법으로 정해진 것들이 항상 옳고 정의로운 것은 아니다. 악법도 법이지만 그 전제는 합리적 논의를 통해 법을 바꿀 수 있다는 것이고, 만약 그렇지 않다면 법은 무거운 짐이나 무서운 칼이 될 수도 있다.

지금 이 시간에도 각 이익 단체에서 혹은 로펌에서 올라온 법안들이 때때로 중립적이지 않은 전문가들에 의해 검토되어 의원실의 책상에 올라가 있을 수도 있다. 정치란 개인들이 추구하는 유토피아와 국가가 맞닥뜨린 현실 사이에서 그 간극을 메우는 일이라고 한다. 정치는 객관적 이익의 균형을 추구하는 것을 간과해서는 안 된다. 민주정치의 시작이 있었던 고대 그리스 폴리스polis에서의 고민이 지금에도 이어지고 있다.

불의는 참아도
불이익은
참지 못한다

갈등 사회와
해결의 조건

　과거는 독재에 대한 자유의 투쟁 시대였지만, 지금은 개인 간 권리의 투쟁 시대다. 최근 이에 대한 갈등이 부쩍 늘었다. 최저임금제, 탄력 근로제, 공유 경제, 에너지, 폐기물 매립지 등 이슈도 다양하다. 이익을 추구하는 것은 인간의 본능이며 그 사이에서 갈등이 발생하는 것은 당연하다. 이를 방치할 경우 이익 갈등을 넘어 가치 분열로 이행된다. 이익은 분배를 통해 해결할 수 있지만 가치의 분열은 이익이 충족되어도 지속되기 때문에 경계해야 한다. 미운 녀석은 계속 미운 경우다.

　갈등은 국가, 기업 등을 막론하고 경제적으로 어려울 때 그 정도가 높아진다. 어려운 상황이 얼마나 지속될지 불안하다 보니 갈등의 수위를 높이더라도 지금 확실히 주도권을 잡거나 약속을 받아내고 싶어 한다. 이러한 경향은 과거에 신뢰 부재를 경험했을 때 더욱 강하게 나타난다. 우리 사회는 갈등이 증폭되기 좋은 조건을 갖추고 있다.

법을 만들어 갈등을 줄이자는 이야기가 있다. 게임의 규칙을 정한다는 점에서 법은 필요하다. 가장 중요한 것은 법이라는 그릇이 아니라 그 안에 담을 '합의'라는 음식이다. 합의에 기초하지 않은 법은 형식에 불과하고 억압을 통해 더 큰 갈등을 불러오는 반면, 합의를 잘 담아놓은 법은 갈등을 줄일 수 있다. "Good fences make good neighbors(좋은 울타리가 좋은 이웃을 만든다)."라는 말이 있다. 미국 시인 로버트 프로스트Robert Frost가 1914년에 쓴 〈Mending the Wall(담장을 고치며)〉의 시구 중 일부다. 울타리 경계가 불분명한 경우라면 언젠가 이웃과의 좋은 관계에 금이 가게 할 일이 발생할 수 있다. 따라서 이웃과의 합의를 통해 경계와 거리를 담은 규범을 두는 것은 발생 가능한 이웃집과의 갈등을 미연에 방지하거나 혹은 갈등이 발생해도 모두가 공유하는 해결 기준이 있어 갈등 상황을 쉽게 해소할 수 있다.

갈등 해결의 시작은 의견을 묻는 것이다. 청와대 국민청원이나 공론화위원회도 그중 하나다. 국민의 의견 수렴이 의회가 아닌 곳에서 이루어진다는 것은 국회가 그 역할을 다하지 못하고 있다는 반증이다. 그렇다고 새로운 방식이 대의제를 대체하는 것은 아니다. 신문고는 소통의 창구이지만 단순 민원 또는 사실에 기초하지 않은 것들도 많아 그 역할은 제한적이어야 한다. 공론화위원회에 대해서는 국가의 책임 방기, 비전문가 결정의 정당성이 문제되지만 보통 사람들의 의견 수렴, 편향적 전문가에 대한 불신 등을 고려한다면 지속적 검토 여지는 있다. 어떻게 보면 그간 엘리트 전문가에 의해 일방적으로 이끌려진 의사결정 구조에 대한 반발일 수도 있다.

팩트Fact(사실)는 갈등 해결의 열쇠다. 개인의 가치는 다를 수 있지만 팩트는 하나이기 때문이다. 갈등의 안으로 들어가 보면 누군가는 불리해서 팩트를 숨기거나 또는 다른 누군가는 팩트를 알면서도 왜곡하는 경우들을 쉽게 찾아볼 수 있다. 따라서 정확한 사실 여부를 알리는 것은 문제 해결의 시작이다. 팩트가 갈등의 당사자들 사이에 공유된다면 갈등의 원인을 제거하는 데 도움을 줄 수 있다. 오바마 전 미국 대통령 역시 미국 사회의 분열에 대해 그 원인으로 팩트의 공유 부재를 지적했다. "본질적으로 우리는 이제 다른 의견뿐만 아니라 다른 사실fact로 만들어지는 다른 현실reality을 가지고 있습니다."[2] 팩트의 공유는 객관적 사고의 출발점이며, 침묵하는 다수를 객관화된 다수로 바꿀 경우 합의를 이끌어내기가 훨씬 쉽다.

때때로 팩트 그 자체에 대해서 다투는 것을 피할 수 없는 상황이 있다. 바로 프레임의 문제다. 우리 사회 갈등의 상당 부분은 팩트에 프레임을 씌우는 것에서 나타난다. 즉, 사실인 것 중 어느 한 면만을 지나치게 증폭하여 보거나 아니면 자신의 뜻과 반하는 어느 한 면을 아예 무시하는 것이다. 프레임이 성공하면 논쟁에서 승기를 잡을 수 있기 때문이다.[3] 하나의 예를 들어보자. 포로로 추정되는 쓰러진 아랍군인에게 미군 한 명이 총을 겨누고 다른 미군이 그를 부축하여 자신의 수통에 있는 물을 먹이는 전장 사진이 있었다. 아랍 언론에서는 총을 겨누는 모습만을 잘라 보도했고, 미국 언론에서는 그를 부축하여 물을 먹여주고 있는 장면만을 잘라 보도했다. 사진을 본 사람들의 반응이 극단적으로 나뉜 것은 당연하다.

보다 현실적인 예를 들어보면, 2021년 2월 기후 변화로 인한 북극 온난화 때문에 미국에 한파가 몰아닥쳤다. 이로 인해 텍사스에서는 가스발전소에서는 가스관이, 4기의 원전 중 1기에서는 급수펌프가, 풍력발전소에서는 터빈이 얼어붙어 전기 공급이 제대로 이루어지지 않았다. 여기에 한파를 견디기 위해 전력 사용이 급증하면서 급기야 전력 공급이 멈추어 섰다. 사람들은 아이들의 장난감을 태우거나 촛불을 켜고 겨우 추운 겨울밤을 보내야만 했다. 원인을 두고 원전과 신재생에너지를 지지하는 그룹들이 나뉘어 논쟁을 벌였다. 각자의 입장은 언론의 성향에 따라 한편으로만 키워져 보도되었다. 신재생에너지의 한계가 드러났으며 그나마 원전이 블랙아웃을 막았다는 주장과, 원전이 고장 났으며 텍사스의 풍력 비중은 크지 않다는 주장이다. 사실, 원인은 복합적이었으며, 가장 큰 원인이 전력의 52%를 담당하는 가스 발전 시설의 고장이었다. 존재하는 하나의 사실에 프레임을 씌우는 것은 매우 위험한 일이다.

그간의 고정관념도 깰 필요가 있다. 예컨대, 모든 노동조합이 약자일 것이라는 생각이나 님비Nimby 현상은 이기적이라는 생각들이다. 노조도 급여 수준과 교섭력에 차이가 있어 그 힘이 천차만별이며, 정규직 노동조합이 비정규직들과 갈등을 빚는 경우도 다반사다. 내 이웃에 혐오 시설이 들어온다면 불만에 대해 비난보다 보상을 해주어야 한다. 님비 현상으로 치부되지만 당사자의 속사정을 들여다보면 보상 없이 선의에 의존한 인내심을 강조하거나 혹은 보상이 있더라도 현실성 없는 낮은 수준인 경우도 많다. 쓰레기 재처리장과 같은 혐오 시설을 통해 이익을 얻는 사람들(쓰레기 배출자 등)이 있기 마련이고 그들의 부담을 통해 혐오 시설과 함께 사는 사람들에게 보상을 해주는 것이 훨씬 합리적이다.

최근 갈등의 양상에서는 이상한 현상이 나타나고 있다. '에코 챔버Eco Chamber4'이다. 진실이 아니더라도 같은 생각을 공유하는 사람들 속에 있다 보면 자신이 믿고 있는 것이 진실이라는 확신이 점차 강해진다. 확증 편향이 시작되는 것이다. 그 편향성은 반대 증거를 무시하고 자신의 생각을 더욱 굳건하게 할 증거만을 찾아가게 한다. 오류가 오류를 피드백feedback한다. 이 상황이 되면 집단 간 자기 확신이 상대를 적으로 규정하는 가치 균열 단계로 이동할 가능성이 높다. 그런 상태로 이동하는 순간, 전달된 진실인 정보도 무력화되고, 상대에 대한 분노가 증오로 변해간다. 이러한 극단적인 상태는 여당·야당 모두에게 장기적으로 도움이 되지는 않지만 단기적으로는 정치적 목적 달성에 용이하다는 점에서 무분별하게 사용되기도 한다. 근본적인 해결책은 교육을 통해 내가 틀릴 수도 있고 남이 옳을 수도 있으며, 나만 정직한 것이 아니고 남도 정직할 수 있다는 것을 가르치는 것이다. 이 일은 법으로 어떻게 할 수 있는 일이 아니다.

합의의 과정에서 이해당사자의 참여는 필수적이다. 정당한 권리 간 투쟁에서의 정의는 균형이다. 균형은 당사자 스스로가 어느 정도까지 이익을 내어놓을 것인지 또는 가질 것인지를 자유의사에 의해 결정할 수 있을 때 달성된다.

갈등을 바라보는 대중의 시각은 누가 이기는지에 집중된다. 그간의 우리 역사가 편과 집단을 중심으로 형성되어왔기 때문이다. '줄을 잘 서야 해'라는 말이 이를 대변한다. 실제로 우리 현대사에서 어느 줄을 잡는가가 출셋길을 보장하는 가장 중요한 관건이었다. 이제는 하나의 선택과 편의 프레임에서 벗어나야 한다. 노사 중 누가 이길지가 아니라 우리 삶 속에서 어떠한 노동이 옳은지, 원자력과 신재생에너지 중 어떤 것을 선호할지가 아니라 어떠한 에너지가 우리를 지속 가능하게 해줄 것인지, 우버와 택시가 아니라 어떤 교통체계가 보다 편리하고 안전한 이동의 자유를 보장해줄 것인지를 생각해야 한다. 그런 고민이라면 어느 한편의 주장만이 답이 되는 것은 매우 어려울 것이다.

갈등葛藤은 칡과 등나무를 일컫는다. 서로 얽혀 있는 형국이라면 얼마나 답답할지 상상이 된다. 이 정도라면 풀어내기가 쉽지 않을 것이다. 만약 이 두 가지를 잘 엮는다면 그 무엇도 끊을 수 없는 단단한 것들을 만들 수 있다. 갈과 등을 엮어 새로운 쓰임을 만들기 위해 이제는 우리 모두 마음을 열어야 한다. 그럴 때 우리 공동체는 더욱 단단해질 수 있다.

갈등과
커뮤니케이션

2019년 SBS가 전국 만 19세 이상 성인 남녀 1000명을 대상으로 조사한 결과, 우리 사회의 갈등이 크다고 보는 비율이 83.1%, 크지도 작지도 않다고 보는 비율이 14.2%였고, 작다고 보는 비율이 1.5%에 불과했다.[5] 그럼 과거에는 왜 갈등이 좀 더 작게 보였을까? 1960년대와 1970년대로 거슬러 올라가 보자. 그때는 모두 다 못살았다. 누릴 수 있는 사회 인프라, 문화도 변변치 않아 아주 잘사는 사람이나 못사는 사람이나 삶의 모습에서 큰 차이를 보이지 않았다. 명동의 건물주나 큰돈이 없는 상인이나 직장인 모두 을지로 구석진 곳 곰탕집의 좁은 테이블에서 등을 맞대고 깍두기 반찬 하나에 밥을 먹던 시절이었다. 법이 딱히 갈등 해결을 위해 깊은 고민에 빠진 적도 없었다. 오랜 시간 동안 군사정부의 정책 수립과 그 집행 방식이 정착화되었던 터였고, 행정소송에서는 당사자들 역시 정부를 상대로 싸워볼 엄두를 내기 어려웠다. 그 시절 사람들과 지금의 사람들은 결국 같은 본성과 욕망을 가지고 있지만 당시에는 갈등이 표출되기보다는 안으로 숨어들었던 시기였다. 지금은 그 갈등을 자유롭게 드러낼 수 있다는 점에서 차이가 있다.

여기에 하나 더, 요즘 갈등이 더 문제되는 것은 바로 저성장 시대이기 때문이다. 우리나라의 잠재성장률 추이를 보면 1971년에서 1980년까지 평균 잠재성장률은 약 9.5%, 1981년에서 1990년까지는 9.1%, 1991년에서 2000년까지는 6.7%였다. 2011년에서 2015년까지는 3% 수준에 머무르면서 이후에도 낮은 성장률 수준은 계속 유지되고 있다. 사람들이 싸우기 좋아해서가 아니라 상황이 변한 것이다. 외부적으로 성장이 멈추었을 때 내부적인 갈등이 치열해지는 것은 역사를 통해서도 알 수 있다. 로마의 정복이 멈추었을 때 이른바 군인황제시대라고 불리는 50년간(AC 235~284) 황제가 26명이 바뀐 극심한 권력 다툼이 있었다. 19세기와 20세기 초 제국주의 시대에는 식민지 쟁탈전의 격화로 더 이상 새로운 부가가치 창출이 불가능하자 첨예해진 내부 불만을 잠재우기 위해 전쟁을 일으키기도 했다. 이제 우리가 관심을 가져야 하는 것은 과거에 대한 단순한 향수가 아니라 새로운 상황에서의 갈등 관리이고 법 역시도 이른바 '사정 변경事情變更'의 상황에서 생각의 방식을 바꾸어야 한다.

갈등의 해결에서 중요한 것이 커뮤니케이션이다. 설명회, 공청회 그리고 당사자 혹은 민간 전문가들이 참석하는 회의들이 바로 커뮤니케이션의 장이다. 그런데 잘 짜이지 않은, 아마도 일반적인 회의에서 자주 보는 상황이 있다. 멋진 이야기로 의견을 설파하지만 실상은 대안 혹은 대안의 방향성 내지는 실마리조차 없는 이야기들이다. 문제점을 제기하고 강한 어조로 이야기하지만 대안 없는 카타르시스는 문제를 해결하지 못한다. 드디어 대안을 논할 시간이 되면 시간에 쫓겨 서둘러 회의는 마무리된다. 문제 해결에 할애되어야 할 시간이 카타르시스에 할애되었다.

커뮤니케이션의 끝은 해결안의 모색이다. 각자의 입장을 들어보고 안을 제시한 후 수락 여부를 묻게 된다. 물론 한 차례로 끝나지 않고 첫 번째 중재안에 대한 불만이 무엇이었는지 파악한 다음 이를 반영하여 두 번째, 세 번째 등 반복하여 수정된 안을 만들어낸다. 안에 대해 만장일치로 찬성이 나면 좋겠지만 그렇지 않은 경우 결국 투표로 결정된다. 하지만 처음의 갈등 상황보다는 훨씬 더 갈등이 줄어든 안을 도출했다는 점에서 커뮤니케이션의 의미가 있다.

나의 공정,
타인의 공정

균형과
공정

기회 균등은 공정 사회의 시작이다. 기회가 균등하고 절차는
투명하고 그 결과에 따라 대우받는 것을 우리는 공정 사회라고 한
다. 물론 각론으로 들어가면 어떤 것이 기회 균등인지, 절차만 투
명하면 공정할 수 있는지, 결과에 따라 대우를 하게 되면 정말 불
만이 사라지는 것인지 복잡한 문제가 있다. 균형 사회는 공정 사회
와도 맞닿아 있다. 균형과 공정이 절대적 평등을 의미하는 것은 아
니다. 같은 것은 같게 대접하되 다른 것은 다르게 대우해야 하는
것이 상대적 평등이고, 균형과 공정은 상대적 평등을 의미한다. 절
대적 평등을 구하는 것이 오히려 더 불공정하다.

우리 사회는 공정한가? 〈베테랑〉(2015), 〈내부자들〉(2015), 〈재심〉(2016), 〈피고인〉(2017), 〈빵반〉(2019), 〈배심원들〉(2019), 〈결백〉(2020) 등과 같은 영화가 계속해서 나오는 것을 보면 아직도 우리는 공정함에 갈증을 느끼고 있다. 거꾸로 본다면 현실에서는 공정성이 충족되지 못하고 있는 것이다. 공정하지 않은 사례들은 너무나도 많다. 기득권을 가진 사람들끼리 서로 자녀들의 스펙 밀어주기, 공적인 내부 정보를 이용해 투기하기, 친인척 또는 자녀들이 대표로 있는 계열사에 일감 몰아주기, 자녀들에게 주식 및 채권을 낮은 가격에 인수할 수 있는 기회를 주어 큰 이익을 남기도록 하는 일 등 곳곳에서 공정하지 않은 일들을 찾아볼 수 있다.

어느 정도면 공정하다고 보아야 할 것인지에 대해서는 기준이 모호하다. 기득권을 가지지 못한 사람과 가진 사람, 장년 세대와 청년 세대, 보수와 진보가 모두 각기 자신만의 눈을 가지고 있다. 공정이라는 화두를 우리 모두가 공유하고 있지만 여전히 각기 자신의 눈으로 공정을 재단한다. '나는 공정한데 다른 사람들이 불공정해서 사회가 공정하지 않다'는 것이다. 사람들에게 '당신은 공정한가요?'라고 물어보면 대부분의 사람들은 적어도 '나는 공정하다'고 답한다. 앞서 언급한 정의의 경우처럼, 사회 구성원들이 모두 공정의 가치를 지키고자 하고 그 자신들의 삶이 그 기준에 맞게 유지되어왔다면 우리는 이미 공정을 향유하고 있어야 한다. 영화 〈디 아더스The Others〉(2001)와 〈식스 센스The Sixth Sense〉(1999)를 기억할 것이다. 이 영화의 공통점은 주인공들이 자신은 살아 있는 존재로, 자신들에게 다가오는 다른 존재를 유령으로 인식한다는 것이다. 하지만 반전의 결론은 주인공들이 이미 죽은 사람들이었다는 것이다. 공정의 가치에서도 우리 역시 영화 속 주인공들의 모습은 아닌지 생각해봐야 한다.

우리는 먹고살기 위해서 바쁘게 달려왔다. 그 과정에서 전략적으로 사회적 자산을 한곳에 집중시키기도 했다. 사람이든, 산업이든, 지역이든. 우리 사회에서는 효율을 가장 중요시했다. 이러한 효율이 반드시 공정 그리고 균형과 연결되는 것은 아니다. 효율이 중요하지만 효율 역시 다른 사회적 가치와 균형을 이루어야 한다. 그 과정에서 법의 역할은 균형을 찾아주는 일이다. 우리 〈헌법〉 제119조 제2항은 "국가는 균형 있는 국민경제의 성장 및 안정과 적정한 소득의 분배를 유지하고, 시장의 지배와 경제력의 남용을 방지하며, 경제주체 간의 조화를 통한 경제의 민주화를 위하여 경제에 관한 규제와 조정을 할 수 있다."라고 규정하고 있다. 〈공정거래법〉은 시장에서 불공정거래, 부당한 공동행위 등을 규제함으로써 불균형이 야기하는 문제점을 보완해나가고 있다.

그렇다면 공정이라는 가치는 현실적으로 어떻게 구현될 수 있을까? 인간의 행동이 윤리와 이익을 기반으로 이루어진다면 적어도 도덕의 최소한으로서의 법을 지키고 있다는 것을 전제로 이익의 균형은 공정의 가장 핵심적인 사항이라고 할 수 있다. 그래서 단기적으로는 균형에 이르지 못하더라도 장기적으로 균형을 향한 방향성을 가지고 있어야 한다.

기준의
균형

무엇이 균형인지 판별하기 위해서는 기준이 필요하다. 기준의 균형을 만드는 과정은 그리 간단하지 않다. 이미 언급했듯이 사람들이 각자 자신만의 눈을 가지고 있기 때문이다. 따라서 끊임없이 논의를 해야 하고 그 과정에서 팩트를 발견하고 그것을 통해 시각을 수정하게 된다. 수정된 시각은 타협이라는 결과물을 가져온다. 그 타협은 기준을 만든다.

기준은 한 번 정해졌다고 불변의 것이 아니다. 기준은 새로운 상황에 맞게 바뀌어간다. 특히 새로운 기술 사회에서 기준은 더욱 빨리 변한다. 사회적으로는 많은 기준들이 있다. 보상 기준, 처벌 기준, 지원 기준, 선발 기준 등 다양하다. 중요한 기준은 법으로 정해진다. 그런데 법은 강제력을 가지고 있어서 잘못된 기준이 법으로 정해지는 순간 불균형이 강제되는 문제가 생긴다. 대부분의 사람들은 법으로 기준을 정할 때 어떻게 제정되는지에 대해서 관심이 크지 않다. 당장 나의 일이 아니라고 생각하는 것이 일반적이다. 그러다 자신의 문제가 되면 당황하게 된다. 아무도 관심을 가지지 않을 때 법을 통해 이익을 얻고 싶은 사람들이 더 큰 영향력을 발휘한다.

마주하는 일들이 복잡해질수록 관심을 가져야 하는 것이 기준을 세우는 일이다. 균형 잡힌 기준이 필요하다. 그것은 합리적

일관성을 확보하고 신뢰의 기반이 된다. 신뢰는 법과 정책을 받아들이는 국민의 입장에서 수용성을 강화시키며, 국가의 입장에서는 신속하고 효율적인 의사 전달 경로가 된다. 자전거 타기를 생각해볼 수 있다. 균형을 이루는 자전거는 계속 달리지만 균형을 잃은 자전거는 넘어진다. 우리 사회도 마찬가지다. 균형을 잃은 사회는 지속 가능하지 않다. 그렇다면 우리는 무엇을 해야 할까?

한국인의 심리를 분석해놓은 《어쩌다 한국인》이라는 책에서 저자인 허태균 교수는 이런 질문을 던진다. "우리 사회는 90%의 착한 국민들이 10%의 악마가 만들어놓은 지옥에서 허우적대고 있는 것일까?"[6] '나는 균형 잡힌 생각을 하고 있는데 우리 사회가 그렇지 않다'라는 사고의 함정을 파고든 것이다. 결국 우리 스스로가 불균형적인지 아닌지 생각해보아야 한다. 그것이 아니라면 방관자가 아니었는지 생각해볼 필요가 있다. 균형이 필요한 세상에서 시민들은 방관자가 될 것인지 스스로 균형타가 될 것인지 결정해야 한다. 앞으로 우리 사회를 만들어가야 하는 사람도 시민들이고, 살아야 할 사람도 시민들이기 때문이다.

균형
사회

균형과
합리성

국어사전을 찾아보면 '균형'은 '어느 한쪽으로 기울거나 치우치지 아니하고 고른 상태'라는 뜻으로 쓰인다. 한자어로는 고를 균均 자에 저울대 형衡 자를 사용한다. 저울대 위에 무게를 고르게 나누어 저울대가 한편으로 쓰러지지 않게 하는 이치를 담고 있다.

우리는 이익의 균형을 달성한 것에 대해 합리적이라는 표현을 한다. 합리성은 이해를 가지고 있는 모든 사람들의 이치가 합일에 이른다는 것이며, 이는 각각의 이해가 비율적으로 치우치지 않고 분산되어 있는 상태다. 그래서 균형 상태는 합리적인 결과를 의미한다고 할 수 있다. 영어로도 '합리적'이라는 단어는 'rational'이며, 여기에서 'ratio'는 바로 '비율'을 의미한다.

이러한 합리성이 수학적으로 증명되는 경우가 있는가 하면, 인간의 정서와 감정 그리고 현실에서는 드러나지 않지만 미래에 발생할 수 있는 이익 등 다양한 측면이 혼재되어 그 합리성을 당장 증명하기 어려운 경우도 있다. 예를 들어, 지금 당장 개발을 해서 리조트도 만들고 호텔도 만들면 좋겠지만, 산과 강을 보전하여 생태계의 순환을 기다리고 인간과 자연이 공존할 수 있는 환경을 미래 세대에 넘겨주는 것이 있다. 현실의 합리성과 미래를 포함한 합리성의 선택은 그 시대 사람들의 과제다.

합리성의 적용은 공정을 형식적 공정으로 치우치지 않게 한다. 한때 SNS를 달구었던 카툰이 있었다. 사람들이 담장 너머로 스포츠 경기를 보고 있는데, 모두가 같은 높이의 발판을 딛고 서 있다. 그런데 사람들의 키가 각각 달랐다. 결국 키가 작은 사람은 발판을 딛고 서서도 경기를 보지 못했다. 이는 형식적 평등equality으로 외견상 공정한 것처럼 착각하게 만든다. 자신이 스스로 결정하지 못하는 태생적 핸디캡, 예를 들어 키가 작은 사람에게 더 높은 발판을 배려해주어서 모두가 경기를 볼 수 있게 하는 것은 형평equity이라고 표현될 수 있으며 실질적 평등을 구현하게 해준다.

가장 민감한 대학 입시를 들면, 동일한 수시전형에서 준비 기회는 있었지만 스펙을 쌓을 수 없는 수험생과 스펙을 만들어주는 부모가 있는 수험생과는 실질에서 차이가 있을 수밖에 없다. 더 나아가 사회생활까지도 배경의 힘은 크게 작용한다. 좋은 배경을 가진 사람은 직장생활에서도 대부분이 거치는 치열한 경쟁에서 벗어나 여유 있게 빛나는 자리를 누릴 수 있다. 따라서 제도는 이러한 형식과 실질의 괴리를 줄이는 방향으로 만들어지고 운영되어야 한다.

법에서는 서로 간의 이익이 충돌되는 경우, 보다 중하게 지켜야 할 이익이 무엇인가를 판단하는 작용을 '이익 형량利益衡量'이라고 한다. 이익의 크기가 계량화되어 있다면 균형점을 선택하기가 매우 쉬울 것이다. 계량화되지 않은 이익의 경우에는 그 균형점을 찾았는지 명확히 알 수가 없다. 법원에서는 '일반인의 건전한 상식'이라는 개념을 통해 합리성을 판단하고 있는데, 대체로 최대한 많은 사람들이 동의할 수 있는 기준을 의미한다. 그래서 그 기준은 그 사회가 가지는 관습, 공서양속公序良俗, 일반인의 법 감정 등이 될 수밖에 없다.

법은 정확하게 옳고 그름을 결정할 수 있을 것 같지만 사람의 삶이 그렇게 나누어지지 않듯이 법 역시도 마찬가지다. 모두가 공감할 수 있는 기준에 가까이 다가가기 위해 최선을 다할 뿐이다. 하지만 법의 현실이 여전히 국민의 법 감정과 부합하지 않는 경우는 쉽게 찾아볼 수 있다. 최근 잇달아 발생하고 있는 아동 학대 문제가 단적인 예다. 부랴부랴 국회의원들이 피해 아동의 이름을 딴 '아동학대방지법'을 제정하겠다고 했지만, 사실은 이미 2014년에 〈아동 학대 범죄의 처벌 등에 관한 특례법〉이 제정되어 시행되고 있다. 결국 법이 없어서가 아니라 법이 미비했거나 제대로 작동하지 않았기 때문이다.

한편, 법은 모든 사람들이 수긍할만한 결과를 내기 위해 '비용-편익 분석cost-benefit analysis'이라는 방법을 쓰기도 한다. 주로 규제 법률을 만들거나 국책 사업을 추진하는 근거 법률에서 찾아볼 수 있다. 한정된 재화를 두고 서로 대립되는 이익이 충돌한다면 '파레토 최적Pareto Optimal'이라고 부르는 이익의 배분 상황이 최적화된 지점을 선택하겠지만 가장 최적의 지점이라는 것도 사실 추상적이다. 그러다 보니 칼도Kaldo와 힉스Hicks라는 경제학자가 그 대안으로 비용과 편익을 계산하여 편익이 클 경우에는 선택 가능한 안이 될 수 있다는 비용-편익 분석을 만들어낸다. 경제학 이론이지만 이익의 충돌과 갈등을 다루는 법적 선택에서도 중요한 사항이다. 물론 아직 법원의 판결에서 비용-편익 분석이 정착화된 것은 아니다. 현재 법원은 고려해야 할 여러 사실을 모아두고 일반적으로 받아들여지는 척도를 써서 그 분야의 명망 있는 전문가들이 판단한다면 결과의 기준으로 삼을 수 있다는 입장이지만, 점점 더 그 설득력을 높이기 위해 계량화된 방식의 비용-편익 분석 방식을 활용해 나가고 있다.

상생과 이익의 균형

균형 사회에서 중요한 것이 있다. 너도 살고 나도 사는 것이다. 상생相生인데, 이게 쉽지 않다. 기업과 노조, 노조 내에서도 정규직과 비정규직, 대기업과 중소기업, 소비자와 기업 모두 다 상생이 필요한 영역이다. 그렇다면 상생의 핵심은 무엇일까? '이익의 균형'이다. 어느 한편이 이익을 극대화하면 상생이 무너지게 된다. 그렇다면 또 문제가 남는다. '어느 정도까지 이익을 가져가면 되는가?' 여기에서는 다시 상대적 평등이 개입한다. 노력에 비례한 이익이다. 반드시 50대 50일 필요는 없다. 물론 현실에서도 50대 50의 균형은 없다.

상생의 측면에서 대기업과 중소기업의 관계가 뜨거운 이슈다. 그 둘의 관계에서 발생하는 문제는 다양하다. 중소기업의 기술에 대한 특허권 침해의 문제, 대금 결제 지체의 문제, 대기업이 중소기업에 생산관리 시스템을 직접 설치하고 원가에서부터 매출액까지 통제하는 문제 등 다양하다. 위법 또는 부당한 행위를 한 업자를 제재하는 기구의 위원으로 있다 보면 중소기업에서 납품가를 부풀린 사건을 자주 보게 된다. 위법한 행위다. 하지만 가끔 그 동기가 딱할 때도 있다. 하청 구조에서 이익이 남지 않다 보니 가격을 부풀려서라도 이윤을 확보하려는 것이다.

한편 대기업에게 두부나 간장을 만들지 못하게 하는 것이 전통적인 정의의 입장에서 보았을 때 합당한 것인가도 문제가 된다. '중소기업 적합업종' 이야기다. 적합업종을 정한다고 해서 법적 구속력이 있는 것은 아니며 권고 사항에 불과하지만 시장에서는 실질적인 힘을 갖는다. 큰 자본과 기술력 없이도 할 수 있는 업종에서는 중소 상공업자가 활약할 수 있도록 해주고, 자본과 기술력이 필요한 곳에 대기업의 투자를 유도함으로써 서로 살아갈 수 있는 장을 만들기 위한 것이다. 그런데 또 다른 문제가 막아선다. 대기업의 진출을 막았더니 중견기업 혹은 중기업이 하청 관계인 소기업에게 '갑질'을 하는 경우가 나타나는 것이다. 대기업의 갑질을 비난하지만 그들 역시 또 다른 갑의 행세를 하는 것이다. 원래의 갑을 없애니 다른 갑이 나타나 여전히 을은 괴로운 현실이다. 법만 만든다고 균형이 자동적으로 달성되는 것은 아니다.

중소기업 자체에 대해서도 질문들이 많아지고 있다. 중소기업이 모두 힘든 것인가? 중소기업에 대해서 언제까지 지원을 해줄 것인가? 중소기업은 당연히 지원을 받아야 하는가? 노동자들은 왜 중소기업 취업을 기피하는가? 중소기업은 왜 임금수준이 낮아야 하는가? 중소기업의 복지 수준은 낮은 것이 당연한 것인가? 중소기업은 과연 투명하게 경영되고 있는 것인가? 우리가 새롭게 관심을 가져야 할 부분이다. 중기업과 소기업 간의 관계, 중소기업과 중소기업 근로자와의 관계 역시 균형이 달성되어야 하는 영역이기 때문이다.

균형적 정의를 달성하는 데 고려해야 할 것이 하나 더 있다. 시장이다. 시장의 본질은 무엇일까? 욕망이다. 대표적으로 이윤의 추구와 재화의 소유욕을 들 수 있다. 그렇다면 제도로 또는 법으로 욕망을 누를 수 있을까? 만약 그러한 욕망을 제어하는 법이 한 사회가 일반적으로 공유하는 윤리와 결합한다면 욕망을 비교적 쉽게 통제할 수 있다. 윤리를 준수해야 한다고 생각하는 사람이 절대 다수이고 국가의 공권력이 아니더라도 가깝게는 친구에서부터 멀리는 사회 공동체까지 매 순간 눈에 보이는 압력이 작동하기 때문이다. 하지만 윤리적 이슈와 사안을 달리하는 욕망은 시장을 이해하고 시장의 기제를 활용할 필요가 있다. 이윤을 추구하고자 하는 동기가 생산을 창출하는 원동력이며, 그 동기 자체를 억압한다면 더 이상의 생산도 기대하기 어렵기 때문이다. 따라서 시장의 욕망과 사회적 균형 간의 관계는 신중히 접근하면서도 상황에 부합하게 끊임없이 조정이 이루어져야 한다.

사람의 본성과 삶도 고려 요소다. 부동산이 문제가 되고 있다. 우리나라와 같이 협소한 국토 공간에서 한 사람이 다수의 부동산을 가지고 있는 것에 대해서는 국민적 반감이 있으며, 이에 대한 법적 규제는 사회적 지지도 높다. 그런데 한 세대가 집을 한 채만 가지고 있다면 어떨까. 현재 살고 있는 집이 직장과 너무 멀어서 혹은 아파트의 노후화와 심각한 층간 소음 등 주거 환경이 열악해서 다른 집으로 이사를 가고 싶은 경우라면 1가구 1주택자에 대한 양도 및 취득에서 발생하는 거래세 중과는 거주 이전의 자유를 사실상 제약하는 문제를 안고 있다. 보유세와는 다른 취급이 필요하다. 살아야 하는 집이 직장에 보다 가깝고, 보다 좋은 환경에 있는 것을 원하는 것은 본성과 가깝다. 그럼에도 불구하고 이러한 선택 자체를 어렵게 하는 것은 합리적이지 않다.

중앙과 지방의
균형

중앙정부와 지방자치단체 간 균형도 중요하다. 지방자치의 장점은 행정과 입법(조례)에 주민들이 더 가깝게 있다는 것이고 직접민주주의를 구현하기 더 용이하다는 것에 있다. 그래서 지방자치제도는 풀뿌리 민주주의를 구현할 수 있는 가장 중요한 제도다. 그렇다면 우리는 지방자치를 잘 구현하고 있는가?

중앙정부는 어떤 일을 해야 하고 지방자치단체는 어떤 일을 해야 할까? 〈지방자치법〉은 주민 생활과 밀접한 일은 지방자치단체가 고유 사무로 해야 한다고 하고 사무를 쭉 나열해두고 있다. 그런데 사무를 아무리 나열해도 돈이 없으면 못한다. 노인 및 아동 복지, 무상 급식 등 돈 들어가는 곳이 많다. 서울이나 부산, 경기도 등을 제외하고 대부분의 지방자치단체는 재정적인 어려움을 겪고 있다. 실제로는 재정에 국한된 문제만이 아니다. 인프라, 문화, 교육 등 모든 부문에서 지방자치단체별 격차는 크게 벌어지고 있다. 과거 프랑스에서도 유사한 상황이 있었는데, 1947년 프랑스 지리학자 그라비에J. F. Gravier는 파리를 중심으로 한 수도권 인구의 급증과 이에 대비된 지역의 고사 현상을 지적하면서 '파리와 나머지 프랑스의 사막'이라는 표현을 사용했다. 이를 우리나라에 빗대면 '서울과 사막'이다.

중앙과 지방 간 분권의 핵심은 사무와 재원의 배분이 함께 이루어지는 것이다. 재원과 관련하여 항상 제기되는 이슈가 국회에서 지방자치단체에게 부담을 주는 법을 만들 때는 먼저 지방자치단체와 소통을 하자는 것이다. 현재의 방식은 국회에서 법을 통과시키고, 그 후폭풍은 지방자치단체가 감당해야 하는 구조다. 예를 들어, 국회에서 노인과 영유아들에게 보다 많은 지원을 한다고 법을 만들면 그 돈의 반은 국가가 지원하지만 나머지 반은 현장에 있는 지방자치단체가 부담하게 되기 때문이다.

지방자치단체에도 문제는 있다. 지방자치에 대해서는 아직도 많은 사람들이 신뢰하지 못하고 있다. 기초 지방자치단체의 장이나 의원 선거 때 솔직히 출마하는 사람이 누군지 자세히 모르고 투표를 하게 된다. 더 중요한 문제는 지방행정의 투명성이다. 투명성은 아직 갈 길이 멀다. 인사에서부터 재정의 집행까지 시민들의 감시와 관심이 필요한데 우리나라는 상대적으로 중앙 정치에 대해서는 관심이 많은 반면에 시나 군, 구에서 뭘 하는지 별 관심이 없다. 그러다 보니 지방자치단체는 점점 사각지대가 되어간다. 이러한 와중에 지방자치단체장의 인사 비리 혹은 전횡이나 지방의회의원의 추태 등이 보도되면 그 실망감은 더욱 커질 수밖에 없다. 코로나19로 모두가 어려운 시절, 지방자치단체의 예산에 여전히 지방의회의원들의 외유성 해외 연수 예산이 책정되면서도 재산세 등 지방세 인하에 대해서는 지방자치단체 재정의 주요 부분이라면서 난색을 표하는 것을 보면 고개를 갸우뚱거릴 수밖에 없다.

지방분권을 주장하려면 지자체 스스로도 크게 변해야 한다.

물론 여기에 대해서는 반론도 만만치 않다. '일부 지자체의 이야기이며, 대부분의 지방자치단체는 잘하고 있다. 권한을 주지 않는데 지방자치단체에서 어떻게 역량을 발휘해보겠는가?' 등 다양한 목소리가 나온다. 근본적인 원칙은 권한은 주되 책임까지도 명확히 물어야 한다는 점이며, 그 원칙 내에서 권한과 재원, 책임의 판을 다시 짜야 한다.

수익과 부담의
균형

부담과 의무도 균등하게 배분되어야 공정한 사회다. 공동체가 주는 이익은 사유화하고 의무와 부담은 사회화하는 것은 공동체의 존립을 위협하는 행위다. 이익과 부담은 균형을 이루어야 한다.

복지 예산은 우리 예산에서 3분의 1을 차지한다. 재원은 한정되어 있다. 어떻게 돈을 써야 가장 잘 쓰는 것인지 고민이 된다. 청년 실업과 노령화라는 두 가지 상황 모두에 직면하고 있는 우리로서는 묘수가 필요하다. 그래서 충돌이 생긴다. 노령층을 지원하면 복지이고, 청년층을 지원하면 포퓰리즘populism(대중영합주의)인가? 그럼 반반씩 나누자고 하는 것이 옳을까? 우리나라의 노인 빈곤율은 OECD(경제협력개발기구) 평균의 3배 정도다. 노인 자살률 역시 OECD 국가 중 최고 수준이다. 치솟는 부동산가격 그리고 비싼 사교육비로 인해 젊은 날 모든 노력의 성과를 여기에 다 바쳤다. 빚을 내서라도 자녀들 공부에는 아낌없이 투자했다. 정작 이만큼 살게 해놓았는데, 당신들은 준비를 하지 못했다. 필요한 대로 다 해주면 좋겠는데, 현실은 그리 녹록하지 않다. 사회적 합의의 과정에서 수혜를 받는 세대, 가장 많이 부담하고 있는 40대에서 50대 그리고 앞으로 많이 부담할 지금의 20대에서 30대가 균형 있게 논의에 참여해야 한다. 하지만 지금의 의사결정 구조에는 그러한 배려가 반영되어 있지 않다.

　정부의 조세 및 복지 정책들이 구체화되면서 재원을 두고 논란이 많아진다. 핵심은 '세금은 올리는데 누구에게 얼마나 더 부과할 것인가?'이다. 근로소득세에 대해서는 면세자 비율을 둘러싸고 논란이 있다. 2018년도 기준 면세자 비율은 38.9%[7]로 일본의 2.5배 수준이다. 단돈 천 원이라도 국민이 〈헌법〉상 의무로써 세금을 내야 한다는 입장과 소득이 낮은 사람에게 거두어봐야 별 실효성이 없다는 입장이 대립한다. 그런데 완전한 개세皆稅가 아니라도 국민들이 국가와 사회 공동체에 책임을 느끼게 하기 위해서는 면세자 비율은 축소하는 것이 필요하다. 실질적인 부담의 균형은 아니지만 '의식의 균형'을 이루는 것이다. 작은 규모의 세금이므로 걷어봐야 소용이 없고 징수비용만 많이 든다는 점도 경청할만하다. 그러나 아주 작은 금액이라도 부담하는 것이 국가와 사회에 대한 역할과 책임을 잊지 않게 만든다. 그러한 중요한 가치라면 징수비용 정도는 큰 문제가 아니다. 사회적 연대는 책임과 권리 모두를 기반으로 하기 때문이다.

정보의
균형

오늘날은 '정보 균점^{均霑} 사회'라고 할 수 있다. 과거에는 국가가 모든 정보를 독점했다. 인터넷의 발달은 정보를 유통시킬 수 있게 하였고 시간과 공간을 초월하여 다양한 정보에 접근할 수 있게 했다. 화약, 수레, 종이의 발견과 비견할만한 엄청난 변화를 가져온 것이다. 인터넷을 통해 시민들도 상당한 수준의 정보 접근성을 가지게 되었다. 정보의 균형은 국가와 시민의 협업을 유도하고 있다. 기존의 인허가 체제는 국가가 민간보다 더 우위에 혹은 적어도 민간만큼의 정보를 가지고 있다는 것을 전제로 한다. 그래서 당신은 해도 되고, 당신은 하면 안 되고를 결정할 수 있었다. 그런데 기술 사회에서는 그러한 권한 행사가 제약을 받는다. 복잡한 신기술이 나오면 그 기술은 업계와 기업이 가장 잘 알고 있기 때문이다. 그러다 보니 국가 역시 업계에게 자율 규제 권한을 부여한다.

독일에서는 한때 '보장국가^{Gewährleistungsstaat}론'이라는 이론이 유행했다. 독일이 공공 서비스를 제공하는 주요 공기업을 민영화하면서 제대로 된 서비스가 될까 또는 가격을 대폭 올리지 않을까 하는 시민들의 걱정을 앞에 두고 나온 이론이다. 국가는 그간 국민이 누려오던 공공 서비스를 크게 변함없이 유지할 책임이 있다는 것을 전제로 한다. 민영화된 기업이 상업적 기반 서비스를 제공하더라도 공공 서비스이니 만큼 국가는 감독권 행사를 통해 서비스의 질과 양을 유지할 책임이 있다는 것이다. 이러한 보장국가적 사고는 자율 규제의 경우에도 적용될 수 있다. 자율 규제를 하도록 하지만 자율 규제가 형식화되고 규제 우회의 수단이 되면 언제든 국가가 개입하여 시장 질서가 유지되도록 하는 것이다.

자율 규제의 울타리는 국가가 정한다. 그 범위 내에서 기업들이 모여 협회를 만들고 협회가 기준을 정하고 규제한다. 만약 문제가 생기면 공법公法적으로는 과태료 또는 과징금이 그리고 사법私法적으로는 손해배상 책임이 부과된다.

신기술이 나왔는데 문제가 생겼다. 기존의 규제 기준과는 맞지 않고 마땅히 적용할 기준도 없다. 새로운 규제 기준을 세워야 하는데 아직 기술에 대한 세부적 이해와 논의가 진행되지 않은 상태다. 신기술은 시장에서 누가 얼마나 빨리 정착시키느냐에 따라 기술 주도권을 갖게 된다. 미국과 독일에서는 기업이 규제 기준을 먼저 제안하고 정부와 테이블에 앉아 협상하는 방식이 나왔다. 정부가 주도적인 역할을 하는 것보다는 기술을 잘 알고 있는 기업이 먼저 안을 제시하고 여기에 정부 및 소비자가 참여하는 방식이다. 모두 정보의 균점에서 나온 현상들이다.

'개인 정보 보호'의 문제는 정보사회에서 대단히 중요한 문제다. 개인 정보 보호의 영역에서의 균형은 활용과 보호 사이에서의 균형이다. 빅데이터는 각각 조각난 개인 정보를 퍼즐처럼 맞추어 하나의 스토리를 구성할 수 있다. 그러다 보니 단순히 실명 그리고 주민등록번호를 가리면 개인 정보를 보호한 것으로 볼 것인지에 대해서 의문이 가기 시작했다. 이때 필요한 것이 가명 처리와 익명 처리다. 가명 처리란 개인 정보의 일부를 삭제하거나 일부 또는 전부를 대체하는 방법으로 추가 정보 없이는 특정 개인을 알아볼 수 없도록 하는 것이다.[8] 홍길동을 박문수라는 이름으로 바꾸어놓는 것이다. 흔히 말하는 비식별화 조치의 한 방식이다. 이에 비해 익명 처리는 시간과 비용 그리고 기술을 고려할 때 추가적인 다른 정보를 사용해도 더 이상 개인을 알아볼 수 없는[9] (연결 가능성, 추론 가능성, 선별 가능성이 없는) 정보로 〈개인정보보호법〉의 보호 대상이 아니다. 아예 어떤 사람인지 확인할 수 없기 때문이다.[10]

지금까지 우리는 개인 정보, 프라이버시의 문제를 인격권의 문제로 보아왔다. 최근에는 조금씩 변화를 겪고 있다. 스마트폰과 위치 정보, 각종 앱과 개인 정보의 제공, 자율 주행 자동차와 실시간 정보들 등 우리의 움직임 하나하나가 모두 정보가 되는 현실이다. 이외에도 정부가 보유하는 방대한 행정 정보가 있다. 그 행정 정보는 본질적으로 개인 정보다. 기업이 보유하는 고객 정보 모두 개인 정보다.

우리나라에서는 개인 정보의 논의에서 인격권적 입장이 강하다. 그도 그럴 것이 외국에서는 사이트에 가입하거나 서비스를 신청할 때 그다지 많이 묻지 않는다. 우리나라는 마트에서부터 인터넷사이트 가입까지 너무 많은 것을 물어본다. 그런데 제대로 관리는 하지 않았다. 상당수 국민의 개인 정보가 유출된 상태다. 이런 상황에서 개인 정보의 활용 범위를 넓히자고 하면 당연히 손사

래를 치기 마련이다. 그래서 활용을 위해서는 앞서 설명한 가명 및 익명 정보화가 중요하다.

미국, 독일 등 기술 선진국에서는 개인 정보를 자산asset으로 보는 쪽으로 빠르게 이동하고 있다. 그 활용 가능성을 염두에 두는 것이다. 핀테크FinTech[11]에서는 그 활용성이 매우 높다. 이들 국가들은 활용은 하되, 개인 정보 관리상의 하자나 유출이 있을 경우 높은 수준의 과징금과 손해배상 책임을 묻도록 했다. EU(유럽연합)는 2016년에 EU 역내에 통합적으로 적용되는 '개인정보보호규칙GDPR'을 제정하고, 2018년 5월부터 시행하고 있다. 주요한 내용은 개인 정보의 활용성을 높이는 대신 암호화 등 비식별 조치 의무를 강화하고, 정보 주체가 개인 정보의 처리 제한권, 이동권, 잊힐 권리 등을 가질 수 있도록 하였다. 아울러 개인정보처리자가 개인 정보 침해를 인지하면 감독 기관 또는 정보 주체에게 반드시 통지하도록 하고 이를 위반할 경우 전 세계 매출액의 2% 또는 최대 1000만 유로 중 더 높은 금액의 과징금이 부과되도록 하였다. 기업은 과징금을 물지 않기 위해 그리고 손해배상 책임을 묻는 민사소송을 당하지 않기 위해 스스로 내부 관리에 관심을 갖지 않을 수 없다. 활용과 책임 간 균형을 추구하는 것이다. 우리 〈개인정보보호법〉 역시 유럽의 예를 참조하여 개인 정보를 활용하는 기업의 책임을 강화하기 위해 과징금, 과태료, 고발, 손해배상 책임을 규정하고 있다.

모든 것은
얽혀 있다

양자역학에 '양자 얽힘quantum entanglement'이라는 것이 있다. 물리적으로 분리된 양자 상태의 두 개 입자 간에 어느 하나의 상태가 결정되면 즉시 그와 얽혀 있는 또 다른 하나의 상태도 변한다는 현상이다. 세상의 모든 일들이 다 그러하듯 우리는 사람과도 그리고 일과도 서로 얽히고설켜 있다. 그래서 하나에 손을 대면 다른 곳에 문제가 생기는 것들이 대단히 많다. 법과 제도도 마찬가지다. 법을 제정, 개정할 때 혹은 새로운 제도를 설계할 때 관련된 사항까지 고려해야 하는 것은 필수다.

비정규직의 정규직 전환을 두고 기업과 정부의 입장이 대립했다. 기업은 영미 국가에서의 유연한 노동시장을 모델로 든다. 하지만 그들 국가는 해고도 용이하지만 다시 취직하는 것도 쉽다. 우리의 경우는 해고는 유연한데 취직은 상대적으로 유연하지 않는 것이 문제다. 비정규직 파견 사원이라는 이름이지만 실질적으로 사용자가 지시를 내리면서 인력을 활용하되, 고용에 수반되는 책임을 지지 않는 행태도 빈번하다. 급기야 법원이 제동을 걸었다. '계약의 형식이나 관련 법규의 내용에 관계없이 실질적 근로관계를 기준'으로 하여야 하고[12] 실질적 근로관계의 당사자인 사용자란 '해당 근로자의 기본적인 노동 조건 등에 관하여 그 근로자를 고용한 사업주로서의 권한과 책임을 일정 부분 담당하고 있다고 볼 정도로 실질적이고 구체적으로 지배·결정할 수 있는 지위에 있는 자'를 의미한다고 보았다.[13] 이 판례들로 비정규직 고용을 통한 임금 차별과 근로 관련된 사고 발생 시 실제 사용자 기업이 파견업체로 책임을 전가하는 행태가 제한되게 되었다.

미세 먼지의 해결은 생존 문제다. 프랑스에서는 국가가 미세 먼지 관리를 잘못했다고 국가배상 청구를 한 사례가 나왔다. 중국이 유발하고 있는 미세 먼지는 심각한 수준이지만 '국제법'이라는 것이 사실 힘이 없으면 관철할만한 뚜렷한 수단도 없다는 것이 문제다. 우리의 경우 중국의 선의에 기대는 것 이외에는 당장 쓸 수 있는 수단이 별로 없다. 일단 국내적으로 해결할 수 있는 일이라도 찾아야 한다. 화력발전소가 주요한 원인으로 꼽힌다. 여기에 탈원전 정책이 함께 논의되면서 에너지를 두고 논쟁이 뜨겁다. 그렇다고 원전만으로 계속 내달릴 수도 없다. 일본의 후쿠시마 원전 사고의 수습은 지금도 계속되고 있으며, 아직도 고향으로 돌아가지 못하는 이재민이 많다. 기존의 에너지에서 대체에너지로 변화가 있어야 하지만 여기에는 공급가격의 인상이라는 복병이 있다. 에너지 이해관계자들이 각자의 목소리를 높이는 이유이며, 원자력을 쉽게 놓을 수도 없는 사유이기도 하다.

부동산가격의 움직임이 심상치 않다. 더 큰 문제는 거대한 가계 부채다. 한국은행이 밝힌 2020년 3분기 말 가계 부채는 1682조 원에 달한다.[14] 부동산은 가계 부채의 주요 원인이다. 경기 부양의 방편으로 빚을 내어 부동산을 사라고 독려했고 DTI와 LTV 규제를 완화하였던 때도 있었다. 가계 부채는 급증했다. 부동산은 토건 위주의 경제 정책을 펼쳐온 우리나라에서 중요한 정책 대상이자 수단이다. 따라서 부동산가격을 둘러싸고 수많은 이해관계자들이 존재한다. 그중 한 사람은 조세를 매개로 한 국가다.

불안정한 일자리, 낮은 소득, 높은 부동산가격, 엄청난 사교육비 등은 젊은 세대들이 결혼이나 출산보다는 자신의 삶에 집중하는 것을 선택하게 했다. 1984년 이전에는 연간 평균 출생자가 70만 명대였는데 지금은 30만 명대다. 출산율의 하락은 생산 가능 인구의 축소와 함께 내수 시장의 위축을 가져온다. 이대로라면 현재의 복지 시스템도 변화가 불가피하다. 2035년이면 75세 이상이 700만 명에 달한다. 반면 이들을 부양해야 할 청장년층은 계속 줄어들고 있다. 세대 간 갈등의 핵심이 여기에 있다.

교육 문제도 다시 뜨거운 이슈로 등장하였다. 학생부 종합 전형으로 부르는 수시 학종과, 수능 성적으로 선발하는 정시 중 어느 것이 더 공정한가의 문제다. 이 이슈는 각자 명암이 있다. 학종은 스펙을 만드는 과정에서의 공정성이 의심되거나 혹은 부모의 배경이 스펙 형성에 영향을 미친다는 단점이 있다. 불평등이 고착될 수 있는 가능성이 있다. 하지만 책만 외우는 학생이 아닌 자신의 특기와 관심을 살릴 수 있는 선발 전형이라는 장점이 있다. 수능은 공정성의 측면에서는 학종보다 우위를 차지한다. 기성세대들이 사회적 공정성의 이슈에서 학력고사를 추억하는 이유가 여기에 있다. 수능은 자신의 능력과 관심에 상관없이 '국·영·수'를 잘하는 학생만을 선발한다는 단점이 있다. 이미 직역이 다양화되고, 각 분야의 전문성과 창의성이 성장의 동력이 되는 현실에서 새로운 요구에 부합한 학생을 선발하기 어려운 구조다.

문제는 하나지만 그 원인과 영향이 미치는 곳은 다양하다. 이러한 다양성은 결국 각자의 이해관계로 치환되며, 찬성과 반대로 표출된다. 따라서 이 문제들에 대해서는 쾌도난마의 답을 내기가 어렵고, 시간도 오래 걸릴 수밖에 없다. 문제 해결의 시작은 몇 가지로 축약된다. 첫째, 영향을 받는 요소를 모두 고려한 결정인가. 둘째, 명확한 통계가 있으며 통계의 편제 방식은 공개되는가. 셋째, 일반적으로 동의하는 척도로 상황을 평가했는가. 넷째, 평가를 기초로 한 의사결정 과정은 투명한가. 다섯째, 이해당사자가 의사결정에 참여할 수 있는 기회는 주어졌는가. 여섯째, 새로운 대안을 포함하여 논의했는가.

여기에서 고민되는 부분이 있다. 이해관계자의 참여다. 제도의 질을 제고한다는 명확한 장점이 있다. 즉, 반대 의견 내지 부수

의견을 제시함으로써 균형적 결과를 도출하게 만들어줄 수 있다. 그럼에도 불구하고 이해관계자의 참여에는 몇 가지 극복해야 할 것들이 있다. 첫째, 이익 단체 또는 조직화된 이해관계자의 압력이 작용할 수 있다는 점이다. 법을 누가 만드냐고 물었을 때 국회의원이 아니라 그 법으로 이익을 얻는 자가 만든다는 냉소적 답이 의미 있게 다가오는 이유다. 둘째, 광범위한 사회 전 부문의 참여가 어려운 현실에서 특정 그룹의 의견이 전체를 대표하게 되는 문제다. 이해관계자의 참여로 공정한척하는 결과를 만들어내지만 내실은 여전히 편향성을 가질 수 있다. 셋째, 이해관계자의 개입 시기가 늦어지는 경우다. 제도 설계에서 정부가 거의 안을 정해두고 이해관계자의 참여를 형식적으로 운영할 경우 이해관계자의 참여는 사실 큰 의미가 없으며 오히려 잘못된 의사결정에 대해서 형식적 정당성만을 강화시킬 수 있다. 넷째, 참여가 좋다고 해서 불필요한 분야까지 참여를 시킬 경우 논쟁으로 인한 '협의 피로consultation fatigue'가 나타날 수 있다.[15] 따라서 논의하는 제도가 얼마나 공공의 이익에 영향을 줄 수 있느냐에 따라 참여의 정도는 차등적으로 결정될 수밖에 없다. 모두가 모든 사안에 참여해서 이야기하자는 것은 뜻은 좋지만 어떠한 결론도 맺지 못할 가능성이 있다.

이들 요소들은 모두 원칙과 기준이라는 본질을 가지고 있다. 복잡할수록, 얽혀 있을수록 시간이 걸리더라도 원칙과 기준을 세우는 일에 먼저 집중해야 문제 해결의 일관성을 확보할 수 있다.

계약과
정의

　계약은 둘 이상의 대립하는 의사표시의 합치에 의하여 성립하는 법률행위다. 각자의 자유의지에 기반을 두고 권리와 의무를 교환하는 것이며, '사적자치의 원칙'이 적용된다. 사적자치의 원칙은 '개인이 법질서의 한계 내에서 자기의 의사에 기하여 법률관계를 형성할 수 있다'[16]는 것을 말한다. 이 원칙의 주된 법적 근거는 인간의 존엄과 가치 및 행복추구권을 규정한 〈헌법〉 제10조다. 이러한 점은 헌법재판소의 판례를 통해서도 확인되고 있다.

　"'계약 자유의 원칙'이란 계약을 체결할 것인가의 여부, 체결한다면 어떠한 내용으로, 어떠한 상대방과의 관계에서, 어떠한 방식으로 계약을 체결하느냐 하는 것도 당사자 자신이 자기의사로 결정하는 자유뿐만 아니라 원치 않으면 계약을 체결하지 않을 자유를 말하여, 이는 〈헌법〉상의 행복추구권 속에 함축된 일반적 행동자유권으로부터 파생되는 것이다."[17]

사적자치의 원칙에 따라 이루어지는 계약이 항상 정의일까? 로마의 법언 '동의는 불법을 조각阻却한다(Volenti non fit injuria)'처럼 내가 동의하면 무엇이든 해도 될까? 내가 아직 성숙하지 못한 미성년자이고 상대방은 성인인데 그러한 계약도 자유의사에 의한 것이기 때문에 유효하다고 생각해야 할까? 산업 생산력이 폭발적이었던 18세기 후반, 사적자치의 원칙은 금과옥조처럼 여겨졌다. 개인들끼리 서로 동의해서 한 일에 국가의 개입 여지는 없어 보였다. 그러나 그 내면에는 어두운 그림자가 있었다. 계약에 의한 것이라면 저임금 아동 노동도 허용되었다. 잇단 아동의 사망은 사회문제가 되었고, 1802년 아동 노동에 제한을 둔 '공장법'이 만들어진다.

힘이 있는 사람과 그렇지 않은 사람 간에는 대등한 관계가 성립되기 어렵다. 고용이 절박한 사람과 고용주 간의 관계가 한 예다. 따라서 기울어진 운동장을 보완하고 약자를 보호하기 위한 법들을 만들었다. 〈근로기준법〉, 〈노동조합법〉이 그것이다. 〈근로기준법〉에 따르면 사용자의 일방적 해지권을 제한하고 있으며, 정당한 이유 없이 해고를 할 수 없도록 규정하고 있다.[18] 여기에서 정당한 이유란 '사회 통념상 고용계약을 계속할 수 없을 정도로 근로자에게 책임 있는 사유가 있거나 부득이한 경영상 이유가 있는 경우'다.[19] 원청과 하청 간 불균형한 교섭력의 차이로 인해 하청업체가 일방적으로 불리한 계약을 할 수 없도록 하는 〈하도급법〉도 그 한 예다. 사적자치의 원칙, 즉 '계약 자유의 원칙'의 수정이다.

계약 자유의 원칙은 흔들릴 수 없는 대원칙이지만 이를 부분적으로 수정할 필요성은 분명하다. 김영란 전 대법관은 그의 책 《판결과 정의》에서 무제한적 계약이 가져오는 문제점을 일상의 사례와 함께 프랑스 노동법학자 알랭 쉬피오Alain Supiot의 '효율적 계약 파기론'을 들어 다음과 같이 설명하고 있다. 정리해보면, 부동산가격이 계속해서 오르고 있는 상황에서 주택 매매 계약을 체결했는데, 집주인이 해당 계약을 파기하고 더 높은 금액을 제시한 다른 매수인과 계약을 체결한다. 물론 위약금은 물어주겠지만 집주인은 새로운 매수자가 제시한 금액이 위약금을 내고도 남는 경우 계약을 파기하려고 할 것이다. 결국 계약을 했지만 자신에게 유리한 경우에만 이를 준수하고 이익이 크지 않은 경우에는 쉽게 파기할 수 있는 것이라면 사회에서 가장 약한 사람들이 가장 높은 비용을 지불할 것이며, 아무도 약속에 가치를 부여하지 않을 것이라는 것이다.[20]

계약 자유의 원칙은 소비자 보호를 위해 수정이 필요하다. '라임Lime 및 옵티머스Optimus 사태'처럼 투자 이익을 위해 사모펀드에 가입했지만 해당 사모펀드의 부실 운영 및 사기로 재산 가치가 종잇조각이 되어버린 경우 '네가 너의 자유의지로 계약했으니 책임도 네가 져야 한다'고 할 수 있을까. 원칙적으로는 그래야 한다. 이익이 생겼을 때는 자신의 이익이고, 손실이 발생하면 사회가 책임져야 하는 것은 불합리하다. 자신의 판단에 의해 투자했으면 손실도 자신이 감수해야 한다. 그런데 금융거래에서는 여러 가지 복잡한 문제가 발생한다. 가장 주된 분쟁이 금융 상품을 판매하는 쪽에서 위험성을 제대로 알리지 않은 경우다.

법원의 입장은 어떤가. 소위 '키코KIKO 사건'에서 대법원은 먼저 금융기관이 계약 상대방에게 적합하지 않은, 통상 과대한 위험성을 가지고 있는 계약을 적극적으로 권유하여 체결하게 한 경우에는 고객에 대한 보호 의무를 저버리는 것으로 불법행위라고 보았다. 동시에 대법원은 고객이 자기 책임하에 스스로 거래를 할 것인지 여부와 거래 내용을 결정해야 한다고 강조하였다. 그러면서 고객이 투자 내지 투기적 목적으로 파생상품 계약을 체결하는 경우 금융기관이 계약에 내재된 위험을 충분히 고지하여 상대방에게 알게 한 이상 그 계약 체결을 저지하지 않았다고 해서 고객 보호 의무를 위반한 것으로는 단정할 수 없다고 판시했다.[21] 결과적으로 금융기관의 책임을 인정하지 않은 것이다. 이 판결에 대해서는 금융기관의 고객 보호 의무 위반은 인정하되, 계약자의 고의 과실에 따른 책임 감경도 단계적으로 함께 살펴보았어야 했다는 견해가 있다.[22]

일상의 삶 속에서 우리는 부동산표준계약서, 통신서비스계약서, 이사서비스계약서 등 이미 표준화된 다양한 계약서를 만난다. 사적자치의 원칙이라지만 우리가 삶 속에서 선택하는 것은 이미 선다형 문제 속에서 어느 하나를 꼭 찍어내는 것이라고 할 수 있다. 다수 국민이 이용하는 서비스라서 국가가 표준적인 계약서 작성에 주도적으로 나서 소비자의 권리가 침해되지 않도록 한 것이다. 이러한 표준계약서가 구성되지 않은 고가의 물품 구매 등에서는 엉뚱한 계약서를 보기도 한다. 상대편이 어수룩할수록 반대편의 목소리는 더욱 커진다. 표준계약서에도 반드시 고려해야 할 사항이 있다면 특약을 추가할 수 있어야 하고, 표준계약서가 없는 계약서에서는 개개인 스스로가 꼼꼼히 살피는 것을 게을리 하지 않아야 한다. 개인적으로는 초등학교 때부터 상황극이라도 해서 계약을 해보는 교육을 시켰으면 하는 마음이다.

계약은 개인만이 하는 것은 아니다. 국가도 계약을 한다. 관공서에서 사용하는 컴퓨터, 토너, 복사용지 모두 계약을 통해서 얻는다. 고속도로, 항만, 공항 등의 건설에서 민간 투자를 유치하고 수십 년 동안 비용징수권을 부여하는 것도 계약의 내용이다. 지방자치단체들 간에 서로 협약을 맺어 두 지방자치단체 사이에 놓인 도로의 보수 유지를 하기도 한다. 이러한 계약들을 '행정계약' 또는 '공법상 계약'이라고 한다.

행정계약에는 매우 중요하고 특수하게 고려해야 할 원칙이 있다. 국가가 민간과 계약을 할 때도 항상 공익적인 목적을 추구해야 한다는 것이다. 사적자치의 원칙을 내세워 공익과 상관없는 혹은 공익을 해하는 계약을 체결해서는 안 된다. 거의 모든 나라에서 이러한 행정계약의 개념을 받아들이고 있다. 국가와 민간 간의 계약이 맨 처음 이루어진 나라는 프랑스다. 19세기 초 나폴레옹의 원정에 필요한 군수물자의 조달을 위해 민간과의 계약이 이루어졌으며, 국가가 공적인 서비스로 제공해야 하는 부분을 민간과 계약을 맺고 민간이 공급하도록 하였다. 이와 비슷한 시기에 지금의 독일, 프로이센에서는 민간이 감히 국가와 동등한 당사자로서 계약하는 것을 상상하지 못했다. 권위주의 국가의 전형이었던 프로이센에서는 국가의 권력적 행위를 고권高權, Hoheit이라고 했다. 민간보다 높은 권리라는 것이다. 하지만 민간의 역할이 커져가면서 독일도 1976년부터 〈행정절차법〉에 행정계약을 규정하고 있다.

국가와 민간 간의 계약은 모든 일에서 할 수 있는 것이 아니다. 국가권력의 필수적 작용과 같은 중요한 사항은 계약의 대상이 아니다. 일단 행정계약이 맺어지면 민간은 함부로 계약을 파기할 수 없다. 왜냐하면 공적인 목적으로 민간과 계약을 체결했는데, 함부로 계약을 파기하게 되면 공익에 악영향을 미칠 수 있기 때문이다. 하지만 적어도 계약이 대등한 당사자 간 의사표시의 합치를 기반으로 하는 것이라면 비례적으로 공익에 비해 사익이 현저한 침해를 받는 경우 계약을 해지할 수 있도록 하는 것이 바람직하다.

사적인 계약에서의 핵심은 '양 당사자 간에 정말로 동등한 지위에서 자유의지에 의해 계약을 체결했느냐?'이다. 실질적으로 동등하지 않고, 자유로운 의지에 의하지도 않은 경우라면 정의에 어긋나는 계약이다. 행정계약에서 가장 중요한 것은 공익의 실현이다. 계약 당사자가 공익에 대한 사항을 함부로 처분하지 못하도록 하는 것이다.

모두의
이익

배우 설경구가 한 번은 권투선수 출신의 강력계 형사로, 한 번은 다혈질이면서 정의감 있는 검사로 나온 영화가 있다. 바로 〈공공의 적〉(2002, 2005) 시리즈다. 여기에서 말하는 공공이 가지는 이익이 공익公益이다. 물론 보다 복잡한 설명이 필요하겠지만, 일단 은 그렇게 이해하면 본래 개념에서 크게 벗어나지 않는다.

〈공익신고자 보호에 관한 법률〉, 〈공익사업을 위한 토지 등 의 취득 및 보상에 관한 법률〉, 〈공공 감사에 관한 법률〉 등 공익 또는 공공의 이름을 단 다양한 법률들이 있다. 비록 법률에 공익 내지는 공공이라는 명칭을 내걸고 있지 않아도 법 속에 숨어 있는 공익 보호를 끌어내어 판결을 내리기도 한다. 예를 들어, 2013년 부터 2019년까지 이어진 소송이었던 '아파트 내 설치된 도시가스 정압 시설의 철거 소송'에서 대법원은 도시가스 공급을 위한 필수

시설인 정압 시설을 철거하는 것은 공익에 반하는 행위라고 보아 소를 제기했던 주민들(이들이 살고 있는 아파트도 공급 대상에 포함되어 있다.)의 청구를 기각하였다. 우리의 일상에서 공익을 추구하는 행위와 공익과 사익을 비교하는 일은 다반사로 일어난다. 그렇다면 우리는 공익을 잘 지키고 있는 것일까? 공익의 이름으로 개인의 이익이 부당하게 침해당하는 경우는 없을까?

공익은 공화주의 체제의 당연한 귀결이며, 핵심 요소다. 로마의 공화주의 시대에 정치가 키케로Marcus Tullius Cicero는 '공공의 안녕이 최고의 법'이라고 이야기했다. 공익은 정치적 수사를 넘어 국가 개입의 기준이자 정당화 근거가 된다. 그러나 현실에서는 관념의 영역에 방치한 채 좀처럼 들여다보지 않는다. 공익에 잣대를 대어 보고 공익의 크기가 얼마인지, 어떻게 하면 사익에 의해 포획되지 않을 것인지에 대해서는 구체적 관심이 상대적으로 떨어진다. 정작 공익이 무엇인지 생각해본 적도 많지 않다. 여러 학자들이 공익에 대해서 정의를 내렸지만 여전히 한데 모아지지 않는다. 일상에서는 불특정 다수의 이익이 공익이라고 여겨진다. 그러나 현재의 다수가 동의하는 이익이라도 미래 세대로 이어지지 않는다면 공익이라 할 수 없다. 일부 국가에서는 미래 세대의 이익을 간과하지 않고 반드시 고려하자는 취지로 그들의 이익을 지키기 위한 법적 정비를 하기도 한다. 독일의 경우 헌법인 〈독일 기본법Grundgesetz〉 제20a조에 미래 세대의 이익 보호에 대한 사항을 규정하였다. '국가는 미래 세대들에 대한 책임하에 헌법적 질서의 테두리 안에서 입법을 통해 그리고 법률과 법에서 정한 바에 따라 집행 및 사법을 통해 자연적 생활 기반과 동물을 보호한다.' 영국은 〈미래 세대 후생법Well-being of future generations(Wales) Act 2015〉을 제정하여 미래 세대의 이익까지 고려한 지속 가능한 발전이 이루어지도록 조치와 조직을 규정하고 있다.[23]

국회는 공익의 법적 기반을 만든다. 입법에서는 수많은 이익의 충돌이 있으며, 다원적 이해관계의 타협적 결과물을 만들어낸다. 때때로 의회는 공익 논쟁을 이념 논쟁으로 치환시켜 광장까지 끌고 내려가기도 한다. 법원은 판결로 공익을 말한다. 그런데 지금까지 법원은 너무 간단한 설명으로 공익을 다루었다. 단순히 사익보다 공익이 크다고 선언하고 현실을 받아들이라는 것이다. 공익이 무엇인지 판결에서 명확히 제시할 수는 없지만 판결을 할 때 달성되는 공익의 크기가 침해되는 이익의 크기보다 크거나 작다는 것을 구체적으로 보여주는 노력이 있어야 한다. 단순히 똑똑하고 잘 훈련된 사람들이 내리는 판단이니 믿어야 한다는 것은 더 이상 설득력을 갖기 어렵다.

오늘날 공익을 둘러싼 환경은 과거의 권위주의 시대와 많이 달라졌다. 불의보다 불이익을 더 두려워하는 사회에서 이익에 대한 민감도는 매우 높다. 규제 등에 대해 합리적 설명 없이 공익의 이름으로 정당화한다면 불만이 터져 나올 수밖에 없다.

공익은 때때로 남용되기도 한다. 남용은 주로 견제를 받지 않는 권력과 이기심의 접점에서 형성된다. 러시아 소설가 도스토옙

스키Fyodor Mikhailovich Dostoevsky는 〈카라마조프가의 형제들The Brothers Karamazov〉에서 '온갖 추악한 짓을 다하면서도 공익을 위한다고 정당화하니 말이야'라고 일갈한다. 남용의 모습은 공익의 사유화다.

공익을 구체적으로 확인하고 지켜갈 수 있는 방법은 무엇일까? 독일 법학자 귄터 뒤리히Günter Dürig는 '최고의 공익 심사는 국민투표'라고 말하지만, 현실적으로 매번 투표를 할 수도 없다. 따라서 우선적으로 다양한 이해를 수렴할 수 있는 조직과 절차를 마련해야 한다. 행정부의 입장에서는 '위원회제도'를 들 수 있다. 그런데 위원회가 형식화될 경우 제대로 공익을 보호할 수 없다. 법원 개혁을 위한 위원회에 변호사와 교수가 들어가지만 그 이전의 경력을 보면 대다수가 판사 출신이라면, 또는 검찰 개혁을 위한 위원회에 다양한 사람들이 있지만 대다수가 검찰 출신이라면 그러한 위원회는 이미 성공하기 어려운 구조를 갖추고 있다. 객관성을 가장 잘 담보할 수 있는 것은 이질성과 다양성이다. 과거에 같은 직역에 있던 인사들에게서는 다양한 목소리를 기대하기 어렵다. 이러한 점에서 특정 사안에 대한 공론화위원회가 성공적이라고 볼 수는 없지만 기존 위원회제도에 대한 나름의 보완적 의미는 있다.

우리는 일상의 삶 속에서 공기의 존재를 간과한다. 하지만 공기가 부족한 삶은 치명적이다. 공익은 공기다. 그래서 법적 구조화가 필요하며, 이를 둘러싼 주체들의 역할도 제고되어야 한다. 공익公益이 공익空益이 되지 않도록 그간 관념으로 남겨두고 간과했던 공익을 다시 돌아보는 이유가 바로 여기에 있다.

공익을 둘러싼
이야기

개인의 욕구와 공공의 이익이 상충되는 것을 주위에서 쉽게 찾아볼 수 있다. 예를 들어, 누군가 새벽에 아파트 단지에서 큰 소리로 노래를 부른다고 치자. 노래를 좋아하고 맘껏 불러보는 것은 개인의 욕구이지만, 주민 모두가 누려야 할 편안한 숙면이라는 공익을 해치게 된다. 시야를 좀 더 넓혀 보면, 현실에서 사익과 공익과의 갈등은 복잡하다. 병원 근로자들이 근로 조건의 개선을 위해서 파업을 한다고 하자. 근로의 권리를 찾기 위한 이익은 분명히 소중하다. 하지만 그로 인해 현재의 환자들 그리고 앞으로 아파서 병원에 올 수 있는 불특정 다수 환자들의 생명과 안전이 위협받는 경우라면 파업을 제한하는 이익은 분명하다. 지하철 등 공공 교통수단의 파업에 대해서 이해는 하면서도 장기간으로 이어질 경우 지지를 얻지 못하는 이유가 바로 이 때문이다. 결과적으로 이익의 충돌 상황에서 사회 전체가 얼마나 참아줄 수 있을까, 그것은 '그 사회가 어떤 가치를 중시하느냐'에 달려 있다.

우리가 옳다고 믿고, 사회 전체적으로 동의하고 있는 기준에 반하는 일들에 대한 고발을 둘러싸고도 공익 논쟁이 펼쳐진다. 일례로, 산후조리원에 있었던 산모가 그곳의 비위생적 환경과 턱없이 비싼 비용에 대해서 SNS에 사실을 올렸다. 산후조리원은 우리가 언론을 통해서 자주 듣는 말인 '법적 조치'를 하겠다고 으름장을 놓았다. 결국 해당 사실을 올린 소비자는 명예훼손죄로 고소가 되었다. 하지만 법원은 이용 후기의 내용이 사업자에게 불리한 내용이더라도 객관적인 사실에 바탕을 둔 이상 공익을 위한 것으로 해석해서 죄가 되지 않는다고 판단했다. 산후조리원의 명예가 훼손되었다고 하더라도 보다 큰 이익을 위해서 이를 죄로 판단해서는 안 된다는 것이다.

"소비자가 인터넷에 자신이 겪은 객관적 사실을 바탕으로 사업자에게 불리한 내용의 글을 게시하는 행위에 비방의 목적이 있는지는 해당 적시 사실의 내용과 성질, 해당 사실의 공표가 이루어진 상대방의 범위, 표현의 방법 등 표현 자체에 관한 제반 사정을 두루 심사하여 더욱 신중하게 판단하여야 한다. (중략) 피고인이 적시한 사실은 산후조리원에 대한 정보를 구하고자 하는 임산부의 의사결정에 도움이 되는 정보 및 의견 제공이라는 공공의 이익에 관한 것이라고 봄이 타당하고, 이처럼 피고인의 주요한 동기나 목적이 공공의 이익을 위한 것이라면 부수적으로 산후조리원 이용대금 환불과 같은 다른 사익적 목적이나 동기가 내포되어 있다는 사정만으로 피고인에게 갑을 비방할 목적이 있었다고 보기 어렵다."[24]

또 다른 사례로 공익 제보자의 경우를 들 수 있다. 공익 제보자에 대한 우리 사회의 시선은 아직도 싸늘하다. 아마도 단체주의적 사고를 중시하던 조직 문화가 그 배경일 것이다. 우리 사회 모두가 자신이 속해 있는 조직 보호를 공익에 우선한다면 사회의 발전과 유지는 큰 어려움에 부딪힐 것이다. 외부에 대한 칼은 날카롭고, 내부를 향하는 칼은 둔탁하고 때때로 선택적으로 칼집에 들어가 있다면 결코 궁극적으로 공익의 최대치에 다가설 수 없다. 따라서 앞으로 우리의 미래 세대들이 살아갈 사회가 조금이라도 지금보다 나아지기를 원한다면 공익을 위한 작은 반란도 따뜻하게 감싸주어야 한다.

공익을 위한
새로운 움직임

공익을 위한 새로운 움직임도 있다. 무엇이 진짜 공익인지 잘 모르겠고, 지금의 현실에서 보듯이 대의제 민주주의 아래에서 의회가 딱히 우리의 생각을 잘 전달하거나 그 의사를 받아서 결정하는 것 같지도 않기 때문이다. 그러다 보니 이익이 충돌될 때 어떤 것이 공익인가를 확인하는 노력들이 이어지고 있다. 앞서 언급한 바 있는 공론화위원회도 그중 하나다. 공론화위원회는 아마 프랑스를 모델로 했던 것으로 생각된다. 프랑스의 국가공공토론위원회(CNDP)제도다. 이 위원회는 아예 독립 행정기관이다. 법으로 이러한 공론화 토론을 규정해두기도 한다.

1997년에 제정된 환경 보호 강화에 관한 〈바르니에 법Loi Barnier〉이 그 하나의 예다. 이후 〈그르넬 법Loi Grenelle〉 등 공공토론위원회 관련 법률이 있었지만, 그 시작은 〈바르니에 법〉이다. 프랑스에서 공공 토론이 이루어지는 사업은 일정 규모의 국토 개발 사

업이거나 환경 시설 설치 사업으로 중앙정부, 지방자치단체, 공공
기관의 사업들 중 그 규모에 따라 의무화하거나 선택적으로 하도
록 정하고 있다. 공공 토론이 실제로 이루어진 사례를 살펴보면 플
라밍빌3 EPR 원자로, 칼레항 확장 공사, 몽펠리에-페르피냥 철로
건설, A16 고속도로 연장 등이 있다.[25] 공공 토론은 법적 구속력은
없으나 실질적으로 행정기관의 선택에 많은 변화를 가져왔다. 대
안 선택 32.4%, 사업 내용의 변경 24.3%, 원안대로 진행 18.9% 등
기존 결정에 변화가 있었다.[26]

　　우리도 원자력발전소의 건설에 대해 공론화위원회를 개최한
적이 있다. 많은 사람들이 공론화 의사결정이 제대로 이루어졌는
지에 대해 논쟁을 벌이기도 했다. 그때 나온 것이 제대로 된 공론
화 과정이 되기 위한 요건이다. 그중 핵심적 사항을 제시해보면 충
분한 자료 접근권, 찬반 간 대등한 토론 환경, 찬반 간 전문가 패널
의 공평한 배분, 참가자들의 관점 변화에 대한 충분한 설명 등을
들 수 있다.[27]

　　우리가 해본 원전 건설에 대한 공론화위원회의 결정은 절반
의 성공이라고 할 수 있다. 완전한 공론화를 이루지도 못했고 사회
적 수용도도 다소 어정쩡하다. 하지만 적어도 새로운 시도는 해보
았고, 그 시도가 앞으로의 방향에 발판이 될 것은 분명하다. 아니면
앞서 언급한 뒤리히의 말처럼 정말로 우리의 미래를 걸어야 하는
사안이라면 선거에 덧붙여 '투표'를 해보는 것도 검토해볼 만하다.

이해의
충돌

2021년 3월, LH(한국토지주택공사) 직원들의 땅 투기 의혹으로 국민들의 분노가 터져 나왔다. 신도시 지정 대상이었던 경기도 광명과 시흥에 내부 정보를 이용하여 지정 전에 땅을 매입한 것이다. 언론들은 이와 같이 내부 정보를 이용한 투기 행위가 국회의원, 지방의원, 공무원들에 의해서도 이루어졌음을, 그리고 그간 다른 개발지에서도 유사한 사례가 있었음을 앞다퉈 보도하였다.

특정 정보에 접근할 수 있는 공직자가 미공개 정보를 이용하여 투자를 하거나 관련 기관에 압력을 넣어 자신의 가족 또는 가까운 사람들이 운영하는 기업에 특혜성 사업권을 주는 행위들이 언론에 주로 오르내렸던 공직자들의 이해 충돌 유형들이다. 과거에는 행정부 공무원들의 이해 충돌 행위가 주된 관심사였으나 요즘에는 국회의원을 비롯하여 지방의원 등 선출직 공무원들과 공적 업무를 위탁받아 수행하는 공사 직원들의 이해 충돌 행위가 빈발하면서 사회적으로 문제되고 있다.

공직자들의 이해 충돌 문제는 하루이틀의 문제도 아니고 우리만의 문제도 아니다. 오래전부터 각국에서 고민해왔던 것이다. 공직자는 공인公人과 사인私人이라는 이중적 지위를 가지고 있어 이익 앞에서 수시로 충돌이 일어나기 때문이다. 이러한 자연스러운 이해 충돌 상황 자체가 부패는 아니다. 이를 지나쳐서 실제로 이익을 추구할 때 부패가 시작된다.

17세기 명예혁명이 끝난 영국은 해외 진출을 통해 강력한 국가로 자리매김해가고 있었고 먹거리가 많은 만큼 이해 충돌도 많았다. 하지만 그만큼 시민계급의 힘도 커졌고, 특히 언론의 기능이 비약적으로 발달하면서 적절한 견제를 해왔다. 그렇다고 이해 충돌이 없어지지는 않았다. 끊임없는 스캔들이 생기면서 이해 충돌을 막기 위한 위원회가 만들어지고 이를 통해 공직자로서 행하여야 할 자율 규제형 모범 준칙들이 만들어졌다. 현재 영국 하원은 의원들에게 이해관계 등록제에 따라 토지, 가족, 고용 등을 포함한 12개 항목을 사전 등록하도록 하고 있다. 나중에 문제가 발생하면 이미 등록된 12개 항목을 보고 이해 충돌의 상황이었는지를 판단할 수 있기 때문이다.

영국이 자율 규제적 성격을 가지고 있다면 미국은 보다 강하게 금지하고 법적 제재를 가했다. 19세기 말 동서횡단철도의 붐이 일어나면서 독과점과 불공정을 일삼아 '강도 귀족robber baron'이라

불린 사업가들과 결탁한 의원들을 포함한 공직자들의 이해 상충이 끊이질 않았기 때문이다. 더구나 초기 미국 정치에서는 대통령이 누가 되느냐에 따라 엽관獵官주의[28]에 의해 관직에 오른 사람이 많아 부패 스캔들이 끊이지 않았다. 미국의 〈뇌물 및 이해 충돌 방지법〉은 1962년에 되어서야 제정되었다. 하지만 그때까지만 해도 다른 나라에서는 이러한 입법을 생각하지 못하고 있었기 때문에 다른 나라 법제의 모델이 되었다. OECD 역시 2003년에서야 이해 충돌 방지 가이드라인을 제시하는 등 각국에 제도 마련을 권고하고 있다.

우리나라도 아주 손을 놓고 있었던 것은 아니다. 우리 〈헌법〉 제46조는 청렴 의무와 함께 지위의 남용을 통한 이익 취득을 금지하고 있다. 〈공직자윤리법〉 제2조의 2 역시 공직자에게 이해 충돌 방지 의무를 부과하고 있고, 〈국회법〉 제29조의 2도 영리 행위를 금지하고 있다. 문제는 기준 및 대응 방법 등에 관한 구체적 기준이 없어 단순히 선언에 그치고 말았다는 것이다.

우리나라에서도 건국 이후 이해 상충 행위가 많았다고 이야기하는 것이 크게 무리는 아닐 것이다. 강남 개발을 다룬 영화 〈강남 1970〉(2014)을 보면 정치인과 공직자 그리고 정부에 줄을 댄 수많은 이해관계자들이 강남개발계획을 미리 입수하여 논밭을 마구 사들인다. 정치인과 고위 공무원들이 자주 드나드는 고급 술집의 마담이 있다. 개발 정보를 얻은 한 사람이 그녀를 데리고 미공개된 개발 예정지를 둘러본 장면이 인상적이다. 그들이 도착한 곳은 아무런 시설이나 건물도 없이 황량하게 펼쳐진 논밭의 한가운데였고 마담은 나를 뭐 이런 곳에 데리고 왔냐고 푸념한다. 그 장면을 생각해보면 당시 땅값이 얼마나 쌌는지, 그리고 그곳이 지금 평당 1억 원을 호가하는 강남 한복판이라는 것을 생각해보며 이해 상충으로 영화 속 등장인물들이 얼마나 돈을 많이 벌었을지 짐작이 간다. 픽션이지만 충분히 그럴듯하다. 〈청탁금지법〉이 만들어질 때 이해 상충을 규율하는 조항이 초안에 들어갔었다. 그러나 국회의 논의 과정에서 사라졌다. 여전히 고위 공직자와 국회의원, 지방의회의원의 이해 상충 가능성은 결코 낮아지지 않았다.

사법부는 회피, 제척 제도가 비교적 발달되어 있다. 기본적으로 매우 구체화된 특정 사건을 대상으로 하기 때문에 이해 충돌 여부가 명확히 가려지기 때문이다. '어느 누구도 자기 사건의 재판관이 될 수 없다(Nemo debet esse judex in propia causa)'. 재판의 공정성은 사법부의 존립 근거이자 목적으로 이는 오래전 로마법에서부터도 강조되어온 핵심 가치다. 물론 여전히 이해 상충적 요소로 남아 있는 것이 '전관예우'다. 요즘에는 변호사에서 혹은 검사에서 판사로 이직이 가능하다. 그러다 보니 '후관예우'라는 것이 나왔다. 특정 로펌에 있다가 판사로 갔는데, 해당 로펌의 수임 사건을 재판하게 되는 경우에 온정적인 판단이 내려질 수 있다는 것이다.

의지도 문제이지만 〈청탁금지법〉 제정 과정에서 이해 상충 규정이 사라진 이유들이 있다. OECD도 가이드라인을 만들었지만 이해 충돌을 풀어가는 일은 간단하면서도 복잡한 문제라고 이야기한다. 실제적 이유 중 하나가 고위 공직자나 국회의원의 업무가 매우 포괄적이기 때문이다. 즉, 이해 상충의 가능성이 매우 높아 회피나 제척을 해야 하는 경우 정상적인 업무 수행에 지장을 줄 수 있다는 점이다. 따라서 이해 상충 행위의 구체적 표지와, 그중 반드시 법으로 규정해야 할 개별 유형을 정리하는 일이 선결적이다.

이해 상충 행위를 방지하는 규정을 두는 일에서 고려해야 할 사항이 전문성의 활용 부분이다. 예를 들어, 국토위에 배정된 국회의원의 경우 관련 업계에 종사했을 가능성이 높다는 점에서 이해 상충의 가능성이 높아질 수 있다. 그렇다고 해당 상임위에서 배제한다면 전문성을 살리기 어렵다. 고위 공무원도 마찬가지다. 해당 업계에서 주요한 인물이 장관이 되는 경우는 흔히 찾아볼 수 있다. 이때도 이해 상충의 가능성이 높지만 전문성도 중요하다. 따라서 이해 상충 유형의 구체화를 통해 전문성은 살리되 이해 상충 가능성을 줄여나갈 수 있다. 〈이해충돌방지법〉의 반대 논거로 자주 들어지는 것이 법사위에 변호사 출신 의원이 배정되는 경우다. 그러나 〈이해충돌방지법〉은 이해 상충 행위로 해당 공직자 또는 그 가족이 곧바로 직접적인 이익을 얻는 것을 막기 위한 것이라는 점에서 자격증으로 인해 발생하는 간접적 이해까지 규율하려는 목적은 아니다. 이때의 이해 충돌 가능성은 영국처럼 본회의나 위원회 심사 시 자신이 이해관계에 있음을 미리 선언하도록 하여 전문성은 살리되 외부의 감시를 스스로 받아들이는 방안을 생각해볼 수 있다.

이해 충돌 방지를 위해서 이해관계자와의 수의계약, 공개경쟁 시험이 아닌 특별 채용 방식의 가족 채용을 금지할 수 있다. 이 경우 직업의 자유가 침해된다는 주장이 제기된다. 그러나 공개경쟁 방식의 입찰 및 채용까지 금지하는 것은 아니며, 오히려 공개경쟁의 방식은 입찰이나 채용에서 더욱 일반적이다. 따라서 〈이해충돌방지법〉이 가져올 공익을 고려할 때 비례의 원칙을 위반하지 않는다.

다른 나라의 사례를 보건대 이해 상충 방지의 수단 중 가장 일반적인 것이 '사전 신고'와 '공개'다. 특정한 정책과 입법의 과정에서 자신과의 이해가 있는 경우 이를 사전에 신고하고 해당 사항을 공개한다. 보다 근본적으로는 가족의 근무처 등과 같이 자신의 업무에 영향을 미칠 수 있는 사실을 사전에 등록하도록 할 필요도 있다. 등록된 자료는 향후 감사 시 점검 사항이 된다. 위험에 기반을 둔 충돌 관리 기법에 따를 경우 충돌 위험이 클수록 등록 항목이 많아진다. 다음으로 할 수 있는 것이 '회피'나 '제척'이다. 이해 충돌이 직접적이거나 중요한 공익을 보호할 필요가 있는 경우 이를 명문화하여 채택할 수 있을 것이다. 무조건적인 회피나 제척은 전문성의 활용 문제와 해당 위원회의 업무상 제한을 야기할 수 있기 때문이다. 따라서 이해 충돌 상황의 공익 관련성이 크면 클수록 회피나 제척의 가능성이 높아지게 된다.

이해 충돌을 적극적으로 방지해야 하는 이유는 사회계약론에 입각하여 공직자는 국민의 대리인으로서 공익에 충실해야 할 의무가 있기 때문이다. 보다 실제적인 이유는 입법, 행정, 사법에서의 신뢰를 회복하는 일이다. '정책 무력성의 명제'라는 것이 있다. 정책이 일관되지 않는 등으로 인해 신뢰를 상실하면 아무리 좋은 정책이라도 실행할 경로가 확보되지 않아 무력화된다는 것이다. 법과 정책, 재판 모두가 신뢰를 상실하면 무력화된다. 이해 충돌의 방지는 그 신뢰의 길을 확보하기 위한 전제다. 또 다른 이유로는 '공유지의 비극Tragedy of the commons'[29]을 들 수 있다. 이해 충돌 상황의 본질은 공공 자원을 사적 이익으로 치환하는 것이다. 결국 통제되지 않은 공익의 사익화는 공공 자원을 침해하고 결국 공유지는 황폐해지고 말 것이기 때문이다.

국경을 넘는
이익의 균형

　　이익은 어느 곳에서든 발생하지만 법은 국경을 넘기 쉽지 않다. 아니 원칙적으로 국경을 넘을 수 없다. 각 국가의 주권이 있기 때문이다. 그런데 A 나라에서 번 돈이 모조리 B 나라로 이전되는 일이 발생한다. 언뜻 보더라도 그다지 합리적이지도 않고 균형을 이루었다고 보기도 어렵다. 경제적인 측면에서 이미 세계는 한데 묶여 있다. 그러다 보니 새로운 분야에서 발생한 이익의 배분 과정에서 끊임없이 말이 많다. 전통적인 이슈로 〈공정거래법〉상 외국 기업들이 한 담합으로 인해 자국이 수입한 원재료의 가격이 폭등하기 때문에 국내법의 역외 적용을 통해 이를 제재하려는 것과 그 궤가 다르다. 논란의 중심에 있는 것이 디지털 과세이며, 유전자원의 이용 대가의 지급에 대한 '나고야 의정서'도 같은 맥락에 있다.

디지털 과세와
BEPS

2020년 5월 '넷플릭스Netflix 무임승차 방지법'으로 불리는 〈전기통신사업법〉 개정안이 국회를 통과하였다. 개정안의 내용은 국내외를 가리지 않고 콘텐츠 사업자에게 망 안정성 의무를 부과하고, 국내 대리인을 의무적으로 지정하도록 하여 사고 발생 시 해외 기업에게도 그 책임을 묻도록 하는 것이다. 그간 넷플릭스나 유튜브의 콘텐츠에서 발생하는 트래픽으로 인해 망의 확충 및 관리가 필요했지만 국내 기업과 달리 해외 기업들은 망 사용료를 내지 않아 무임승차라는 비판이 가해지던 시점이었다.

그런데 금번 법안에서 빠진 것이 있다. 바로 국내 서버 설치 의무다. 국제조세 규범상 국내에 서버를 설치할 경우 고정 사업장 Permanent Establishment을 둔다는 것이며, 이는 법인세 부과 등 디지털 과세의 근거가 될 수 있다. 사실은 GAFA(구글, 애플, 페이스북, 아마존)에 대한 디지털 과세 문제는 오늘날 초미의 관심사이자 힘겨루기의 장이다. 디지털 과세의 핵심은 '돈은 우리나라에서 버는데 왜 한 푼도 안 내고 네 나라로 다 가져가느냐'다.

영국, 프랑스, 오스트리아, 캐나다, 멕시코, 스페인, 이탈리아, 이스라엘, 싱가포르, 칠레 등 디지털 과세를 고민하는 나라들은 소셜 미디어의 매출액에 2~5% 정도의 세금을 부과하는 방안을 검토 중이다. 그런데 이러한 세금 부과가 마냥 허용될 수 있는 것은 아니다. 미국 역시 조세로 대응할 수 있기 때문이다. 우리가 법으로 국내 서버 의무화를 추진할 경우 이미 체결되어 있는 FTA 협정에 위반될 수 있다. FTA 협정 이후에 사후적으로 상대 체약국에 불리한 경쟁 조건을 부과하는 것이기 때문이다.[30]

결국 국제적으로 합의된 조세 협약이 필요한 상황이며, 이러한 국제적인 조세 협약을 주도하고 있는 곳이 바로 OECD이다. OECD를 중심으로 회원국들은 '이익이 있는 곳에 과세가 있다'의 원칙을 두고 이해를 조절한다. 과거 페이퍼컴퍼니를 통해서 세금이 낮은 곳으로 회사를 이전하는 것에 대해서도 '궁극적인 수익자UBO, Ultimately Beneficial Owner'가 누구인지를 따져 세금을 부과하자는 것도 OECD에서 시작되었다. 이러한 논의는 시작부터 팽팽한 줄다리기가 되기 일쑤다. 자국 기업들의 이익을 최대한 보호하기 위해 회원국들의 입장은 강경하며, 중간점을 찾기 위해 점심시간을 쪼개어 식당에서도 냅킨에 새로운 모델을 그려가며 상대방을 설득하기도 한다. 그러다 보니 점심을 먹고 돌아와 오후 회의에 들어가면 점심을 함께했던 몇 개국이 합의한 새로운 제안이 들어오는 것도 빈번하다.

디지털 과세 부과의 국제적 합의의 단초가 바로 'BEPSBase Erosion and Profit Shifting Action Plan'[31] 중 'Action 1. 디지털 경제에서의 조세 문제Address the tax challenge of the digital economy'이다. 디지털 경제와 관련하여 핵심은 이익을 벌어들이는 소재지 국가와 해당 기업이 속해 있는 국가와의 조세부과권의 배분과 과세표준이다. 이미 언급했듯이 고정 사업장이 있으면 문제 해결은 비교적 간단하지만 디지털 기업들은 굳이 국내에 고정 사업장을 두지 않아도 서비스의 공급이 가능하기 때문에 과세가 어렵다. 그러다 보니 일종의 에이전트가 국내에 있고, 그 에이전트와 반복적으로 계약을 체결하는 등의 방식으로 사업을 한다면 이를 고정 사업장으로 보자는 입장이 제기되었다. 물론 단순히 보조적인 기능만 한다면 고정 사업장으로 보기는 어려울 것이다.[32]

고정 사업장의 성질이 인정된다고 해서 다 끝난 것은 아니다. 국내에서 이익을 얻었더라도 그 이익 중 상당 부분이 지적재산권 명목으로 해외로 빠져가고 나면 과세의 대상이 되는 이익은 크지 않을 수 있다. 이 경우는 비단 디지털 경제에서의 고유한 문제는 아니며, 전통적으로 로열티 또는 본사 차입금의 이자비용 지급을 통한 국내 과세 대상 금액 줄이기에서 흔히 볼 수 있는 구조다.

디지털 과세의 문제는 미국과 유럽이 가장 첨예하게 대립하고 있다. 미국은 최대의 공급자로서, 유럽은 최대의 소비자로서 입장이 다르기 때문이다. 물론 소비자에는 유럽뿐만 아니라 우리를 비롯한 많은 나라도 포함된다. OECD가 국가 간 과세권 배분 기준 개정과 포괄적 세원 잠식 방지 규정 마련을 통해 합의안을 도출하려고 하지만 누군가가 얻어야 할 또는 잃어야 할 이익의 크기가 큰 만큼 쉽지 않다.

나고야
의정서

국경을 넘어 이익의 균형을 추구하는 것은 환경 분야에서도
나타나고 있다. 최근 코로나19 치료제 및 백신 개발과 관련하여
바이오산업에 대한 관심이 높아지고 있다. 새로운 의약품 역시 그
냥 화학합성물에서 뚝딱 만들어지는 것은 아니다. 주로 자연에서
얻어진 물질을 이용하거나 해당 물질을 다른 물질과 합성하여 사
용한다. 어떠한 경우든 맨 처음 자연이 우리에게 준 물질을 사용하
는 것이 많다. 문제는 그러한 물질, 예를 들어 특정 식물이 특정 국
가에서만 주로 서식하는 경우다. 지금까지는 다국적 기업은 그 국
가에 회사를 설립하고 해당 국가에서 자유롭게 생물자원을 활용
해서 생산을 해왔다. 그 결과 해당 국가는 생물자원이 고갈되거나
생육에 타격을 받게 되는 반면, 다국적 기업들의 수익이 해당 국가
에 재투자되는 경우는 드문 상황이었고 본사의 수익을 늘리고 직
원들에게는 두둑한 보너스가 지급되었다. 그 반대에서 생물자원
이 소재한 지역의 주민들은 농토가 황폐화되거나 습지가 죽어가
는 등 삶의 터전을 잃고 뿔뿔이 흩어졌다. 이러한 불균형한 상황을
극복하고자 나온 것이 바로 '나고야 의정서 Nagoya Protocol'다.

나고야 의정서의 정식 명칭은 '생물 다양성 협약 부속 유전자
원에 대한 접근 및 공평하고 공정한 이익 공유에 관한 나고야 의정
서'로 2010년 10월 채택되었다. 1992년 생물 다양성 협약이 체결

되기 전에는 유전자원을 인류 공동의 자산으로 보았다. 그 내면에는 주로 유전자원을 이용하는 선진국들의 입장이 반영된 것으로 보인다. 그러나 생물 다양성 협약이 체결된 후에는 각국의 자원에 대한 생물 주권이 인정되면서 권리가 형성되기 시작하였다. 2020년 5월 기준, 의정서의 당사국은 총 124개국으로 우리나라는 이미 2017년에 의정서를 비준하고 2018년에는 〈유전자원 접근 및 이익 공유에 관한 법률〉을 시행하였다.

다른 나라의 유전자원을 이용하려는 국가는 먼저 유전자원 제공 국가의 허가 후에 유전자원에 접근해야 하며, 자원 이용으로 발생한 이익은 제공 국가와 공유해야 한다. 보다 세부적으로 들어가 보면 유전자원 제공국의 입장에서는 특정 지역의 식물을 이용하기 위하여 지역 토착민 및 지역공동체와 협의를 해야 하며 이를 포함한 환경상 이익 등을 고려하여 이용 허가 여부를 결정한다. 제공 국가는 이용 국가에 대해서 준수해야 할 사항을 제시할 수 있다. 자원 이용으로 얻은 이익은 어떻게 나눌 것인가에 대해서 양 국가가 미리 서로 합의를 하게 된다.[33] 나고야 의정서로 인해 적어도 유전자원 이용 국가의 남획이 방지되고, 이익 공유를 통해 유전자원이 채취된 지역의 복구에 재투자가 가능해지는 등 이익의 균형이 해당 생태계의 균형으로 나타나고 있다.

2장

혁신과
규제
사이에서

정보사회와
그 적들

수년 전 삼성전자가 데이터 기업을 지향한다는 미래 전략을 밝혔다. 구글Google은 이미 데이터 기업의 선두 주자이고, 애플Apple이나 기타 ICT 기업들도 앞다퉈 하드웨어를 넘어 새로운 전환을 서두르고 있다. 데이터의 집약체인 정보가 우리 사회의 핵심 자산으로 자리 잡고 있기 때문이다. 언택트 시대에 인터넷 상거래가 활성화되면서 업체들의 개인 정보 축적도 더 큰 폭으로 늘어나고 있다. 비대면 사회에서 더욱 활성화되고 있는 페이스북facebook이나 트위터Twitter 등 SNS 기업이 보유하고 있는 전 세계인의 개인 정보 역시 상당한 수준이다.

정보사회의 문제점들도 하나씩 나타나고 있다. 개인 정보 유출이 가장 큰 문제다. 정보는 결국 누군가에 대한 것이고 그 누군가는 자연인이든 법인이든 개인이기 때문이다. 한때 페이스북과

라인^{line}을 비롯한 앱 수천 개가 〈개인정보보호법〉을 위반한 것이 국정감사에서 지적되기도 하였으며, 방송통신위원회는 인터넷 상거래 업체들에게 개인 정보 유출의 책임을 물어 업체별로 수천만 원씩의 과태료를 부과하기도 하였다. 그러나 당장 정보가 유출된 개인이 겪어야 할 불편함이 나아지지는 않았다.

가장 쉬운 예가 '스팸 전화'다. 하루 중 스팸 전화를 받지 않는 사람은 거의 없을 것이다. 방송통신위원회가 딱히 규제를 하는 것 같지도 않다. 인터넷 정보 보호를 하는 기관의 홈페이지에 들어가 보면 신고하는 요령이 나와 있는데 상대방 전화가 온 시간과 번호를 입력해야 한다. 스마트폰의 창을 바꾸어가며 시간과 번호를 따로 적어두고 입력하지만 별 소용이 없다. 발신 전화번호를 수시로 바꾸기 때문이다.

특별한 규제가 없다 보니 방법은 통신사가 보내주는 평가를 통해 수신을 차단하게 된다. 하지만 역시 다른 번호로 전화가 온다. 개인이 정보 유출 기업에 대한 소송을 해봐야 얻을 수 있는 것이 별로 없다. 소송 기간은 길지만 받는 액수는 소액이며 귀찮다 보니 소송 참가도 미진하다. 지금 이 시간에도 정부의 방임 속에 여전히 운전 중에, 회의 중에, 공부 중에 스팸 전화는 걸려온다.

오늘날 개인 정보는 인격에서 자산으로 개념이 이동하고 있다. 그간 보수적이었던 EU도 새로운 '개인정보보호규칙(GDPR) General Data Protection Regulation' 제정을 통해 개인 정보의 활용성을 높이는 방향으로 한 발짝 이동했다. 우리도 개인 정보를 보다 적극적으로 활용하는 방안으로 정책과 제도가 이동하고 있다. 개인 정보를 보호하고 이를 활용하기 위한 근거로 〈개인정보보호법〉이 제정되었다. 이에 대한 비판의 목소리도 높다. 그 규제의 대상 범위가 광범위하고 모호하다는 것이다. 하지만 무엇보다 간과해서는 안 되는 것이 활용과 책임의 균형이다.

잘못된 정보의 생산과 유통도 문제다. 과거 사이버사령부와 국정원의 '댓글 공작' 역시 그중 하나다. 정보의 핵심은 '팩트'다. 거짓이 진실의 옷을 입은 채 유통되고 그 정보들이 사이버 공간에서 집단 지성을 형성할 경우 부작용은 매우 크다.

정보에는 참된 사실, 듣고 싶은 사실, 외면하고 싶은 사실이 있다. 정보를 취사선택해서 제공하는 경우 진실을 왜곡하는 것과 크게 다를 것 없다. 사회적 합의를 도출해야 하는 첨예한 대립 이슈에서 종종 이러한 정보의 편향적 선택을 볼 수 있다. 원전 폐쇄를 둘러싸고 원자력을 옹호하는 측과 반대쪽의 의견이 강하게 대립하고 있다. 양쪽 모두 언론을 통해 자신들에게 필요한 정보만을 일방적으로 전달하고 있어 얼마나 위험한지, 폐쇄할 경우 어느 정도 경제적 부담이 늘어나는지 혼란이 가중되고 있다. 국민들이 갈려 대립되는 이슈 중의 상당 부분은 무엇이 진실이고 무엇이 거짓인지 알 수 없는 것들이다. 특히 언론사들이 각자의 성향에 따라 유리한 입장을 확증시킬 때 그 혼란은 더욱 가중된다.

정보사회의 또 다른 적은 소셜 미디어 정보의 가벼움이다. 오래전 버스운전기사가 인터넷에서 뭇매를 맞은 사건이 있었다. 그

240번 버스의 운전기사는 오랫동안 핸들을 잡지 못했다고 한다. 어느 날 아이만 내려지고 엄마 없이 버스가 출발한 상황을 한 네티즌의 시각으로 쓴 글이 올라왔다. 그에 따르면, 아이만 내려졌으니 차를 세워달라는 엄마의 요청에도 버스가 그냥 출발하였으며, 기사가 엄마에게 욕설도 했다는 것이다. 사람들은 사실의 진위에는 별 관심이 없이 아동 학대 등을 운운하며 운전기사를 비난하고 이를 퍼 날랐다. 인터넷 마녀사냥이었다. 그러나 진실은 다른 것으로 드러났다. 버스기사는 아이 혼자 하차한지 몰랐으며, 엄마의 하차 요구는 전 정류장에서 내리지 못한 승객이 하차를 요구한 것으로 오인했고, 안전 문제 때문에 정류장 아닌 곳에 차를 세우기 어려웠다는 것이었다. 욕설 또한 하지 않았다고 밝혀졌다.

소셜 미디어의 가벼움은 마치 '뒷담화'와 닮아 있다. 뒷담화는 누군가의 평가를 공유하거나 서로의 평가를 확인하는 긍정적 기능도 있지만, 위험한 것은 반론의 기회 없이 끝난다는 점과 누군가가 의도를 가지고 시작할 수 있다는 점이다. 직장 생활 속에서 상사에 대해 서운함을 담은 가벼운 뒷담화가 허용되는 이유는 한 순간의 뒷담화가 오갈지라도 오랜 시간 동안 함께 생활하는 상사에 대해 각자의 객관적인 평가가 가능하기 때문이다. 하지만 인터넷 공간에서의 출처 없는 뒷담화는 잘 알지 못하는 상대에게 고의적으로 상처를 주는 것이다. 댓글이 호불호에 대한 자신의 의사표시를 벗어나 상대에 대해 잘못된 정보를 전달하는 것은 범죄다. 정보사회는 책임 속에 성숙해질 수 있다. 방기된 책임은 표현의 자유에 공권력의 개입을 부르는 더 큰 문제를 만든다.

사이버 보안은 정보사회의 성패를 좌우하는 핵심 사안이다. '초연결 사회'는 사이버 세상을 만들었지만 그만큼 위험의 크기도 커졌다. 플랫폼, 사물 인터넷Internet of Things(IoT), 자율 주행 자동차, 원격의료와 같은 기술 사회의 새로운 흐름은 네트워크 속에서 데이터 및 정보의 안전을 전제로 한다. 편리함을 주요한 무기로 하는 플랫폼 경제는 안전을 장착하지 못하면 외면받게 된다. 따라서 플랫폼이 생존하기 위해서는 편리함과 안전이라는 두 가지 요소를 동시에 충족시켜야 한다. 신성장 산업으로 떠오른 핀테크 역시 거래의 안전을 해킹으로부터 어떻게 지켜낼 것인가에 미래가 달려 있다. 사물 인터넷과 자율 주행 자동차를 해킹하여 잘못된 정보를 입력할 경우 인위적으로 사고를 낼 수 있으며, 원격의료를 해킹하여 환자의 가장 내밀한 의료 정보를 다른 목적에 이용할 수 있고, 핀테크 서비스를 해킹하여 다른 사람의 돈을 가로챌 수도 있다. 그래서 미국은 〈국가사이버보안보호법〉, 일본은 〈사이버보안기본법〉을, 중국은 〈네트워크안전법〉을 제정하고 해킹 등 사이버 범죄에 대응하고 있다.

우리는 '정보의 바다'라는 말을 곧잘 사용한다. 바다는 배를 띄우기도 하지만 배를 뒤집기도 한다. 정보의 바다에서 우리 사회는 좌초될 것인가, 순항할 것인가? 결국 우리의 몫이다.

알고리즘과
정의

정의란
무엇인가

　과거의 정의가 권선징악에 초점이 맞추어졌다면, 지금의 정의는 노력한 바대로 갖는 것이 더 중요해졌다. 이러한 입장은 경제적 가치가 더욱 중시되는 최근의 일만은 아니다. 그리스에서는 정의를 '각자의 것을 각자에게 돌려주는 것'이라고 표현했다. 이것은 아리스토텔레스의 정의관에서 시작되어 키케로와 로마의 법학자 울피아누스Ulpianus로 이어진다. 울피아누스는 그리스식 정의 개념에 법적인 요소를 결합하여 정의를 '각자에게 그에 속한 권리를 배분하려는 항구적 의지'라고 본다. 여기에서 각자의 것은 적어도 각자의 헌신과 노력이 평가되어 모두가 누구의 것이라고 특정이 가능한 경우다.

정의가 무엇인가는 사실 매우 정의하기가 어렵다. 그러다 보니 각자의 입장에 따라 다양한 정의 관념을 갖게 된다. 공리주의자 벤담의 경우에는 '최대 다수의 행복을 실현할 수 있는 것'이 정의라고 보았고, 칸트의 자유주의적 정의관에 따르면 '개인의 자유와 자율의 최대 보장 상태'가 정의가 될 수 있다. 미국 경제철학자이자 《정의론A Theory of Justice》의 저자인 존 롤스John Bordley Rawls의 입장에 따르면 '무지의 베일을 쓴 (정보가 없는 상태에서) 당사자 간 공정한 합의'가 정의다. 이러한 '정의론'들은 각각의 단점을 가지고 있다. 예를 들어 공리주의는 다수의 이익을 위해 개인의 이익을 희생해야 하며, 자유주의는 공동체의 가치를 경시하였으며, 롤스의 정의론은 지나친 평등주의라고 비판을 받는다. 따라서 어느 한 견해의 정의가 옳다고 할 수 없으며, 실제 현실에서는 개인의 자유와 공동체의 가치 그리고 사회 여건에서 가장 불리한 처지의 사람에 대한 배려 등 다양한 요소를 고려하여 정의 개념을 구성한다.[34]

추상적 정의의 개념이 그렇다 하더라도 각론에 들어가면 현실적인 문제로서 구체적 상황을 기반으로 한 새로운 정의의 양상이 펼쳐진다. 새로운 기술 사회에서는 무엇이 정의인가가 모호할 때가 있다. 이익의 균형이 정의의 중요한 부분을 차지하게 되면서 '누구의 것인가'를 판단하는 심판자의 역할에 객관성이 필요함은 물론이다. 그러나 어느 누구 한편의 손을 들어주면 그 결과에 상관없이 공정성이 시빗거리가 됨은 물론이다. 그래서 사람들은 인터넷 공간에서의 빅데이터를 기준으로 스스로의 정의의 기준을 찾아 나서기도 할 것이며, 사람의 편견이 개입되지 않는 새로운 심판 기능을 추구할 수도 있다. 바로 AI(인공지능)다.

알고리즘은
정의로운가

AI에 대한 막연한 논의들은 놀랍게도 이미 1940년대부터 시작되었다. 보다 구체적으로 AI에 대한 논의를 시작한 것은 영국 수학자 앨런 매시선 튜링Alan Mathison Turing이 1950년에 발표한 〈계산 기계와 지능Computing Machinery and Intelligence〉이라는 논문에서부터다. 소위 '튜링 테스트'라는 것인데 격리된 제3자가 대화 내용을 보고 대화 당사자들 중 어느 하나가 기계임을 알아차리지 못하면 지능이 있는 것으로 보자는 것이며, 그러한 기계를 만들자는 것이었다. 쉽게 말해 사람도 식별하지 못할 정도로 지적 대응을 하였다면 이미 인간에 준하는 정도로 보자는 사고가 그 기저에 깔려 있는 것이었다. 지금으로써는 아주 기초적이고 황당하기까지도 하겠지만 적어도 AI 연구에서 최초로 개념적 단초를 제공했다고 볼 수 있다.[35]

'인공지능artificial intelligence'이라는 용어가 처음 등장한 것은 1955년 미국 다트머스Dartmouth에서 '공부하는 기계'라는 주제로 열린 회의에서다. 주로 자연어와 기계어를 다루는 세계적인 수학자와 과학자뿐 아니라 기호주의 학자들도 참여했다. AI에 대한 용어, 정의 그리고 목표 등에 대해 고민을 시작했다. 그 이후의 단계는 시스템 규칙을 통한 자동 연산 체계였고, 오늘날의 AI는 스스로 학습하여 발전해나가는 일종의 머신러닝Machine Learning, 딥러닝Deep Learning으로 발전하고 있다. AI의 우수성에 대해서 의심하는 사람은 거의 없다. 2016년 '세기의 대결'이라 불린 이세돌 9단과 구글 알파고AlphaGo의 바둑 대국은 이를 입증했다. 2020년 8월 미국 방위고등연구계획국(DARPA) 주최로 알파독파이트AlphaDogFight 대전이 벌어졌다. 시뮬레이터를 이용한 전투기 공중전이다. 전투에서 AI는 인간 조종사에게 5전 5승 압승했다.[36] AI가 똑똑한 것은 말할 나위가 없다. 그렇다면 믿을만한가?

사람들은 AI가 객관적이고 공정하리라고 생각한다. 일단 AI는 가용할 수 있는 모든 데이터를 연산 작용에 의해 처리함에 따라 적어도 편견에 치우친 생각을 하지 않을 것이고, 결론적으로 선택하는 것은 다수의 의지일 것이라고 믿는 것이다. 영어에서 인류의 정신세계와 가치관의 정립에 영향을 준 사상, 더 나아가서 종교에 대해서 '-ism'이라는 말을 붙인다. 알고리즘에 대한 무한 신뢰가 그렇다. '알고리-이즘'이라고 부를 기세다. 과연 그럴까?

AI가 어떤 자료를 사용하고 어떻게 연산하고 그 결과로 어떤 자료를 쏟아낼지 결정하는 것은 바로 알고리즘이다. 알고리즘이라는 말의 어원은 오늘날 수의 형성에 지대한 영향을 미친 '대수학의 아버지' 아라비아의 수학자 알 콰리즈미Al-Khwarizmi의 이름을 딴 것이다.

정의는 어떠한 것이 합리적이고 균형적인지에 대한 의사결정을 전제로 한다. AI는 지적 활동을 하며, 그 영역은 광범위하다. 내가 배우고 싶지 않아도 자연스럽게 관행화되어 습득되는 경우에는 사실상 무방비 상태다. 그런데 그러한 경우는 그리 많지 않을 것이다. 오히려 중요한 것은 적극적 지적 활동이 맞닥뜨리는 알고리즘이다. 알고리즘이 조작되거나 중립성을 상실한다면 그 알고리즘에 의해 AI는 더욱 지적으로 고립되고 그 결과는 편향적으로 나타난다.

2020년 1월, AI 챗봇인 이루다의 차별·혐오 발언이 문제가 되었다. 실제 대화 정보를 데이터로 하여 학습했던 이루다에게 편향적 정보가 입력되었고 그 결과 지하철 임산부석 그리고 성적 소수자에 대한 차별 및 혐오 표현이 표출되었던 것이다. 알고리즘을 구성할 때 중립적이지 않은 데이터와 기준을 제시했다면 AI가 제시하는 결과는 편향적일 수밖에 없다. 따라서 AI가 내놓은 결과를 신뢰하기 위해서는 데이터와 기준의 중립성을 확보해야 하며, 이는 알고리즘의 중립성으로 귀결된다.

**알고리즘의
중립성**

알고리즘에는 시스템 설계자의 의사가 언제든 반영될 수 있다. 이 과정에서 중립성을 해치는 요소가 개입될 가능성이 가장 높다. 가장 쉬운 예를 들면 대체로 우리들은 검색을 할 때 첫 번째 페이지에서 대부분의 정보를 얻고 두 번째 페이지로 넘어가는 경우는 그리 많지 않다. 이때 공급자가 선호하는 정보만을 첫 번째 화면에 두게 된다면 사람들은 특정인의 의도에 따른 정보만을 편향적으로 공급받게 된다. 한편으로는 인터넷 기사 검색에서도 특정이념적 성향 내지는 정파적 정보만을 상단에 위치하도록 할 경우그 정보들에 보다 많은 사람들의 접근이 가능하게 되면서 사람들의 의식 형성에 영향을 미칠 수 있다. 현실적으로 문제가 된 것은구글이 온라인 쇼핑 서비스인 구글쇼핑의 제품을 구글 검색 결과의 상단에 위치하도록 했는데 이 해당 건을 EU가 〈반독점법〉 위반으로 보아 24억 2000만 유로(한화 약 3조 1000억 원)의 과징금을 부과한 사건을 들 수 있다. 당시 EU는 2010년 11월부터 2017년 6월까지 거의 7년간의 반독점 위반 여부의 조사를 진행한 바 있다.[37]

알고리즘이 담합에 이용될 수도 있다. 제품의 가격 결정을 사람이 직접 하지 않고 알고리즘을 통해서 결정되도록 하고, 특정 알고리즘을 동종 제품이나 서비스를 공급하는 회사들이 모두 채택한다면 자연스럽게 담합의 결과가 나타나게 되는 것이다. 미국의 경우 실제로 아마존에 포스터를 판매하는 회사들이 특정 알고리즘을 통해 실질적인 담합을 했다는 이유로 기소된 사건이 발생한 바 있다.[38] 그런데 알고리즘을 통한 담합이 이루어진다면 현실적으로 담합의 의도와 목적을 밝히기 어렵고, 당사자 스스로도 실질적 담합이 이루어지고 있다는 사실을 인지하기도 어려울 수 있으며, 공정 거래 당국 역시 담합을 적발하기가 쉽지 않다는 문제가 있다. 현재 〈공정거래법〉상 문제되고 있는 담합은 사업자들이 특정 장소에 모여 가격 내지는 판매 행위에서 공동 보조를 취할 것을 결정하는 방식이므로 회합의 여부를 중심으로 담합을 확인할 수 있는 구조다.[39]

편향적인 알고리즘이 정치나 민주주의를 왜곡할 경우라면 우리는 새로운 형태의 독재인 '알고크러시Algocracy'와 맞서 싸워야 하는 과제를 안을 수도 있다. 그러한 싸움은 쉽지도 않다. 매체를 장악한 거대 권력이 훨씬 더 많은 정보량을 단시간 내에 유통시킬 수 있기 때문이다. 하나의 가치 선택에 보다 많은 정보량이 주어진다면 비록 선택이 왜곡된 것일지라도 단기적으로 진실로 둔갑할 수 있는 것이 정보사회가 가지고 있는 가장 큰 취약점이다. 정치에서 알고리즘이 문제되는 것 중 하나가 선거 즈음에 횡행하는 가짜 뉴스이다. 선거에서 가짜 뉴스가 특히 문제되는 것은 가짜인지 진짜인지는 선거가 다 끝난 후에 밝혀지는 것이 대부분이기 때문이다. 그래서 가짜 뉴스에 의해 피해를 입은 후보자는 사실상 회복하기 어려운 손해를 입기도 한다. 알고리즘을 이용할 경우 가짜 뉴스는 훨씬 더 빨리 확산될 수 있다. 뉴스나 자료 검색의 성향을 알고리즘이 파악하여 수요와 선호에 맞는 가짜 뉴스를 공급할 경우 훨씬 효과적으로 왜곡된 정보를 전파할 수 있으면서 이미 확증 편향된 정보 수용자들은 이들 정보를 더욱 신뢰하기 때문이다.

알고리즘에 대한 신뢰를 두고 논란이 일고 있다. '콤파스 사건'을 들어보면 다음과 같다. 미국 위스콘신주 법원에서는 노스포인트사가 개발한 콤파스(COMPAS)Correctional Offender Management Profiling for Alternative Sanctions라는 재범 예측 프로그램을 이용해 피고인에게 징역 6년형과 함께 보호감호 처분을 내렸다. 피고인은 총격 사건에 이용되었던 차량을 주인 동의 없이 운전하고 경찰관의 지시에 불응한 채 도주하였다. 그는 이미 3급 성범죄를 저지른 전력도 있었다. 콤파스는 그의 과거 범죄 기록 등을 고려하여 공동체에 큰 위협이 된다고 판단하여 징역형과 보호감호 처분이라는 결과를 내었고 법원은 이를 활용하였다. 이에 피고인은 알고리즘이 편향적이고 신뢰할 수 없어 해당 판결을 받아들일 수 없다고 불복하였다. 2017년 위스콘신주 대법원은 법관이 해당 자료를 참고로 하였을 뿐 인간인 법관이 여러 상황을 고려하여 독자적으로 판단했다고 보아 불복을 받아들이지 않았다. 콤파스가 자료를 제공했지만 콤파스를 참조하지 않았을지라도 같은 결과가 나왔을 것이라고 보아 상고를 기각한 것이다.[40]

AI를 통한 기준을 강제적으로 적용하는 데 있어 신뢰를 얻기 위해서는 알고리즘을 공개하는 것이 필요하다. 물론 일반 상업적 영역에서 알고리즘 자체가 수익 모델이거나 지적재산권에 해당하는 것이라면 공개는 어렵다. 따라서 결국 알고리즘의 공개는 특정한 수익 모델에 일정한 비용을 지불하는 한정된 사람에게 공개하거나 또는 공적 주체가 법에 근거하여 알고리즘의 결과를 강제적으로 적용하는 경우에 공개의 문제가 발생한다.

2017년 미국 휴스턴주 독립학교구(HISD)Houston Independent School District에서는 교사들의 수업 성취도를 측정하는 '에바스(EVAAS) 프로그램'의 알고리즘 공개 여부가 논란이 되었다. 세계적인 통계 분석 프로그램 회사인 세스SAS가 이 시스템을 만들었는데, 미국 전역에서 광범위하게 사용되고 있었다. 그런데 해당 프로그램이 산출해낸 교사들에 대한 평가 결과에 대해서 교사들이 의문을 가지고 평가 알고리즘의 공개를 요구하였다. 그러나 세스는 이를 거부하였으며 결국 소송에 이르게 되었다.

소송 결과는 교사들의 손을 들어주었다. 당시 사건에서 법원이 알고리즘의 중립성에 대한 근원적인 원칙들을 제시한 것은 아니나, 법원의 판단은 알고리즘이 장착된 시스템에 의한 평가와 그 결과의 활용에 대해 유의미한 시사점을 보여주었다. 법원은 이 프로그램의 스코어 시스템이 여전히 '미스테리한 블랙박스mysterious black box' 안에 들어 있는 것이라고 표현하면서 알고리즘의 투명성에 의문을 제기하였다.[41] 교사들은 해당 프로그램을 통한 수정 계산에 유효하게 접근할 경로조차 없는데, 이에 반해 프로그램의 오류로 인해 발생하게 될 결과는 교사들의 직업 유지에 직접적 영향을 주게 되는 비례적이지 않은 상황이 발생함을 법원이 인정한 것이다.[42] 결국 교사 단체와 휴스턴주 교육구는 법원의 결정을 받아들여 합의에 이르렀는데, 핵심적인 사항은 검증되지 않은 스코어가 있는 한 '부가적 가치 모델(VAM, 평가 모델)Value added model'을 사용하지 않겠다는 것이었다.[43]

영국에서는 코로나19로 인해 대학 입학시험이라고 할 수 있는 A레벨 시험Advanced Level을 치르지 못했다. 그러다 보니 신입생은 뽑아야 하는데 기준이 되는 성적이 없는 상황이 발생했다. 2020년 8월 13일 영국 정부가 알고리즘을 통해 각 학생들이 획득할 수 있는 A레벨 점수를 산정하여 통보했다. 그런데 알고리즘이 산출한 점수의 39% 정도가 학생들의 기대치와 다르게 나타나면서 학부모들의 항의가 빗발쳤다. 알고리즘에는 4가지 기준이 있었다. 첫째, 학생이 다니는 학교의 수준. 둘째, 학생이 16세 때 보았던 중등교육 수료 자격 고사(GCSE). 셋째, 학생의 내신 성적. 넷째, 담당 교사들이 예상한 학생의 A레벨 점수 예상치. 가장 큰 문제는 학생이 아무리 공부를 열심히 해도 교육 투자가 적은 가난한 지역의 학교는 학교 수준 점수가 낮을 수밖에 없었다는 점이다. 학생 자신이 결정할 수 없는 요소가 학생의 미래를 바꾸는 것은 전혀 합리적이지 않다. 결국 영국 정부는 이미 통보된 성적을 철회했다.[44]

그렇다면 알고리즘을 공개하면 모든 일이 다 해결될까? 알고리즘을 공개하라는 요구는 점점 늘어가고 있다. 알고리즘의 공개에는 두 가지 문제가 있다. 하나가, 알고리즘이 개발 업체의 특허 내지는 영업 비밀일 수 있다는 점이다. 콤파스 사건에서는 알고리즘 개발 업체가 공개를 거부했다. 정보 공개를 요구해도 복잡한 쟁송爭訟을 거칠 수밖에 없다. 또 다른 하나가, 알고리즘의 복잡성이다. 알고리즘이 점점 더 복잡해지면서 공개한들 이해하기 어려운 경우들이 나타나고 있다는 점이며, 심지어 개발자조차도 그 알고리즘이 내놓은 결과를 이해하기 어려운 경우들도 있다. 머신러닝 기반의 알고리즘은 스스로 학습하면서 다른 알고리즘의 결과를 이용하기도 한다. 또한 그들 스스로가 새로운 알고리즘을 만들어 내기도 한다. 그래서 일반 상업적 알고리즘과 달리 특히 행정 영역에서 사용되는 알고리즘은 AI를 어느 정도 수준까지 활용해야 하는지 딜레마에 빠지기도 한다.[45]

이해할 수 없는 세금이 부과되었다면 이를 수용할 사람이 누가 있겠는가. 이때 십중팔구 알고리즘의 공개를 요구할 것인데, 알고리즘이 그 금액에 대해 이유를 설명하지 못하면 행정심판이든 이의신청이든 소송이든 처분의 취소를 요구할 것이다. AI를 통해 효율이 높아갈수록 그 질문의 답을 확인하는 일은 점점 더 어려워지는 상충적 상황이다. 결국 우리는 이해 가능한 수준의 알고리즘만을 사용할지 아니면 그 이상을 허용할지를 선택하게 될 수밖에 없다. 쉽지 않은 일이다. 손도끼를 사용했던 선사시대나 알고리즘을 활용하는 지금이나 정의와 공정의 가치는 여전히 중요하기 때문이다.

AI가 야기할 수 있는 부정적 영향을 인지한 이상 법적인 측면에서도 서서히 사람과 AI와의 관계를 정하려는 노력이 진행되고 있으며, 그 첫 단계로 보이는 것이 EU 〈개인정보보호규칙〉 제22조다. 이 조문은 '프로파일링profiling을 포함한 자동화된 개인적 결정'이라는 제목 아래 다음과 같이 규정하고 있다.

"개인(정보 주체)은 자신에게 법적 효력을 나타내거나 비슷하게 중요한 영향을 미치는 프로파일링을 포함한 자동화된 처리 과정에 전적으로solely 의존한 결정의 대상이 되지 않을 권리를 가진다."

미국에서도 AI의 부정적 영향을 경계하면서 몇 가지 보고서들이 제출된 바 있다. 2016년 10월에 발표된 백악관 〈인공지능 준비보고서Preparing for the Future of Artificial Intelligence〉는 7대 정책 방향을 밝히면서, 네 번째 항목으로 'AI는 인력의 대체재가 아닌 보완재'라고 하였으며, 다섯 번째 항목은 '불완전한 데이터는 아예 사용하지 말라'고 적시하고 있다.[46] 또한 연방거래위원회(FTC)도 2016년 1월 〈빅데이터: 포함의 도구인가, 배제의 도구인가?〉에서 알고리즘의 편향 가능성을 포함하여 빅데이터와 알고리즘의 활용에 따른 위험을 경고한 바 있다.[47]

AI의 활용은 사람이 받아들일 수 있는 그리고 감당할 수 있는 범위 내의 것이 될 가능성이 높으며, 사람의 인지 범위를 넘어서는 AI의 활용은 여전히 제한적일 수 있다. 결국 AI도 사람을 떠날 수 없고, 사람 역시 AI와의 공존이 어디까지인지를 끊임없이 고민하지 않을 수 없다. 사람은 여전히 사람일 것이고, 사람이 존재하는 이상 알고리즘은 끊임없이 사람의 생각과 고민의 대상 속에 머물러 있을 것이다. 비록 미래에는 무슨 일이 생길지 몰라도.

적응의
시간

　요즘 가장 많이 듣는 단어 중 하나가 '제4차 산업혁명'이다. 하도 많이 듣다 보니 이제는 지겨워지기까지 한다. 단순히 지금까지 꾸준히 이어져온 기술 진보의 과정인지, 전기나 인터넷처럼 정말 혁명이라는 말을 붙일 만큼 획기적인 것인지에 대해서도 비판적 견해가 슬슬 나오기 시작한다. 개인적으로는 제4차 산업혁명이라는 말보다 '기술혁명' 또는 '기술 패러다임의 변화'라는 말을 선호하지만, 여하튼 용어와 관계없이 의미 있는 변화가 있다는 점은 모두가 공감하는 부분이다. 변화는 늘 새로운 과제와 갈등을 가져온다. 이들을 조율하고 정리하며, 또 다른 발전을 위한 발판으로 준비하는 시간이 바로 '적응의 시간'이다.

　적응의 시간을 잘 살리는가 아니면 그냥 흘러보내는가는 이후의 국가와 사회의 경쟁력 면에서 큰 차이를 보인다. 19세기 말

청일전쟁이 일어나기 전, 중국의 전력은 수적으로 일본을 압도했다. 하지만 새로운 무기 체계에 적응하지 못하고 구식 군대의 모습을 가지고 있었다. 물론 해군력의 면에서 중국은 나름의 노력은 했다. 이홍장李鴻章이 이끌었던 북양北洋 해군의 경우 총 25척의 함선(그중 6척은 순양함)과 3만 명의 병력을 가지고 있었다. 그러나 지속적으로 투입되기로 했던 군비는 서태후西太后의 여름 궁전 건설에 3600만 냥이라는 거금이 들어가면서 중단되어 청나라 군의 현대화는 지체되었다. 서태후가 여름 궁전을 지으려는 표면적 이유는 왕실의 권위를 세운다는 것이었는데, 그 일은 청나라가 열강의 먹잇감으로 전락하는 것을 재촉하였다.

이에 비해 일본의 경우 12만 명 규모의 육군 7개 사단을 창설하고 최신형 무라타村田 소총으로 무장하였다. 해군의 경우도 미국과 스페인 전쟁을 옵서버observer로 참관하고 온 젊은 장교들을 중심으로 재편되어 중국의 거함 중심주의에 맞서 중소형의 기동함 중심으로 편제를 바꾼다. 당시 서양 열강들의 변화에 일본은 적극적으로 적응의 시간을 선택한 결과 청일전쟁에서 승리를 거두게 된다. 육상에서 일본군의 기갑 전력이 형성되기 시작한 것도 이 시기다. 더 나아가 해외 열강의 국가들에서 공부를 하고 온 젊은 장교들은 국제정치의 역학 관계도 익혀 일본의 아시아 전략에 핵심적인 역할을 한다.

'판타레이Panta rhei(모든 것은 흐른다).'[48] 그러나 적응의 시간은 한정 없이 주어지지 않는다. 적응의 시간이 필요하지만 그 시간을 어떻게 보내는지가 더 중요하다. 〈500일의 썸머Days of summer〉(2009) 라는 영화가 있다. 오랜 연인 관계에서 마침내 남자가 연인 썸머에 게 청혼을 한다. 그런데 그녀는 '아직은 결혼하고 싶지 않아서'라 는 이유와 함께 청혼을 거절한다. 그들은 결국 헤어지고, 얼마 후 썸머는 결혼을 한다. 헤어진 전 남자친구가 따지듯 묻는다. "결혼 안 한다고 했잖아?" 답은 간단했다. "어느 날 결혼을 하고 싶어졌 어. 그때 그이가 내 곁에 있었어."

모든 일에는 '타이밍timing'이라는 것이 있다. 아무리 좋은 일 도 타이밍이 맞지 않으면 좋은 결과를 맺기 힘들고, 작은 일도 타 이밍이 맞으면 큰 성과를 보이곤 한다. 우리 경제가 어려움을 겪는 사이 중국과 인도 등은 부지런하게 우리를 쫓아오고, 기술 간격은 수년 내로 좁혀졌다. 각각의 일에는 타이밍이라는 것이 있으며, 그 시점을 지나고 나면 100의 의미를 갖는 것도 10의 의미만큼으로 가치가 하락될 수 있다.

산업계에서 여러 가지 주문들이 쏟아져 나오고 있다. 가장 주 요한 것이 규제 완화다. 기술의 발전 속도는 빠른데 법이나 정책 이 바뀌는 속도는 느리기 때문이다. 기술과 산업의 발전에서 규제 가 부정적인 영향을 주는 것은 분명하다. 하지만 사회 전체적으로 볼 때 기술의 허용으로 인한 부가가치와, 기술의 허용에 따른 안전 의 침해를 놓고 보면 반드시 규제가 부정적인 효과만 가져오는 것 은 아니다. 문제는 잘못된 규제와 비효율적인 규제를 놓고 논의를 해야 하는 것이지, 규제 그 자체가 백해무익한 것은 아니라는 점이다. 오히려 규제하지 않아서 큰 문제가 생긴 경우도 있다.

2007년 미국발 금융 위기는 부동산에 이미 거품이 형성되었음에도 불구하고 서브프라임subprime 등급(신용이 낮은 사람)에게도 대출을 확대하였던 것에서 시작한다. 그리고 이 모기지mortgage를 기반으로 한 파생 금융 상품이 대거 거래되면서 금융시장에 위험이 크게 확대되었다. 이 와중에 신용평가회사들조차도 파생 상품의 신용 등급을 제대로 매기지 않았다. TV영화 〈투 빅 투 페일Too big to fail〉(2011)에서 재무성 당국자 간 대화는 의미심장하다. "(A:) 이렇게 되기까지 왜 규제하지 않은 거죠?" "(B:) 아무도 규제를 원하지 않았어. 우린 돈을 너무 많이 벌고 있었거든."[49]

과거에 만들어진 많은 규제들은 오늘날 기술 변화를 따라가지 못하고 있다. 자율 주행 자동차를 얼마나 준비하고 있는가를 평가하는 자율 주행 자동차 준비지수(AVRI)[50]에서 네덜란드가 연이어 1위를 차지하고 있는 가운데 우리나라는 2019년 기준으로 13위에 그치고 있다. 2018년의 10위에 비해 뒤로 밀리고 있다. 그 원인 중 주요한 것이 바로 규제이며, 특히 〈도로교통법〉 조항과의 충돌이 있기 때문이다. 그렇다고 〈도로교통법〉상 규제를 그냥 완화해줄 수도 없다. 무분별한 규제 완화는 국민의 '안전하게 살 권리'를 침해할 수 있기 때문이다. 그러다 보니 안전성이 검증될 때까지 실증을 해보도록 특별한 권리를 주거나 혹은 임시 허가를 내주는 등을 통해 한정된 범위와 요건하에 규제를 풀어주는 '규제 샌드박스regulatory sandbox'를 활용한다.

기술혁명은 새로운 상품 및 서비스가 생겨나는 것 이상의 의미를 갖는다. 사회구조와 흐름에 영향을 미치기 때문이다. 발달된 통신망을 통해 개인의 배타적 소유였던 차와 집들이 다른 사람들과 공유된다. 그러나 이는 택시운전자와 숙박업자들의 이익과 충돌한다. AI와 로봇으로 인해 단순 일자리는 줄어들게 된다. 기존의 직무도 변화가 불가피하고 고용의 형태도 다양화된다. 실업 대책 및 노동조합의 역할과 방향성도 달라질 수밖에 없다.

교육제도의 변화도 필연적이다. 주입보다는 생각이, 단순 지식보다는 융합 지식이 요구된다. 이를 위해서는 다양한 방식의 평가가 있어야 한다. 일부에서는 학력고사 시대의 심플한 공정함을 추억할 것이다. 공정만을 따지고 보면 그때가 가장 공정했을 수 있다. 하지만 그때는 주입식 교육만으로 발전이 가능했던 시절이고 지금은 그러한 게임의 규칙이 적용되지 않는다. 페이스북, 애플, 구글, 테슬라 모두 창의성의 산물이기 때문이다. 엄밀히 따져보면 우리는 어떻게 평가할 것인가에 대한 치열한 고민을 해보지 않았다. 그러다 보니 평가 방식이 뒤떨어지고, 뒤떨어진 평가 방식을 새로운 교육 수요와 방식에 적용하는 과정에서 공정성의 문제가 불거진다.

모든 국가들이 기술혁명에 대응하여 국가 전략을 세우고 조직과 법을 고쳐나가고 있다. 우리 역시 새로운 혁신 기술의 수용을 위해 끊임없이 입법을 하고 있다. 대부분의 법안들은 특별법이라는 이름을 달고 있다. 이런 유형의 입법이 편한 이유는 기존의 개별 법률을 찾아 일일이 개정할 필요 없이 일단 정해두고 나면 특별법의 이름으로 기존의 법률을 대체하기 때문이다. 한 번에 빠르게 해결하는 것이 일목요연하고 시원해 보이지만 그만큼 문제점과 갈등을 꼼꼼히 정리하지 못한다는 단점이 있다. 선도적인 국가와 우리나라가 법에 기술 혁신을 담는 방식 중 극명하게 갈리는 것이 선도 국가들은 특별법보다는 기존 법령의 개정과 해석을 통해 외연을 확장해나가는 방식을 취한다는 것이다. 특별법보다는 다소 느린 방식이지만 기존의 이익과 조화를 이룰 수 있으며, 연결된 이익과도 소통이 가능한 방식이다.

때때로 혁신의 강박으로 인해 입법이 제대로 이루어지지 못하는 경우도 있다. 혁신이라는 흐름에서 성과주의와 조급주의가 발동되는 것이다. 대표적인 것이 전동킥보드의 사용 확대이다. 〈도로교통법〉을 개정하여 13세 이상이면 면허 없이도 전동킥보드를 이용할 수 있으며, 자전거도로로도 통행이 가능하도록 하였다. 문제는 자전거도로가 제대로 정비되지 않아 인도와 구분이 어려운 곳이 많아 킥보드가 인도로 올라올 경우 충돌 시 어린아이뿐만 아니라 성인에게도 위험하다는 것이다. 전동킥보드의 이용에 운전면허를 요구한 것은 도로에서 교통의 규칙에 따라 움직이는 차량과 조화를 이루도록 한 것이다. 면허를 따기 위해서는 도로 교통의 방법에 대해서 시험을 치르기 때문이다. 그런데 이러한 제한도 없어진 것이다. 대신 사고를 줄이는 방편으로 중한 처벌이 마련되었다. 누군가가 킥보드를 타다 중한 처벌을 받게 되는 것이다. 그러다 반년도 안 되어 연령을 상향하는 등 법이 또 바뀐다.

변화가 늘 크고 강렬해야 하는 것은 아니다. 작은 변화라도 그 효과는 우리 사회를 크게 변화시킬 수 있기 때문이다. 사소한 시도와 발상의 전환이 세상을 변화시킨 사례는 무궁무진하다. 가장 가까운 곳을 보면, 교통 범칙금을 계좌 이체로 바꾸면서 교통경찰관의 부패 문제가 모두 사라졌고, 은행의 번호표가 도입되자 창구 앞의 혼잡과 새치기를 찾아보기 어려워진 것이다.

변화를 맞는 자세는 두 가지가 있다. '적응과 순응'이다. 적응은 스스로 문제를 찾고 해결하여 다음의 발전을 준비한다. 순응에서는 여전히 문제가 남아 있으며, 때가 되면 갈등은 언제든지 표출될 수 있다. 그만큼 지속적 발전을 뒷받침하기도 힘들다. 변화를 준비하는 지금, 우리는 적응의 시간을 가질 것인가 아니면 순응의 시간을 가질 것인가의 선택 앞에 서 있다.

혁신과
규제

하늘을 나는 자동차를 만들었다. 그런데 자동차나 항공기에 관련된 법령에 이를 규율하는 규정이 없다. 그렇다면 해도 되는 것일까? 하면 안 되는 것일까? 새로운 기술과 법과의 괴리 이야기다. 세상은 매우 급격하게 변해가고 있으며, 오스트리아와 미국에서 활동했던 경제학자 조지프 알로이스 슘페터Joseph Alois Schumpeter의 '창조적 파괴'가 곳곳에서 일어나고 있다. 그렇다면 이러한 흐름에 법은 어떻게 대응해야 할까? "똑같은 일을 반복하면서 다른 결과를 기대하는 것은 정신이상에 가깝다"는 미국 정치가이자 과학자인 벤저민 프랭클린Benjamin Franklin의 말처럼 새로운 기술의 출현을 통해 새로운 결과를 도출하고 싶다면 새로운 법의 대응을 보여주어야 한다.

새로운 것들에 대한 두려움의 실체는 위험이다. 무엇이 있고,

그 무엇이 어떻게 행동하는가를 모르는 것이 바로 위험이다. 위험의 존재 내지는 위험의 크기에 대한 정보가 부족하기 때문에 두려운 것이다. 그렇다고 해서 금지와 제한만을 한다면 한 발자국도 앞으로 나가지 못한다. 19세기 초 나폴레옹전쟁이 끝나고 많은 프랑스 사람들이 영국을 방문했다. 그중에는 당시 핵심 산업이었던 광산업을 담당하는 광산국 직원들도 있었는데, 광산 입구에서부터 강 선착장까지 이어지는 목재 선로를 보았다. 반응에는 두 가지의 옵션이 있다. 하나는 프랑스도 새로운 운반 수단을 시도해보는 것이었고, 다른 하나는 이러한 사실의 외면이었다. 프랑스는 외면을 선택한다. 광물의 이동을 맡고 있는 마차 사업자의 실업이 걱정되었기 때문이다. 그래서 프랑스의 일부 광산에서는 1830년까지도 선로를 사용하지 않았다고 한다. 새로운 기술에 대한 매우 잘못된 규제 선택이었다. 이러한 회피적 결정은 21세기에서도 빈번히 일어나고 있다.

혁신에 맞추어 규제를 조정하겠다는 것이 '규제 샌드박스'와 '네거티브negative 규제'다. 규제 샌드박스가 도입되었지만 테스트의 시간이 끝나고 어떻게 질서 있게 출구를 빠져나갈 것인가, 즉 출구 전략이 문제다. 신청자인 사업자나 승인하는 행정청이나 모두 테스트 기간 종료 시까지 규제 개선이 이뤄지지 않으면 모든 것이 원점으로 돌아갈 수 있다는 인식이 작기 때문이다. 임시 허가는 나중에 허가를 내줄 것을 사실상 전제로 하지만, 실증 특례는 시험을 하는 기간이 끝나면 계속 사업을 할 수 있을지 여부가 결정되며 그 결과에 따라 다시 원점으로 돌아갈 수도 있다. 일부 관련 법률에서는 실증 특례의 취지와 다르게 규제 개선이 이뤄질 때까지 특례를 인정해주기도 한다.

네거티브 규제는 과거에 규제를 사회적 규제와 경제적 규제로 나누어보던 때 나왔다. 이 방식에 따르면 시민의 안전 그리고 환경 등 사회적 규제는 보수적으로 운영하되, 경제적 규제는 일단 모든 것이 가능하지만 금지되는 행위만 하지 않으면 되는 '원칙 허용, 예외 금지'의 네거티브 규제로 운영한다는 것이다. 그러나 안전에 직결되는 규제와 이익을 제한하는 규제가 따로 있는 것이 아니다. 요즘 사회에서 안전과 이익이 상충되는 사례는 다반사다. 결국 규제는 구분 없이 하나로 보되 위험의 크기, 손해의 회복력, 이익의 기본권 관련성을 따져서 결정할 수밖에 없다. 세분화된 기술 변화에 맞추어 모두 세세한 기준을 정해두기도 어렵다. 그러다 보니 재량이 많아지고, 각각의 재량을 통제하기도 어려우니 원칙을 세우게 된다. 영국 금융 당국이 금융기관을 감독하고 인허가를 내주는 데 원칙주의 규제를 채택한 이유다. 지켜야 할 원칙만 지켜진다면 허용의 범위와 수단의 선택은 자유롭게 맡겨 두는 것이다.

정보도 혁신적 규제의 필수 요소다. 혁신의 본질은 이익의 충돌인데, 정보가 많을수록 정확한 이익 분할이 가능하고 상대방을 설득하기도 쉽기 때문이다. 누가 정보를 더 많이 가지고 있을까? 개발 시대에는 국가가 압도적 정보 우위였다. 그러나 오늘날 첨단 분야는 민간이 기술 우위를 가지고 있다. 결국 좋은 규제를 위해서는 국가와 민간이 협업해야 한다. 독일이나 미국에서 민간이 법령 등의 안을 제시하면 국가가 의무적으로 이를 검토하도록 하는 제도를 새롭게 만들어낸 것도 이 때문이다.

민간은 자유로울수록 창의적이다. 그러나 완전한 자유는 누군가의 이익과 권리를 침해할 수 있어 적절한 통제가 필요하다. 1630년대 네덜란드의 튤립 가격 폭등이나 2007년 미국발 금융 위기가 그 예다. 국가의 규제가 물러난 공백에는 민간의 책임이 메워져야 한다. 영미법 국가의 규제 강도가 약한 것은 손해배상과 같은 사법私法상 책임이 강하기 때문이다. 영미에서 징벌적 손해배상은 불법행위를 해서 취한 이득이 손해를 배상하고도 남아서는 안 된다는 사고에서 출발한다. 그러나 여전히 한 가지 의문이 남는다. 왜 손해가 발생한 정도보다 더 많이 (징벌적으로) 배상을 해야 하는가? 원래 법에서는 책임의 크기가 자신이 야기한 정도이어야 한다는 것이 원칙이다. 그럼에도 불구하고 누군가를 엄하게 징벌해야 하는 이유는 무엇인가? 그중 하나가 '일반예방 효과'다. 사회 공동체의 이익을 지키기 위해서, 더 쉽게 말하면 다른 사람들은 이런 불법을 저지르지 말라고 사례를 보여주는 것이다. 적발 시 불법으로 얻은 이익보다 훨씬 더 많은 손해를 보게 함으로써 불법의 동기를 저지시키는 것이다. 이러한 생각은 인간의 본성에 기반을 둔 것으로, 이미 (세계에서 가장 오래된 성문법인) '함무라비Hammurabi 법전'에서도 '도둑이 소와 양, 당나귀, 돼지, 염소 중 하나라도 훔쳤더라도 그 값의 열 배로 보상해주어야 한다'고 기록하고 있다.

국가가 공적인 제도를 통해 감시하고 통제해야 할 일을 특정한 개인의 일로 귀속시키고 징벌적으로 제재하는 것이 책임의 원칙상 타당한가의 반론도 있다.[51] 그리고 징벌적 손해배상의 확대는 기업의 영업 활동을 위축시켜 사회 전체적인 생산력의 저하를 가져올 수도 있다. 따라서 징벌적 손해배상제도를 도입하더라도 요건을 명확하게 정할 필요가 있다. 우리나라에도 이미 징벌적 손해배상제도가 도입된 법률이 있다. 〈제조물 책임법〉이 대표적이다. 가습기 살균제 사건 등 대규모 소비자 피해 사건을 계기로 도입되었다. 이외에도 〈하도급거래 공정화에 관한 법률〉, 〈가맹사업거래의 공정화에 관한 법률〉, 〈개인정보보호법〉, 〈신용정보의 이용 및 보호에 관한 법률〉, 〈공익신고자 보호법〉, 〈특허법〉 등 개별 법률에서 징벌적 손해배상제도를 두고 있다.

모든 징벌적 손해배상제도가 단일하게 3배의 배상을 규정한 것은 아니다. 〈제조물 책임법〉을 예로 들어보면 '첫째, 고의성의 정도. 둘째, 손해의 정도. 셋째, 제조업자가 취득한 경제적 이익. 넷째, 제조물 결함으로 받은 형사처벌 또는 행정처분의 정도. 다섯째, 물건이 공급된 기간 및 규모. 여섯째, 제조업자의 재산 상태. 일곱째, 제조업자가 피해 구제를 위해 노력한 정도'를 고려하여 배상액을 결정한다.[52]

혁신은 이 모든 것을 잘 담아낼 수 있는 법이 있어야 비로소 가능하다. 그렇다면 우리는 얼마나 혁신을 생각하고 있을까? 소송뿐만 아니라 새로운 기술과 사회 변화에 최적화된 법을 만들어내는 것이 중요하지만 안타깝게도 현실은 그렇지 않다. 법이 없는 혁신은 혼란과 퇴보다. 법조인들이 분야별 전문 지식을 갖추고 소송뿐만 아니라 입법과 제도의 형성에 더욱 관여해야 하는 이유가 여기에 있다.

규제를 완화하는 전통적인 방식에는 규제의 수를 줄이는 방법과, 규제의 품질을 높이는 방식이 있다. 전자는 불필요한 규제라는 점이 입증되면 전혀 문제되지 않는다. 불필요한 규제의 수를 줄이는 것은 좋은 일이다. 후자는 수를 줄이는 것보다 쉽지 않다. 규제의 품질이라는 것 자체가 모호하고 모든 영향 요소를 고려해야 하기 때문이다. 자칫 잘못하면 필요한 규제 대상은 빠져나가고 별로 규제할 필요가 없는 대상들이 규제될 수도 있다.

규제를 하면서도 기술을 통해 피규제자가 부담하는 비용을 줄일 수 있는 방법도 있다. 쉽게 말해, 규제를 하지만 그 규제가 지켜야 하는 사람에게 크게 부담을 주지 않도록 하는 것이다. 주로 정기적으로 행정 당국에 보고해야 하는 일들이다. 이러한 보고 의무의 이행은 기업의 입장에서 인력과 비용 그리고 시간을 투입해야 하는 일이다. 예를 들어, 금융산업에서 감독 당국이 요구하는 보고서를 작성하려면 여러 사람이 투입되어 자료를 찾고 합산하고 보고서의 양식에 넣어 안을 만들고 이를 검증하는 과정을 거쳐 결재를 받아 보내는 과정을 거치게 된다. 기업의 입장에서는 생산에 투입시킬 인력을 감독 당국에 보낼 보고서 작성에 투입하게 됨에 따라 그만큼의 마이너스 효과를 보게 되는 것이다. 그런데 여러 부처의 업무에 걸쳐 있는 융합 분야는 그 보고서를 요구하는 부처 역시 다수임에 따라 그만큼의 시간이 더 소요되며, 부처 간 행정 정보의 공유가 잘 이루어지지 않아 총량은 계속 늘어난다.

그 해결 방식으로 나타난 것이 레그테크RegTech다.[53] 호주 증권투자위원회(ASIC)는 레그테크를 '규제 및 준수의 요구 사항을 효과적으로 해결하기 위한 새로운 기술의 사용'으로 정의한다. 대표적인 활용 분야가 규제 보고regulatory reporting로, 감독 당국에 정기적으로 보고해야 하는 자료를 AI가 자동으로 집계한 후 클라우드에 올려두면 감독 당국은 별도의 공문으로 이를 수취하는 것이 아니라 클라우드에 접속해서 해당 자료를 내려 받아 사용한다. 과거에는 일정한 서식이 필요했지만 레그테크에서는 감독 당국의 AI가 로 데이터Raw Data를 보고서 양식에 맞게 재정리한다. 이뿐만이 아니라 리스크 관리, 신원 확인, 내부 준수, 거래 자료의 자동 모니터링 등까지 확장되어 현실화하고 있다. '과연 가능할까'라는 생각이 들기도 하겠지만 이러한 기술을 구현하고 있는 기업들은 200여 개에 달하며, 주로 미국·영국·벨기에·이스라엘 기업들이 두각을 나타내고 있다.[54] 우리나라는 선도 기업에 이름을 아직 올리지 못했다.

이와 같은 자동화된 보고 의무의 이행을 법적으로 어떻게 받아들일 것인가가 문제되지만, 현재 자동화된 방식에 의한 행정 결정에 대한 논의는 상당 부분 진전된 상태라 큰 장애물은 없다.[55] 구체적으로는 레그테크에 의해 보고된 보고서를 법규상 제출 의무가 있는 보고서로 인정할 것인가, 그리고 자동으로 제공된 데이터에 의한 의사결정을 행정기관의 유효한 의사결정으로 인정할 수 있는가의 논의가 있으나 법령에 규정을 하는 것으로 해결할 수 있다. 레그테크는 가용할 수 있는 기술을 결합해나가면서 지속적으로 그 효율성을 높일 수 있는 장점이 있다. 가용한 기술로는 데이터 마이닝data mining, 머신 러닝, 로보틱스robotics, 클라우드 컴퓨팅, 비주얼 분석 기법, 블록체인block chain 등이 있다.[56]

규제는 좀처럼 없애기 힘들다. 나름 다 이유가 있기 때문이거나 또는 이미 설정된 규제에 오랜 시간 동안 수많은 이해관계가 개입되어 있기 때문에 여간한 계기 없이는 움직이지 않는다. 그런데 혁신은 강력한 동기이자 동시에 수단이 될 수 있다. 이익이 새로 창출되면서 얽혀 있는 이해관계를 풀 수 있는 기제가 발생하기 때문이다. 입법에서 혁신을 적극적으로 담아내야 하는 이유다.

규제
샌드박스

　앞서 여러 차례 언급되었던 '규제 샌드박스'는 규제 개혁의 상
징이다. '샌드박스Sandbox'라는 표현은 영국에서 나온 것으로, 놀이
터에 모래를 깔아 어린아이들이 그 안에서 맘껏 뛰어 놀도록 한 것
에서 착안한 것이다. 규제가 다루어야 할 대상도 마찬가지로 위험
이다. 그 범위를 미리 특정하기 어렵다는 점에서 입법은 후행적이
며, 사법적 구제 역시 사후적이어서 대응에 본질적 한계가 있다.
그렇다고 새로운 기술이 창출하는 이익을 외면할 수는 없다. 이익
과 위험, 그 중간에서 선택된 것이 바로 규제 샌드박스다.

　규제 샌드박스가 아닌 '네거티브 규제'로 규제를 풀어나가려
는 노력들도 꾸준히 있어왔다. 그러나 어젠다는 있지만 현실적으
로 네거티브 규제가 적용된 분야는 그리 많지 않으며, 각 분야에서
추진되고 있는 네거티브 규제화 시도도 반대의 목소리가 많다. 국

민의 생명 및 신체의 안전 등에 관한 분야처럼 네거티브 규제가 도입되기 어려운 분야도 있지만, 네거티브 규제가 쉽게 도입되기 어려운 또 다른 이유는 외국의 입법례를 도입하는 과정에서 이에 부수하는 혹은 전제가 되는 사항의 변화가 이루어지지 않았기 때문이다. 예컨대, 손해배상제도의 개선이다. 민사책임의 확대가 이루어져야 비로소 공법적 사전 규제가 후퇴할 수 있기 때문이다. 공법적 규제는 후퇴했으나 민사적 책임이 강화되지 않는다면 규제의 공백이 발생한다. 한마디로 피해는 발생했는데 책임지는 사람은 없는 경우다. 늘 그렇듯이 결국 국가는 시민적 공분을 바탕으로 다시 규제를 상화하게 된다.

　규제 샌드박스의 3종 세트는 '신속 확인, 임시 허가, 실증 특례'다. 제도의 핵심은 현재의 법률이 신기술에 적용하기 모호하거나 부적합할 때 금지된 행위를 제한적 범위 내에서 한시적으로 허용해서 그 위험을 파악하고, 정부와 국회는 운영 결과를 반영해가면서 새로운 기술에 부합한 입법을 하는 것이다. 기존 법체계와 상충된다는 점에서 사실 파격적인 제도다. 그러나 항상 명심해야 하는 것은 규제 샌드박스는 실험실이라는 것이다. 그러다 보니 성공만 있는 것은 아니며, 실패를 용인해야 한다.

　규제 샌드박스의 고향인 영국에서는 샌드박스 안에서 실패하고 사업을 접는 일이 빈번하다. 일종의 테스트베드다 보니 실패하면 사라지는 것은 숙명이다. 규제 샌드박스에 들어온 아이디어들은 크게 세 가지의 길을 걸을 것이다. 첫째, 샌드박스에서도 성공하고 관련 입법도 성공하여 정식의 인허가를 거쳐 사업을 영위한다. 둘째, 샌드박스에서 실패하고 관련 입법도 제정되지 않아 사라진다. 셋째, 샌드박스에서 성공했는데 이해관계의 충돌로 관련 입법이 불발한다. 문제는 세 번째 사례다.

2019년 4월에 개정된 〈행정규제기본법〉이나 규제 샌드박스를 담고 있는 법률들의 취지는 혁신 기술을 가진 사업을 샌드박스에 진입시키고 그 사이 새로운 규제에 부합한 입법을 하여 새로운 아이템을 제도권으로 편입시키는 것이다. 그래서 샌드박스에 진입하면서부터 입법 계획이 서야 한다. 아울러 세 번째 사례에서의 분쟁 해결도 대비할 필요가 있다. 실증 특례 기간이 끝나고 나면 그 사업을 종료할 것인지 아니면 실증 특례 기간을 연장할 것인지 여부가 주된 관건이 될 것이다. 특례 기간이 연장되지 않거나, 연장된 기간까지 합한 시간(통상 최대 4년)이 흐른 후에도 법이 바뀌지 않아 더 이상 제품 및 서비스를 공급할 수 없다면 매몰 비용sunk cost은 물론이거니와 억울함을 호소하는 민원과 송사가 발생할 가능성이 있다.

혁신적 영업 행위를 어떻게 보호할 것인가도 관심사이다. 혁신성을 가장 중요한 요건으로 하는데 기존의 혁신 사례에서 약간의 내용만 바꾸어서 새로운 혁신으로 둔갑하려는 시도도 종종 나타나고 있기 때문이다. 혁신성과 관련하여 한 가지 더 생각할 것이 있다. 숨겨진 혁신적 기술을 겨우 꺼내놓고 규제 샌드박스에 들어왔는데, 이를 카피한 후발주자들이 규제 샌드박스에 진입하는 것이다. 이런 상황을 막기 위해 〈금융혁신지원특별법〉은 1년 동안 (추가 1년 연장도 가능하며) 해당 혁신 기술을 경영상 비밀로 보아 〈정보공개법〉에 의해 정보공개를 청구해도 공개하지 않을 수 있도록 하고 있다. 진짜 혁신 기술을 보호하기 위한 것이다. 핀테크 등 혁신 기술을 활용한 영업에 정식의 인허가를 받게 되면 2년간 배타적 운영권을 부여하기도 한다.[57] 물론 일반적인 특허권이 아닌 대부분이 새로운 서비스 및 영업 방식에 대한 비즈니스 모델(BM) 특허라는 점에서 보호의 정도는 약할 수 있으나 혁신의 노력에 적절한 보상을 주는 것이며, 이는 또 다른 혁신의 마중물이 될 수 있다.

행정조직과 혁신의 관계에서 중요한 것이 '횡적 거버넌스'다. 금융 혁신은 필연적으로 정보통신 기술의 개발과 연결될 수밖에 없다. 산업 기술 역시 기계에 통신이 접목된다. 새로운 환경 기술은 교통수단과 건축물에 적용되고 새로운 에너지 개발을 유인한다. 이 과정에서 금융 지원이 이루어지고, 조세 감면도 할 것이며, 새로운 특허 기술이 시장을 강타하면 어느 한순간 독점기업이 될 수 있어 〈공정거래법〉의 예외가 인정되기도 한다. 따라서 모든 부처가 함께 협력해야 하지만 지금의 정부조직은 횡적 협력이 쉽지 않다. 그간의 '종적 거버넌스'에 익숙해져 있기 때문이다.

규제 샌드박스를 신청하는 기업, 허용하는 행정부뿐만 아니라 국회도 규제 샌드박스의 당사자다. 우선적으로 신경 써야 할 정치적 이슈가 워낙 많거니와 당장 정부로부터 법안이 올라온다고 해도 복잡한 문제가 많다. 대표적인 것이 기득권과 새로운 이익 간의 균형이다. 공유 차량 서비스를 둘러싼 지리했던 분쟁의 과정을 보면 문제 해결이 얼마나 어려운지 짐작이 간다. 끊임없이 이해관계자들의 방문과 공청회가 이어질 것이고 격한 투쟁도 나타날 것이다. 하지만 규제 샌드박스의 끝은 결국 새로운 기술에 부합한 법률이라는 점에서 국회의 역할은 피할 수 없다.

제4차 산업혁명의 흐름과 맞물려 규제 혁신의 과정에서 규제 샌드박스의 존재감은 화려하다. 그러나 꽃의 화려함이 잠시인 것처럼 규제 샌드박스도 원칙적으로 2년의 한정된 시간이 있을 뿐이다. 그사이 우리는 무엇을 해야 하나. 새로운 실험을 통해 성공의 경험은 장려하되 실패의 경험은 축적하여 신기술에 부합하도록 법과 제도를 정비해야 한다. 그래야 비로소 규제 샌드박스가 성공했다고 할 수 있다. 하지만 아직도 우리는 새로운 시도를 하면서 성공에만 집중하지 실패의 기록을 축적하고 활용하는 것에 대해서는 상대적으로 관심이 낮다. 새로운 기술 사회에서는 생각을 바꾸어야 한다. 꽃구경하기에는 아직 갈 길이 멀다.

빅데이터와
통계

사람들은 말보다 숫자가 주는 강렬한 객관화에 곧잘 매료된다. 일상에서 대화를 나눌 때 혹은 업무를 할 때 수치를 제시하면 상대방의 신뢰가 크게 높아진다. 제시된 수 자체가 정말로 신뢰할 만한 것인지 여부와 관계없이 논쟁의 주도권을 잡는 계기가 되기도 한다. 요즘 법정에서는 PPT의 사용도 일상적이어서 변론의 과정에서는 수치를 보다 비쥬얼화한 다양한 형태의 그래프가 활용된다. 물론 반대편에서는 효과적인 변론의 방법으로 상대방이 논거로 사용했던 숫자를 공격하거나 통계의 모집단 간 차이를 제시한다.

우리가 사용하는 대부분의 숫자들은 통계에서 나온다. 통계는 민간에서 필요에 따라 단발성으로 만들어낸 것에서부터 정교한 관리 절차를 거친 국가 통계까지 다양하다. 정부를 포함하여 공공성을 가진 기관들로부터 나오는 통계만 해도 2020년 기준으로 1022개에 달하며, 국가 승인 통계는 466개다. 신뢰할만한 통계들로는 국가 지표라고 부르는 통계들과 각 분야별 기관에서 특화되어 편제하는 전문 통계들을 들 수 있다. 통계 중에서도 가장 신뢰도가 높은 것은 각종 인허가 등 행정 자료를 이용한 '전수 통계'다. 자료 자체를 합하여 만들어내기 때문이다. 표본 통계는 그 설계와 응답률에 따라 신뢰 수준이 달라지기도 한다. 따라서 표본 통계에서는 통계의 작성 방식에 대한 관리가 특히 중요해진다.

통계는 다양한 곳에서 사용된다. 조달 사업에 참여하기 위하여 입찰을 할 때도 기업 통계의 재무 건전성 지표가 입찰 요건으로 활용된다. 손해배상청구 소송에서 배상액을 산정할 때도 피해자의 직업군을 대상으로 한 평균임금 통계가 활용된다. 가장 사용이 빈번한 곳은 정책을 설계하고 집행하는 과정이다. 오늘날은 행정을 둘러싸고 이해관계가 첨예하게 대립함에 따라 어떠한 선택을 해도 갈등이 발생하는 구조다. 따라서 이를 최소화하기 위해서는 상대방의 수용성을 증가시키거나 정확한 사실관계에 기초하여 대립하는 이익의 균형을 잡는 것이 중요하다. 여기에서 필요한 것이 통계이다.

통계에 필요한 요소로 '독립성, 투명성, 신뢰성, 활용성'을 들 수 있다. 우리나라에서 통계의 독립성은 과거와 달리 현재는 크게 문제가 되지 않으며, 활용성 역시 매우 높은 편이다. 여전히 중요한 것들은 투명성과 신뢰성으로, 이 두 가지 사항은 통계의 가장 본질적·숙명적 요소라고 할 수 있다. 가끔 가십성 뉴스 기사에서 사용하는 통계들의 일부는 통계의 작성 방법 및 모집단에 대한 정보를 함께 제공하지 않는다. 공개하는 경우라도 모집단이 매우 적거나 조사 응답률도 현저히 떨어져 있다. 투명성과 신뢰성이 확보되지 못한 경우다. 그런데 안타깝지만 대부분의 사람들은 통계가 알려주는 퍼센트에 집중하지 모집단의 규모와 오차 범위에 대해서는 신경을 쓰지 않는다.

새로운 기술혁명 사회에 들어서면서 사회의 급격한 변화를 나타낼만한 새로운 통계가 필요해지고 있다. 소프트웨어 통계를 한 예로 들 수 있다. 통계의 편제 방식 및 환경 또한 달라지고 있다. 이처럼 새로운 통계 수요와 환경 변화에도 불구하고 제4차 산업혁명의 열풍 속에서 통계에 대한 관심은 상대적으로 작다고 할 수 있으며, 편제 및 생산에 대한 지원 등은 여전히 미흡하다.

새로운 기술 사회에서 통계의 편제 방식은 큰 변화를 맞을 것으로 보인다. 빅데이터를 기반으로 자료를 수집하고 AI를 통해 통계를 만들어낼 경우 통계의 작성 주기는 현저히 단축될 수 있다. 적어도 완전한 통계는 아니겠지만 (사람의 손을 거쳐 완성되는 통계는 분기별로 공식적으로 발표된다고 해도) AI를 거친 통계는 한 달 단위로 활용이 가능할 수 있다. 정확한 통계를 보다 짧은 주기로 편제해야 할 필요성은 오늘날 기술혁명의 속도에서 찾을 수 있다. 새로운 기술 주기에 따라 통계 역시 탄력적 대응이 필요하기 때문이다. 이러한 자료들은 정책 당국자들의 의사결정에 큰 영향을 미치며, 민간의 대응 또한 빨라질 수 있다는 장점이 있다.

이와 같은 새로운 통계는 기술 변화 속도에 따른 데이터의 부족, 편제 기준의 변경으로 인한 시계열의 단층 등이 발생할 수 있다. 현재 몇몇의 민간 기관들은 제4차 산업혁명과 관련된 통계를 작성하고 있으나 위와 같은 문제들로 인해 외부적으로 공개하지 못하고 내부 자료로만 활용하고 있다. 사회 전반에서 통계 자체에 대한 이해는 부족한 상태에서 활용만을 강조하다 보니 아주 작은 통계적 오류라도 용납하지 않는 것에서도 그 원인을 찾을 수 있다. 따라서 이러한 통계를 양성화할 수 있는 적극적 지원과 함께 다소 불안정한 통계라도 공개하여 참고할 수 있도록 일종의 '그레이존 gray zone'을 만들 필요가 있다. '그레이존'에 속한 통계는 경미한 오류 가능성을 가지고 있다는 점을 전제로 하고 공개하는 것이며, 공개된 통계에 대해서는 각 이해관계자들이 분석과 활용 과정에서 개선책을 제시함으로써 보다 완벽한 통계를 만들어낼 수 있다.

통계와 관련하여, 빅데이터에서 나오는 개인 정보를 얼마나 활용할 수 있는가가 중요한 화두가 되고 있다. 〈통계법〉에도 금융기관 및 사법·행정기관 등을 포함하여 통계 작성에 필요한 기관들의 자료들을 활용할 수 있는 법적 근거를 마련해두고 있다. 최근에는 공공 부문이 보유하고 있는 정보를 적극적으로 활용하기 위하여 〈공공 데이터의 제공 및 이용 활성화에 관한 법률〉을 제정한 바 있다. 그렇다고 공공 부문이 보유하고 있는 모든 데이터를 자유롭게 제공·활용할 수 있는 것은 아니다. 우리가 정보라고 부르는 것들의 최초 출처는 자연인이든 법인이든 모두 다 개인의 삶이다. 따라서 통계를 비롯한 모든 정보의 원데이터raw data는 개인 정보다. 여기에서 개인의 프라이버시와 공공의 이익 간 충돌이 발생한다. 그래서 통계에 사용되는 개인의 정보는 비식별화를 거친다. 통계에서는 각 개인의 식별이 중요한 요소가 아니기 때문이다.

현대 행정이 처한 환경은 매우 복잡하고 이해관계 역시 첨예하다. 하나의 정책에 수 개의 이해가 충돌하고, 지금은 표출되지 않지만 언젠가 사회적 문제가 될 수 있는 침묵하는 갈등도 존재한다. 따라서 행정은 명확하게 현재의 사실에 기초하여 일반적으로 인정할 수 있는 기준에 따라 결정되고 집행되어야 한다. 여기에서 가장 큰 역할을 할 수 있는 것이 정확한 통계이다. 새로운 기술혁명 사회에 즈음하여 보다 현명한 의사결정을 내리기 위한 기초로써 통계에 대한 관심이 함께 높아질 필요가 있다.

AI와 인간의 대결

인간과 알파고의 대결은 우리에게 몇 가지 의미를 주었다. 가장 큰 것이 말로만 듣던 AI가 매우 가깝게 와 있다는 것을 체험한 것이다. 사회 각 분야에서는 다양한 형태의 AI 개발과 활용에 관심을 두기 시작했다. 법률 분야도 예외는 아니다. 2019년 8월, 변호사회관 5층에서는 의미 있는 경기가 벌어졌다. 인간 변호사와 AI 변호사와의 대결이었다. 물론 이러한 대결 자체를 두고 쓸데없이 왜 이런 대결을 하느냐는 일부의 불만도 있었지만, 어차피 피할 수 없다면 차라리 AI의 정확한 능력을 살펴 이를 활용하도록 한다는 것이 주최 측의 의도였다. 세상의 변화를 적극적으로 포용하여 대비한다는 점에서 의미가 있다.

제1회 알파로경진대회는 인간 변호사 2인 1조가 참석한 9개 팀과, 인텔리콘연구소가 개발한 법률 AI인 C.I.A^{Contract Intelligent}

Analyzer가 인간 변호사 또는 일반인과 짝을 이룬 3개 팀이 제시된 근로계약서를 검토하고 법률 자문을 하는 것이었다. 결과는 AI의 완승이었다. 하지만 실제에서 갖가지 복잡한 사안에 들어가면 동기와 목적이 중요한 쟁점이 된다. 때때로 감정을 고려해야 할 때도 있다. 법은 차갑고 딱딱하더라도 법이 적용되는 인간의 삶은 감정덩어리로 구성되어 있기 때문에 사건을 해결하기 위해서는 감정을 이해해야 한다는 점에서 인간 변호사의 역할은 여전히 유효하다. 따라서 AI가 인간을 밀어내기보다는 AI와 인간의 상호 공존 속에서 각자의 장점이 활용될 것으로 보고 있다. 하지만 판례 등 소송 자료의 검색에서는 AI가 유용한 역할을 할 수 있고 이 분야에서 인간 변호사의 수요가 줄어들 수밖에 없다. 실제로 유명 법률 플랫폼인 리걸줌legalzoom, 로켓로이어rocketlawyer, 로데포lawdepot 등은 AI를 장착하여 단순·반복적인 법률 문서 작성을 하고 있다. 소비자가 문서에 필요한 정보를 입력하면 AI가 해당 법률 문서를 작성하는 방식이다.[58] AI가 없었다면 초임 변호사들이 담당했어야 하는 업무이다. 법률 문서 작성 비용도 인간 변호사가 하는 것의 1/3 가격에 불과하다. 그러나 여전히 복잡한 쟁점을 가지고 있는 법률 문서의 작성은 인간 변호사에 의해 이루어진다. 다만 AI 기술이 발달함에 따라 AI의 활용 영역이 점차 넓어질 것은 분명하다. AI가 절대 대체할 수 없는 부분이 있다. 바로 의뢰인과의 유대와 신뢰이다.[59]

인간 변호사의 역할이 확대되는 영역도 있다. 데이터의 구축과 검증 그리고 데이터의 활용을 통한 새로운 서비스의 제공이다.

사안에 따라 다르겠지만 평균적으로 대법원 판결을 받기까지 3년 정도가 걸린다. 소송이 주는 부담감을 안고 3년을 살아가야 하는 것이다. 상사 분쟁의 경우 조속한 분쟁 해결이 관건이다. 법정에서 수년을 보내느니, AI를 통해 소송에서의 승소 가능성과 합의를 했을 때 적정한 선을 파악한 후 중재절차를 거쳐서 분쟁을 끝낼 수도 있다. 상당수의 많은 민·상사 거래에서 ADR을 통한 분쟁 해결이 이루어지고 있다는 점에서 그 가능성을 예상해볼 수 있다.

사법 분야에 AI가 도입되는 경우 그 장점이 무엇일까에 대해 물었던 설문 조사에서 시민들에 의해 그 장점으로 꼽힌 것 중 하나는 조금 놀랄만한 것이다. 바로 '공정성'이다. 고위 판사나 검사직에서 내려온 후 불과 수년에 수십억을 버는 것을 보면서 전관예우가 아직도 사라지지 않았다고 믿는 시민들이 많다. 그래서 AI가 판결을 한다면 적어도 전관예우의 문제는 나타나지 않을 것이라고 본 것이다. AI의 선호 논거로 공정성이 제기된 것이라면 우리 사법 체계가 곱씹어보아야 하는 문제다.

사법 시스템에 AI를 사용하는 것과 관련하여 윤리적 측면의 5가지 논의가 있었다. EU의 사법효율성위원회(CEPEJ)가 만든 원칙이다. 먼저 'AI의 툴과 서비스의 디자인과 작용에서 기본권을 존중하라'는 것이다(principle of respect for fundamental rights). 인간이 가지는 기본적 권리를 침해하는 AI의 활용은 결코 허용될 수 없다. 다음으로 '개인 또는 그룹 간의 비차별적 대우'다(principle of non-discrimination). AI의 알고리즘에 차별적 조건을 투여할 경우 왜곡된 결과가 나오게 되기 때문이다. 특히 인종과 피부색에 따른 차별은 AI 개발사에서 여전히 문제가 되고 있는 사안이다. 셋째로 '기술적 보안의 달성과 공인된 데이터 소스의 활용'이다(principle of quality and security). AI가 해킹되는 경우 역시 그 결과는 왜곡될 수밖에 없으며, AI의 활용을 위해 탑재된 데이터가 자의적인 데이터일 경우 역시 결과가 왜곡될 수밖에 없다. 넷째로 '투명성과 불편부당성 및 공정성의 이슈'다(principle of transparency, impartiality and fairness). 다섯째가 '사용자의 통제하에서 운영이 되어야 한다'는 것이다(principle 'under user control'). [60]

　사법뿐만 아니라 행정에서도 AI가 등장했다. AI를 행정에서 활용해왔던 것은 두 가지 형태로 나뉜다. 하나는 민원을 안내하거나 교통신호체계를 통제하는 것이고, 또 다른 하나는 담당 공무원이 의사결정을 내릴 있도록 상황을 분석하고 데이터를 제공해주는 것을 말한다. 소방청에서 사용하는 화재 및 재난 예측 프로그램이 그 예이다. 2016년 놀랄만한 일이 일어났다. 독일이 〈행정절차법〉을 개정하여 제35a조에 완전 자동화된 행정행위의 발령 Vollständig automatisierter Erlass eines Verwaltungsaktes, 즉 인간의 개입 없이 AI에 의해서만 이루어지는 행정행위의 법적 근거를 둔 것이다. 조건은 개별 법령에 근거를 두어야 하고, 재량과 판단 여지가 존재하지 않아야 한다는 것이었다. 개별 법령에 근거를 둔다는 것은 AI를 활용할 수 있는 개별적 분야의 특성을 고려하여 활용 여부를 정한다는 것이다. 재량과 판단 여지가 존재하지 않아야 한다는 것은 A

라는 조건이면 B를 준다는 구조가 아니라 사람의 사고를 통해 현재 상황에 가장 적합한 것이 무엇인가를 생각해야 하는 부분은 배제한다는 것이다. 현재의 조건이라면 AI의 활용 범위가 협소하겠지만, 머신러닝 기반의 AI라면 미래 기술의 발전에 따라 그 활용 범위는 더 넓어질 수 있을 것이다.[61]

여전히 남는 것은 사람이 아닌 기계에 의한 행정에 사람이 종속되어야 한다는 거부감과 AI를 움직이는 알고리즘은 과연 중립적인가 하는 의문이다. 행정청의 처분에 불복하여 행정심판을 청구하거나 소송을 제기하면 행정심판위원회와 법원은 알고리즘이 중립적이었는지부터 보게 될 것이다. 따라서 알고리즘에 대한 편향성 통제는 향후 법 분야에서 AI 활용의 핵심 사항으로 등장하게 될 것이 분명하다. 한편 공공 행정에서 AI의 등장은 근본적인 헌법적 질문을 던졌다. 헌법의 아버지들이 기계에게 권한을 위임하는 것을 허용했는가, 더 나아가 기계에 의한 통치를 허용했는가이다.

지금까지 AI에 대한 우리의 관심은 상업적 거래 및 서비스에 집중되었다. 다른 분야에 비해 여전히 '미지의 땅Terra Incognita'이지만 AI는 이제 법의 영역에서도 찾아볼 수 있다. 개인 간 거래와 달리 다수 국민들에게 미치는 영향이 매우 크기 때문에 조심스럽고 그만큼 쟁점도 많기 때문이다. 하지만 언젠가 우리는 상황에 따라 AI를 단순히 보조자로 사용할지 아니면 결정자로 사용할지 정하게 될 것이다. 그때 우리는 또 한 번의 치열한 토론의 장을 맞이하게 될 수밖에 없다.

의료 분야에서도 AI와 인간의 갈등이 존재한다. 개인 정보 보호의 이슈이다. 의료 AI가 만들어지기 위해서는 먼저 데이터의 형성이 필요하다. 데이터를 형성하기 위해서는 환자들의 의료 기록이 필요하다. 개인의 이름이 식별될 필요는 없다. '1번-30대 남성-도시 거주-사무직'의 형식으로 병력 정보가 시작될 것이다. 대신 병원비를 할인해줄 수 있다. 사실 환자 입장에서는 개인 식별만 되지 않는다면 굳이 마다할 이유는 없다. 오히려 문제는 의료계에서 발생할 수 있다. 수백만 건의 그간 치료 정보가 집적될 경우 의료 사고를 판별하는 데 결정적 역할을 할 수 있기 때문이다.

미국은 의료 데이터의 수집과 활용에 적극적이다. 대상을 누군지 식별할 수 없게 가공한다면 개인에 대한 피해는 별로 없다. 30대, 40대 등 연령별로 사람이 많이 있는 경우라면 괜찮은데, 특정 도시에 사는 90세 이상인 사람을 대상으로 하면 의료 정보의 수집이 제한된다. 아무리 이름을 가려도 도시 이름과 90세 이상, 여기에 성별까지 더할 경우 그 사람이 누구인지 쉽게 특정할 수 있기 때문이다. 일본은 2017년에 〈의료 분야 연구 개발에 이바지하기 위한 익명 가공 의료 정보에 관한 법률〉을 제정하였다. 이로써 병원은 사전에 환자에게 의료 정보의 활용에 대한 사항을 알리고, 이 정보들은 국가에서 인정한 사업자에게 제공되어 연구 목적 등으로 활용된다. 핀란드는 2019년에 〈의료 및 사회보장 데이터 2차 활용에 관한 법률〉을 만들었다. 핵심은 의료 데이터의 무분별한 사용을 막고, 정보 제공자도 안심시키기 위해 아예 국가가

FINDATA라는 데이터 허가 기관을 만든 것이다. 그래서 여기에서 의료 데이터를 수집, 사전 처리한 후 제약회사나 연구기관 등에게 제공한다.[62]

AI와 데이터에는 두 가지의 길이 있다. 누군가는 협업을 할 것이고 누군가는 이를 이용해 새로운 영역으로 진출하는 것이다. 19세기 초 영국 산업혁명 당시 증기를 에너지로 한 기계가 도입되었고 노동자들은 곧 일자리를 잃을 것으로 생각하고 기계파괴운동인 러다이트Luddite운동에 나서기도 했다. 지금의 일자리는 과거의 산업혁명 때보다 비교할 수 없을 만큼 증가했다. 물론 지금의 상황을 그때와 동일하게 보기는 어렵다. 결국 사라지는 일자리와 새로 생기는 일자리 중 어떤 것이 더 많을 것인지 그리고 정책적으로라도 일자리 창출을 위해 어떤 배려를 할 것인지, 또 하나 사회 안전망의 확충을 위한 어떤 선택을 할 것인지가 함께 고려되어 결정될 수밖에 없을 것이다.

블록체인과
암호화폐

금지하기도 허용하기도 어려운 상황이 햄릿의 고민과도 같다. 바로 암호화폐[63] 이야기다. 제4차 산업혁명이 화두가 되면서 블록체인과 함께 그 아이콘 중 하나였던 것이 어느 한순간 뜨거운 감자가 되어버렸다. 과열된 시장의 투기 때문이다. 〈크립토〉(2019)라는 영화가 있다. 암호화폐의 영어 표현인 'Cryptocurrency'의 'Crypto'이다. 영화 속에서는 암호화폐의 가격을 올리기 위한 작전 세력의 조작, 범죄행위의 대가로 이용되거나 불법 금융의 수단으로 활용되는 암호화폐를 둘러싼 싸움을 보여준다. 하지만 암호화폐가 꼭 이처럼 나쁜 용도로만 사용되는 것은 아니다. 재난 지원, 환경보호 등의 기부금을 내는 수단으로도 이용된다. 2019년 프랑스 노트르담대성당 화재 시 유럽 블록체인 이벤트 회사인 블록쇼 Blockshow는 암호화폐를 통한 기부 캠페인을 하기도 하였다.

암호화폐가 앞으로 미래 사회에서 어떻게 활용될 것인가에 대한 논의는 매우 천천히 이루어지고 있다. 암호화폐의 광풍이 남긴 결과다. 암호화폐에 대한 부정적인 인식이 팽배한 시기를 지나 오히려 지금의 차분해진 논의가 훨씬 객관적이고 생산적이다. 암호화폐 초창기에는 학교 강의실에서부터 강원도 고랭지 채소밭의 비닐하우스까지 널리 퍼진 채굴기와 SNS를 가득 채운 '가즈아(암호화폐 투자자들이 투자를 독려하는 은어)'가 울려 퍼졌다. 고등학생들까지도 투기의 광풍에 뛰어들었다. 투자를 독려하는 쪽에서는 달리는 말에 올라타라고 권했고, 반대의 입장에서는 잘못 탄 기차에서는 기차 내에서 뒤로 달려봐야 소용없고 결국 내리는 것이 상책이라며 조언했다. 어느 쪽이 진실인지 혼란스러운 상황이었다.

암호화폐에 대한 잘못된 정보들도 이러한 혼란에 일조했다. 일본은 법정통화로 인정했다는 기사들이 넘쳐났다. 법정통화라면 공·사적 영역에서 모두 활용되며, 어디에서든 해당 지불 수단을 제시할 경우 별도의 특약이 없는 한 상대방은 이를 받아야 하는 의무가 있다. 일본이 암호화폐를 법정통화로 채택한 것은 아니다. 일본의 경우 2016년 5월 〈자금결제법〉에 가상통화 개념을 정의하고 가상통화 교환업자 등록을 의무화하였으며, 일부 제한적인 영역(사이버 공간)에서 결제 수단으로 사용할 수 있도록 하였다.[64] 이러한 점에서 일본이 허용한 암호화폐는 법정통화가 아니며 특정한 영역에서의 사적 지급 보조 수단이다.

암호화폐가 선물先物거래의 대상이 되었다고 금융 상품이라는 것도 잘못된 것이다. 석유, 면화 등이 선물의 거래 대상이지만 그 자체가 금융 상품은 아니다. 선진국들은 모두가 받아들였는데 우리만 뒤떨어졌다는 주장도 사실이 아니다. 미국과 EU 회원국 대부분이 적극적 인정을 하지 않으면서 단계적 규제 및 제도권 편입을 모색하고 있다고 보는 것이 맞다. 미국의 뉴욕주는 비트라이선스BitLicense라는 등록제도를 통해 제도권에서 암호화폐를 관리하려고 하였으며, 영국의 경우에는 사적 화폐privaty currency로 보되 기본적으로 지켜보는 전략 'Wait & See'를 구사하고 있다.

암호화폐에 대한 투기 광풍은 1630년대에 있었던 네덜란드의 튤립 투기에 비유된다. 그래서 암호화폐에는 디지털 튤립이라는 부정적 명칭이 붙기도 했다. 당시 네덜란드에서는 튤립 알뿌리 시장을 주도하고 있는 소수의 상인들이 수요 조작을 통해 시세를 움직였고 여기에 수많은 사람들이 가격 상승을 기대하고 가세하게 된다. 단숨에 20배가 올랐으며, 비싼 알뿌리 하나는 숙련공의 10년치 급여와 맞먹었다. 결국 국가가 규제에 나서면서 가격은 정상으로 돌아왔지만 그 후유증은 컸다. 암호화폐 시장도 생산적 수요가 나올 수 있는 뚜렷한 이유도 없으면서 매일 가격이 치솟았으며, 시장에서는 스스로의 자정 기능이 작동하지 않았다.

그렇다고 암호화폐를 오랫동안 전면적으로 금지하기는 어렵다. 투기 자체가 문제인 것이지 블록체인 기술을 활용한 암호화폐의 활용 가능성은 여전히 긍정적이기 때문이다. 일부 사람들은 암호화폐를 금지시키는 것은 블록체인을 부정하는 것이라고 잘못된 정보를 이야기하기도 하였다. 분명한 것은 암호화폐가 사라지더라도 블록체인이 그 존재 가치나 기반을 상실하는 것이 아니라는 점이다. 블록체인을 이용한 분산 원장 기술은 이미 암호화폐와 별도로 권리의 변동 상황을 안전하게 기재하는 기술로 활용되고 있다. 물론 블록체인의 발달을 이끌어줄 수 있는 주요한 모티브 중 하나는 암호화폐다. 블록체인은 사이버상에 존재하는 암호화폐의 가치와 소유자들에 대한 정보의 위·변조를 막아주는 핵심 기술이며, 암호화폐는 블록체인이라는 기술 위에 올라 있는 것이다. 카드 결제의 경우에도 밴VAN(부가가치 통신망)사를 거치지 않은 직접결제제도를 운영할 수 있으며, 이때 거래 정보의 위·변조를 막기 위해서 블록체인을 활용할 수 있다. 결론적으로 암호화폐가 블록체인 기술의 발달을 유인할 의미 있는 동기가 될 수 있지만 암호화폐와 블록체인이 생사를 함께하는 것은 아니다.

우리 사회에서 블록체인이 제대로 활용되고 있는가에 대한 의문이 있다. 전 세계적으로 암호화폐의 열기가 사라지자 블록체인의 활용성에 대한 논의가 상당히 위축된 것은 사실이다. 하지만 이 분야 외에도 원장의 진실성 확보와 위·변조가 어려운 정보의 유지가 필요한 곳에 활용이 되어야 한다. 때때로 블록체인의 이름은 남용되기도 한다. 정부 지원 사업이나 규제가 완화된 혁신적 제품과 서비스의 인허가 과정에서 블록체인이 들어갈 경우 혁신의 이름을 달 수 있다는 점에서 블록체인을 활용했다고 써두거나 광고하기도 한다. 그러나 내면을 들여다보면 자료가 한 번 돌고난 후

각 블록들 간 자료의 일치성이 떨어지는 것들도 다수이며 혹은 블록체인이 불필요하고 그 역할이 없는 경우도 많다. 진짜 블록체인이 있고, 혁신으로 보이기 위한 액세서리형 블록체인도 있다.

선도적으로 블록체인에 대한 단일 법을 만들어 블록체인 이용을 지원하는 나라도 있다. 리히텐슈타인이다. 스위스와 오스트리아 접경에 위치한 소국이다. 이 나라는 유럽의 조세 피난처로 유명하다. 조세 피난처답게 금융이 발달되어 있고 금융이 사실상 이 나라의 먹거리이기도 하다. 그러다 보니 금융 데이터 보호에 관심을 가질 수밖에 없고 블록체인을 통해 금융 데이터의 위변조에 적극 대응할 필요가 있었다.[65] 약 1년 4개월여의 논의 끝에 2020년 1월, 일명 블록체인 법인 〈토큰 및 신뢰 기술 기반 거래서비스 제공자에 대한 법률TVTG: Token-und VT-Dienstleister Gesetz〉이 시행된다.

암호화폐에 대하여 어떤 규제를 택할 것인가에 대해 각국은 모두 비슷한 고민들을 가지고 있다. 새로운 거래 수단으로 암호화폐의 역할을 부인할 수는 없다. 다만 통화를 대체하는 수단은 아니며 지급을 위한 보조적 수단으로 활용될 뿐이다. 통화와 수표와의 관계를 들기도 한다. 오히려 요즘에는 자산으로서 기능이 더 커지고 있다. 보조적 거래 수단이든 자산이든 암호화폐가 기능하기 위해서는 규제를 포함한 제도적 인프라가 갖추어져야 한다. 안전한 거래를 위해 거래소의 설립 요건으로 최저 자본금을 설정하거나 일정 수준의 보안 기술을 적용할 것을 요구한다. 소비자 보호 조치도 필요하다. 가치가 이전되는 과정에서 발생하는 이익에 대해서 과세도 이루어진다. 과세 과정에서 거래의 주체와 내역은 어느 정도 윤곽이 보일 것으로 기대하고 있다. 금융 영역으로 불안정 요소가 확산되지 않도록 금융기관들에게 암호화폐 자산 매입을 금지시키기도 한다. 범죄 및 도박 자금으로 이용될 수 있는 자금 세탁에 대한 대응도 시작되었다.

2019년 미국, 독일을 비롯한 다국적 수사기관들은 다크웹Dark Web에서 아동 포르노를 유통하고 있는 자를 특정하여 공개하였으며, 미국은 범인을 인도할 것을 요구한 적이 있다. 놀랍게도 범인은 한국인이었으며, 아동 포르노의 유통을 얻은 수익은 비트코인이었다. 국내에서 일어난 'n번방 사건'에서의 수익도 암호화폐로 거두어들였다. 비단 사이버 범죄뿐만 아니라 마약, 테러 등의 다양한 분야에 출처와 경로 추적이 어려운 암호화폐가 사용되고 있다. 그러다 보니 각국의 수사기관들도 새로운 사이버 범죄에 대응하기 위한 조치들을 속속 도입하고 있다. 범죄자들과 일종의 기술 경쟁을 벌이고 있는 것이다. 대표적인 예로 미국의 〈법 집행 혁신 지원법Advancing Innovation to Assist Law Enforcement Act〉은 정부 기관들이 혁신적인 기술을 활용하여 법 집행의 효율성을 높이도록 지원하는 법인데, 그 기술을 활용하는 주된 기관이 금융범죄단속국(FinCEN)이다.

암호화폐의 허용 여부에 대해 각국 정부는 유보적인 모습을 보이고 있다. 반면 암호화폐에 의한 소득이 발생하는 경우 이에 대한 과세에 대해서는 적극적으로 나서고 있다. 예를 들어 하드포크

hard fork(블록체인이 두 갈래로 쪼개지는 소프트웨어 업데이트) 후 에어드롭 airdrop(특정 암호화폐를 보유한 사람에게 투자 비율에 따라 신규 코인이나 코인을 무상으로 지급하는 것)이 있는 경우 일반 수익으로 납세자의 총소득에 포함된다.[66] 암호화폐에 대한 각국의 정책 중 가장 적극적인 것이 조세의 징수 업무다. 인정은 안 하면서 세금은 걷는다? 다소 의아하지만 제도권으로의 적극적 편입과 돈 걷는 것은 별개의 문제이다. 재정 수요가 많은 정부의 입장에는 더욱 그럴 것이다.

현상은 긍정적인 모습과 부정적인 모습을 함께 가지고 있다. 중요한 것은 그 균형을 어떻게 달성할 것인가이다. 암호화폐의 이해관계자들은 정부가 빨리 결정해야 한다고 하지만 사실 다른 나라 역시도 확신에 찬 결정을 내리기는 어려운 상황이다. 모두가 처음인 탓이다. 다행스럽게도 거래소 등이 나름의 자율 규제를 하겠다고 나선 점은 정부의 선택을 보다 쉽게 하는 데 일조할 것으로 보인다. 결국 기술의 전문가와 법의 전문가들이 대화를 해야 한다. 기술을 하는 사람이 법을 이해하기 어려운 만큼, 법을 하는 사람들도 기술을 이해하기 어렵다. 그런데 문제는 서로가 모르는 것을 인식하는 순간 더 이상 말을 나누지 않는다는 점이다.

기술 분야는 기술 분야대로 법에 대해서 불만이 많다. 이 기술이 얼마나 효용이 많은데 혹은 그렇게 위험하지 않는데 법이 너무 과민하다고 힐난한다. 법은 기술이 사회구조에 대한 관심 없이 효용에만 집중한다고 비난한다. 하지만 이러한 갈등은 문제 해결을 더욱 어렵게 만들 뿐이다. 기술과 법의 대화가 이루어지지 않는

한 기술은 세상에 나오기 어렵다. 양쪽의 일을 하는 사람들의 성향도 다르다. 기술이 진보적이라면, 법은 보수적이라고 하는 것이 맞다. 정치적 용어로 진보와 보수가 아니라 사전적 의미의 진보와 보수다. 따라서 각기 다른 성격임을 인정해야 한다. 서로가 끊임없이 부대껴야 한다.

2009년 1월 '블록 0'라고 부르는 비트코인의 첫 번째 파일이 형성되었고 10여 년이 흐른 지금, 암호화폐 시장은 폭발적으로 성장하였다. 그러나 이에 대한 적절한 규제와 제도적 보완은 이루어지지 않았다. 그 결과가 지금의 혼란이다. 화폐의 본질은 신뢰다. 모두가 믿고 받아들이면 화폐가 될 수 있다. 지금의 암호화폐를 보면 그 신뢰가 자리 잡기 어려워 보인다. 앞으로 시행착오를 통해 위험이 제거되고 신뢰가 형성될 수 있을 때 비로소 지급 결제 수단을 거쳐 말 그대로 '화폐'로 정착될 수 있을 것이다. 지금 왜곡된 시장의 모습이 새로운 삶을 잉태하는 진통이 될 것인지, 아니면 후유증만을 남기는 고통이 될 것인지는 이성을 잃지 않은 시장에 달려 있다.

최근 각국 중앙은행들이 디지털화폐 연구에 골몰하기 시작했다. 디지털화폐인 암호화폐의 부작용이 부각되면서 암호화폐 논의가 퇴장했지만, 암호화폐가 부정적인 모습만 있었던 것은 아니었기 때문이다. 일상에서 재화나 서비스를 구입하는 곳이 오프라인인 대형마트나 시장에서 온라인 쇼핑몰로 이동하는 것은 거스를 수 없는 흐름이다. 여기에 더해 온라인 쇼핑몰뿐만 아니라 음

악이나 정보를 구입하는 다양한 형태의 플랫폼에서도 소비가 이루어진다는 점에서 디지털화폐의 효용성이 더욱 커지고 있다.

최근 디지털화폐의 사회적 수용의 계기가 된 사건이 벌어졌다. 페이스북이 디지털화폐로 리브라libra를 발행했기 때문이다. 리브라는 고대 로마 시대 사용했던 측량단위로 지금의 12온스 정도의 중량을 말한다. 전 세계 20억 명 이상의 이용자를 보유하고 있는 페이스북이 2020년 암호화폐 '리브라'를 이용해 결제 서비스를 시작했다. 2020년 12월, 리브라는 '날day'을 의미하는 라틴어인 '디엠Diem'이라는 새로운 이름으로 개명된다. 디엠은 디지털 통화라는 점에서 소위 암호화폐와 같지만, 자산을 기반으로 발행되는 점에서 환가 가능성이 상대적으로 높다. 유의미한 것은 페이스북 사용자의 수가 해당 화폐의 이용자 수가 될 수 있다는 점이다. 비트코인의 가장 큰 단점은 4천만 개에 불과한 계좌 수이다. 그것도 일부 특정인들에 의해 과도하게 보유되고 있다는 것이다. 이에 비해 디엠은 27억 명이라는 페이스북 이용자와 페이스북이 제공하는 메신저 같은 전자적 통신 수단을 통해 국경을 넘어 손 쉽게 자금의 이동이 가능하다. 여기에 페이스북과 제휴하는 비자, 페이팔 등 결제서비스 회사들, 공유서비스 업체들 모두 디엠의 강점이었다.[67]

페이스북의 디엠은 그 실제 유통 가능성과 엄청난 사용자라는 두 가지 점에서 기존의 통화를 일부 대체하는 효과가 발생할 것이라는 전망들이 나오기 시작했다. 그러나 여전히 자금 세탁과 탈세의 위험이 있으며, 중앙은행이 관할하는 통화시스템에 혼란을 줄 수 있다는 우려 때문에 정부의 반대와 함께 제도권으로의 편입에 어려움이 있었다. 결국 함께 프로젝트에 참여했던 결제 및 공유 서비스 업체들이 사업에서 중도 하차하였고, 새로운 디지털화폐에 대한 큰 진전은 이루어지지 않았다.[68]

한편 각국 중앙은행들도 디지털화폐의 확산 분위기 속에서 새로운 사회 변화에 대응할 필요가 있었다. 그래서 새롭게 논의되는 것이 바로 중앙은행이 디지털화폐를 발행하는 것이다. 중앙은 행이 카드를 발행하고 그 카드 안에 우리가 쓰는 통화가 전자화되어 저장하는 것이다. 한때 핀란드에서 'Avant'라는 중앙은행이 발행하는 디지털화폐를 실험한 적이 있는데 실패했다. 단말기가 없거나 오류가 발생하면 거래가 불가능하다는 점에서 통화의 일반 요건인 모든 거래에서의 무제한 통용의 요건을 갖추지 못했으며, 일반 상업은행이 보유하던 요구불예금이 중앙은행으로 이동하는 문제가 있었다.[69] 그럼에도 불구하고 중앙은행들이 일단 디지털화폐에 관심을 가졌다는 것은 끊임없이 연구와 시도가 이어질 것이라는 점을 시사한다.

기술과 경제적 측면을 제외하고도 중앙은행의 디지털화폐가 현실화되기 위해서는 크게 두 가지 사회적 합의가 필요하다. 첫째, 거래의 익명성을 보장할 것인가이다. 합의의 결과에 따라 디지털화폐의 거래에 익명성을 부여할 수도 있고 안 할 수도 있다. 하지만 대부분의 사람들은 현금처럼 드러나지 않는 것을 원할 것이다. 둘째, 보유 한도를 설정할 것인가이다. 전자지갑에 들어 있는 화폐는 저장 기능이 더욱 뛰어나다는 점에서 저장된 채 세상의 빛을 보지 않고 오랜 시간 있을 수 있다는 점이다. 따라서 통화를 돌게 만들려면 한도를 설정하는 것을 고려해야 할 것이고 이자를 주지 않을 수도 있다.

　부정과 긍정의 양면을 모두 가진 암호화폐에 대한 논의는 끊임없이 이어질 것이다. 이러한 논의에서 중요한 것은 사용자의 보호와 시장의 안정이다. 기술은 사람을 위한 것이며, 기술을 위해 사람의 권리가 침해되는 일이 없어야 한다. 그래서 암호화폐는 기술과 법의 대화가 가장 필요한 영역이다.

디스토피아

　기술 사회가 진행되면서 우리 삶은 풍요로워질 것이라는 장
밋빛 전망들이 나오고 있다. 과거 우리 인류의 역사를 보면 충분히
그러한 예측이 가능하다. 현대사회가 과거에 비해서 각박하고 힘
들다고 하지만 적어도 굶어 죽거나 병 걸려 죽을 확률은 크게 낮아
졌다. 짐승들의 공격을 받지도 않고 추위에 떨지 않아도 된다.

　그러나 안으로 좀 더 들어가 보면 여전히 다른 차원의 고통스
러운 현상들이 지속된다. 과거에도 그랬듯이 새로운 기술의 등장
은 기술로부터 소외되어 밀려나는 계층을 만들어내기 마련이다.
도서관에서 책을 대출하거나, 편의점에서 물건을 사거나, 커피 전
문점에서 커피를 사거나, 음식점에서 음식을 주문할 때도 이제 기
계와의 대화가 낯설지 않다. 사람을 직접 상대하지 않고 서비스를
공급받는 것을 비대면 또는 언택트untact 서비스라고 한다. 학교 앞

햄버거집, 커피전문점, 학생식당에서 사람을 대면하지 않고 기계로 주문하고 모니터에 내 번호가 뜨면 카운터에서 음식을 들고 오는 것은 이미 오래전 일이다. 특히 코로나19 사태로 인해 한 차례 큰 위기를 겪었던 우리 사회는 벌써 직접 대면을 하는 것보다 기계 내지는 온라인을 통해 주문과 결제를 하는 것을 자연스럽고 편안하게 받아들이고 있다.

이러한 현상에는 두 가지 어두운 그림자가 있다. 기술이 익숙하지 않은 사람들의 '기술 소외'와 기계에게 자리를 뺏기고 노동시장에서 떠나야 하는 '노동 소외'다. 이 두 가지에 대해서는 노장년층을 위한 카운터 서비스와 근로자의 재교육이라는 보완책이 제시·추진되고 있지만, 커다란 흐름을 막기에는 역부족이다. 경로당이나 노인 교육기관에서 인터넷 쇼핑이나 키오스크 기계 앞에서 주문하는 법을 배워야 할 상황이다. 이제 노인으로 살아가기 위한 교육을 받아야 할 것 같다. 그러다 보니 디스토피아dystopia라는 단어들이 다시 등장한다.

디스토피아는 기술 발달의 부정적인 면에 주목한다. 인류의 역사를 축약해서 잘 표현하는 말이 있다. 라디오에서 나온 어느 DJ의 멘트인데 그 핵심을 잘 파악하고 있다. "인류의 역사는 시간을 단축하기 위한 속도의 역사였다." 말을 타다가 지금은 비행기를 타고, 손 편지를 며칠 동안 기다리다가 이제는 이메일로 보내며, 사진기 속에 필름을 뽑아 인화를 해야 하지만 지금은 스마트폰으로 곧바로 사진을 공유한다. 우리의 삶은 속도를 통해 훨씬 더 편리하고 다양해졌다. 그런데 시간을 그만큼 절약했으면 우리는 그 나머지 시간만큼을 여유롭게 살아야 한다. 하지만 사람들의 삶은 더욱 바빠졌고, 속도가 빨라지면 빨라질수록 속도의 수요는 더욱 증가하고 여가를 얻고자 했던 삶은 속도 위에 올라탄 삶이 되어버렸다.

CCTV에 컴퓨터 분석 기술(AI가 작동하는)을 결합하는 경우에는 영국 작가 조지 오웰George Orwell의 소설 〈1984〉에 등장하는 '빅브라더big brother'를 만들어낼 가능성이 높다. 즉 안면 인식 기능을 장착한 CCTV가 거리에 가득하다면 특정인의 하루 동안의 삶이 국가에 의해 '트루먼 쇼'70가 되어버릴 수 있기 때문이다. CCTV를 통해 범죄를 예방하고 보다 안전하게 살게 되었지만 개인의 프라이버시는 상당 부분 침해될 수밖에 없는 구조다.

중국의 경우, 비약적으로 통신 및 전자 기술이 발달하면서 안면 인식 기술을 통한 결제 시스템이 확대되어 얼굴이 지갑이라고 할 수 있는 '얼굴로 소비하는 세상'71을 구현하고 있다. 중국의 IT 기업인 알리바바Alibaba와 탄센트Tencent가 주도하고 있다. 그런데 이러한 결제 시스템의 전제는 얼굴이 안면 인식될 수 있도록 자료화하여 관리한다는 점이다. 물론 우리나라가 이러한 기술력이 없는 것은 아니다. 많은 선진국들이 이와 같은 기술을 활용하는 데 주저하는 것은 바로 빅브라더의 출현을 걱정하기 때문이다. 조금 불편해도 시민들이 참고 사는 이유도 여기에 있다. 특정 국가의 발전에는 그 나라가 가지고 있는 정치와 사회의 시스템이 어떤 형식으로든지 반드시 영향을 미친다. 중국에서는 가능하더라도 미국이나 독일에서는 불가능하다.

따라서 정보통신 기술의 발달은 민주주의의 발전과 매우 밀접한 관련을 가질 수밖에 없는 구조다. 버클리 로스쿨에서 연구의 시간을 보내고 있을 때 많은 개발도상국에서 온 교수들을 만날 기회가 있었다. 그들은 한국이 비교적 빠른 시간 내에 민주주의를 정착한 비법을 알고 싶어 했다. 비법을 말해주었다. "누구나 접근할 수 있는 정보통신 기술과 인프라를 보급하세요." 정보통신 기술이 발달하게 될 경우 민주주의가 빠르게 그리고 더욱 확고하게 자리잡을 개연성이 크다. 대량의 정보 유통이 이루어지기 때문이다.

정보의 관리도 유통만큼 중요하다. 보관된 정보의 남용은 개인의 프라이버시 침해는 물론 더 나아가 감시사회를 만들어낼 수 있기 때문이다. 코로나19 사태로 어려움을 겪는 시기에 우리나라는 CCTV, 휴대전화 위치 정보 서비스, 신용카드 사용 내역 등을 통해 감염자의 동선을 파악했고, 비감염자의 접근을 차단함으로써 효과적으로 전염병의 확산을 예방할 수 있었다. 성공적인 방역의 일등 공신이었지만 만약 그러한 정보 기술도 남용된다면 디스토피아다.

국가가 아무리 많은 정보를 가지고 있어도 그러한 정보를 남용할 수 없고 잘 관리될 수 있다는 믿음이 있다면 기술의 허용성은 높아진다. CCTV가 많기로 유명한 나라 영국이 CCTV 확대를 허용한 것은 남용에 대한 처벌과 사회적 압력이 정부와 시민 간에 공유되고 감시와 견제가 가능했기 때문이다. 양자의 팽팽한 균형은 개인의 프라이버시를 지켜준다. 우리나라의 경우도 국가의 개인 정보 관리 그리고 개인 정보 활용에 있어서 상당히 보수적인 편이고 실제로 관리도 상대적으로 잘 되고 있는 편이다. 오히려 문제는 기업 부문에서 주로 발생하고 있다. 계속되는 해킹 피해, 경품 행사 등을 통한 개인 정보의 과도한 제3자 활용 허용, 정보처리의 하청 과정에서 중소형 하청업체에서의 개인 정보 관리 허술 등의 문제는 가려져 있을 뿐이다.

의회에서 만들어진 법률에 의해 코로나19 상황과 같은 비상시에 국한해서 국민의 프라이버시를 침해하더라도 비상 상황이 종료되면 평상시의 엄격한 프라이버시 보호 체제로 돌아갈 수 있어야 한다. 이러한 회복력은 그 나라의 민주주의 역량에 따라 결정된다.

새로운 기술혁명 사회에서는 플랫폼이 산업의 중심이라는 것은 모두가 공감하는 사실이다. 그런데 플랫폼 사업은 인력풀이 모여 있는 클라우드cloud에서 일정 기간을 대상으로 인력을 채용하고 기간이 종료되면 고용 관계도 종료하는 느슨한 형태의 고용구조를 가지고 있다. 즉, 일의 건별로 보수를 지급하는 방식이다. 이를 플랫폼 노동이라고 한다. 이러한 플랫폼 노동을 '디지털 플랫폼을 통해 (일자리가 아닌) 일거리를 구해서 하는 노동'으로 정의하기도 한다.[72] 그래서 특정인과의 종속성 또는 전속성이 옅다. 그러다 보니 지위는 자영업자이면서 근로자인 애매모호한 위치에 서 있다.

다시 말하면 자영업자로서의 보호도, 근로자로서의 보호도 받지 못하는 위치에 있는 것이다. 우리가 열광하는 플랫폼 사회의 이면에 드리워진 어두운 사각지대, 디스토피아다.

　미국 캘리포니아주는 '어셈블리 빌-5(AB-5)'라고 부르는 '플랫폼 노동 규제 법안'을 통과시켰다. 플랫폼과 일정한 계약을 맺고 근로를 제공하는 근로자의 경우라도 일정한 조건을 충족하면 해당 기업에 고용된 근로자로 인정해야 한다는 것이다. 해당 기업이 근로자로서 받아야 하는 보장을 배제하려면 근로자가 아니라는 입증 책임을 기업이 지게 된다. 근로자로 인정된다는 것은 고용보험, 유급휴가가 적용된다는 것을 의미한다. 캘리포니아에서 이러한 법이 선도적으로 나오게 된 배경에는 캘리포니아에 페이스북, 구글, 애플 등 세계적인 IT 기업이 존재하고 또한 플랫폼 근로자의 지위와 관련하여 관심을 불러일으켰던 우버의 본사도 샌프란시스코에 위치하고 있기 때문이다.

　앞으로 플랫폼 근로자가 늘어날수록 사회 안전망의 구축 필요성은 증가할 것이라는 점에서 우리의 경우에도 이러한 접근이 필요하다. 2019년에 한국고용정보원이 발표한 자료에 따르면 2018년 기준으로 우리나라 플랫폼 노동자 비율은 전체 취업자의 2% 수준이다. 그런데 인터넷 플랫폼을 중심으로 한 서비스가 증가하면서 플랫폼 노동자의 비율은 큰 폭으로 증가할 것이다. 그럼에도 불구하고 우리의 노동법체계에서는 이들을 근로자로 포섭하기가 쉽지 않다. 현재의 기준으로는 근로자 아니면 개인사업자 둘

중의 하나지만 이들은 근로자이면서 개인사업자이기 때문이다.

이들이 보호받기 위해서는 〈근로기준법〉에 의하든, 〈노동조합법〉에 의하든 노동자로 인정받아야 한다. 이에 대해 서울고등법원은 '학습지 교사 사건'에서 〈근로기준법〉상 근로자성에 대해 다음과 같은 기준을 제시하고 있다.

"〈근로기준법〉상 근로자에 해당하는지 여부는 계약 형식보다 실질적으로 근로자가 사업 또는 사업장에 임금을 목적으로 종속적인 관계에서 사용자에게 근로를 제공하였는지 여부에 따라 판단하여야 한다."[73]

중요한 것은 종속성이다. 이를 어떻게 판단하느냐에 따라 보호의 대상에 포섭하느냐 제외하느냐가 결정된다. 그런데 플랫폼 근로자가 빠른 속도로 늘어나는 현실에서 이러한 잣대가 특수 고용자들을 보호할 수 있을 것인가는 매우 의문이다.[74]

기술의 발전은 인간을 대체하여 생산할 수 있는 수단을 확대할 것이다. 대표적인 것이 로봇이다. AI를 장착한 로봇은 그 활용성이 매우 높다. 그래서 그간 인간이 수행해왔던 영역을 잠식하게 된다. 새로운 일자리가 창출되니까 미래의 일자리도 크게 줄지 않을 것이라는 의견들도 있지만, 새롭게 창출되는 일자리는 일의 질적 수준이 높은 경우일 가능성이 크다. 플랫폼 관리자, 인공지능 개발자, 알고리즘 제작자 등. 많은 사람들이 종사했던 비교적 단순하거나 반복적인 행위를 하는 일자리는 대폭 사라지게 되는 것이다. 물론 로봇으로 할 수 없는 (오히려 첨단은 로봇으로 가능하지만 그렇지 않은 분야는 로봇이 활용되지 않는) 일들도 많다는 '모라벡moravec 패러독스'[75]와 같은 희망적 이야기도 있지만 로봇으로 인한 실업과 소외는 피할 수는 없다. 그렇다고 로봇의 활용이 부정적인 면만 있는 것은 아니다. 저출산·고령화로 인해 오래지 않은 시간 내에 생산 가능 인구는 감소할 것이고 이 공백을 로봇이 메워야 한다는 점에서 로봇의 활용 또한 필연적이다.

플랫폼 근로뿐만 아니라 새로운 기술의 출현으로 인한 노동시장 구조의 변경은 자율 주행 자동차에서도 나올 수 있다. 완전 자율 체계인 레벨 4단계의 경우 더 이상 운전자가 필요 없기 때문이다. 그렇다고 기존의 운전자를 자율 주행 자동차의 운행 체계 관리 인원으로 전환하기도 힘들다. 이 역시 AI와 로봇이 차지할 가능성이 높기 때문이다. 따라서 기술 전환의 시기에 취약 계층을 지원하기 위한 재원의 조성이 논의되는 것이다. 사회구조를 붕괴시키지 않고 모두가 새로운 기술혁명 사회에서 각기 다른 역할로 자연스럽게 전환하기 위해서다.

일자리를 두고 벌어지는 AI 및 로봇과 인간과의 경쟁에서 생산성만을 따지고 든다면 단연 로봇이 차지하는 비율은 점점 늘어날 것이다. 로봇 시대 초기에는 예찬론도 있었다. '로봇은 작업 성과가 변덕스럽지도 않고⋯열심히 일하고, 양심적이며, 교대 시간의 시작과 끝이 일정하다.'[76] 여기에서 갑자기 생각나는 대화가 있다. 미국 문명비평가 제러미 리프킨Jeremy Rifkin의 《노동의 종말The end of work》 추천사 중 1819년 영국 고전파 경제학자 데이비드 리카도David Ricardo가 '지대와 이익이 감소하지 않는 한 고용량은 중요하지 않다'고 한 데 대해 스위스 비평가인 시몽드 드 시스몽디Simonde de Sismondi가 했다는 반문이다. "과연 그런가? 부가 중요하고 인간은 중요하지 않는가? 그렇다면 왕 혼자서 로봇을 사용하여 영국 전체의 산출량을 생산해내는 것이 가장 이상적이다."**77** 노동이 단순히 생산만을 위한 것이라면 사실 로봇의 활용을 막을 필요는 없으나 노동이 자기 정체성의 확인, 근로 과정에서의 사회적 연대, 근로 후의 성취감 등 중요한 가치 또한 지향한다면 로봇과 인간과의 갈등은 지속될 수밖에 없다. 일의 내용이 변화함에 따라 새로운 교육정책이 필요하지만, 기계로 대체되어 실업 상태에 있는 사람들에게 줄 기본소득basic income제도도 함께 논의되는 이유다.

문제는 그간의 세원 구조에 기본 소득을 추가할 경우 세수로 감당이 되지 않는다는 점이다. 단순히 국채를 발행하여 그 비용을 충당하는 일은 미래 세대에게 큰 짐이 된다. 그래서 새로운 세원이 필요하며 유럽 국가들을 중심으로 세법 개정 논의의 과정에서 로봇을 사용하는 사업장에 대해서 그로 인해 얻은 수익의 일부를 조세로 징수하는 '로봇세'가 논의되고 있다. 만약 기본소득제도가 도입된다면 그 재원으로 로봇세의 부과는 매우 진지하게 논의될 가능성이 있다. 미국 기업인 빌 게이츠Bill Gates가 이야기한 로봇세의 부과 필요성은 선뜻 공감이 가는 부분이다. 게이츠는 공장에서 일하는 노동자에게 소득세를 비롯한 각종 세금이 부과되는 것처럼 이들과 같은 일을 하는 로봇에게도 비슷한 수준의 조세를 부과해

야 한다고 한다.[78]

기술 사회가 우리에게 편리함을 가져다줄 것임은 분명하다. 하지만 새로운 기술의 도입은 빛과 그림자처럼 디스토피아의 모습을 함께 가지고 있다. 그래서 기술의 진보가 그냥 반가운 것은 아니지만, 진보의 흐름을 막을 수도 없다. 따라서 부작용에 대한 대응도 기술의 촉진만큼 중요하다. 기술은 종국적으로 사람을 위한 것이지 기술을 위한 기술이 아니기 때문이다. 때때로 사람을 돌아보지 않는 기술을 위한 법률안과 입법 주장을 보면서 마음이 쓸쓸해지기도 한다. 유토피아는 우리가 결코 다가설 수 없지만, 최악의 디스토피아도 우리에게 오지 않을 것이다. 일자리의 나눔, 평생교육을 통한 일자리의 순환, 로봇세를 통한 소외 지원, 로봇 노동과 인간 노동 간의 조화를 모색해서 예측된 디스토피아를 대비할 것이기 때문이다.

3장

위기와
위험
사이에서

위기와
재정 건전성

'돈, 뜨겁게 사랑하고 차갑게 다루어라.' 유럽의 전설적인 투자자라고 불리는 앙드레 코스톨라니가 쓴 투자서[79]의 제목이다. 매년 국회는 다음 연도 예산안을 두고 홍역을 치른다. 가장 효율적으로 사용되어야 하지만 여전히 이해관계자들에 의해 휘둘린다. 휘둘린 돈은 꼭 필요한 곳이 아닌 곳에 우선적으로 쓰이거나 쓰이고도 큰 효과를 보지 못한다. 우리나라만 그러는 것이 아니다. 세계 모든 나라가 정도의 차이는 있지만 대체로 비효율적 예산편성을 피해가지 못한다.

예산제도는 집단생활과 함께 시작되었다. 공동으로 필요한 것은 염출해 조달했고, 이를 관리하기 위해 한곳에 모아두었다. 예산을 의미하는 'budget'이라는 영어 단어는 프랑스어인 'bougette(가방 또는 주머니)'에서 유래한다. 오늘날의 예산제도는 과거 영국의 입헌군주제와 함께 시작되었다. 의회가 납세자인 시민들로 구성되면서 세입과 세출을 통제하기 시작한 것이다. 국가가 각 부처가 써야 할 돈을 두고 세입과 세출을 맞추어 예산을 짜는 일은 우리로서는 근대에 들어와서다. 과거 왕조 시대에도 예산은 있었지만 주로 세입에 주안을 두었고 세출에는 큰 관심이 없었으며, 국가 전체적인 소요보다는 각자의 부처가 알아서 쓰는 방식이었다.

효율적이고 건전한 예산을 위해서는 모두가 정직해야 한다. 예산을 받는 입장에서도 필요한 소요를 정확히 주장해야 하며, 예산을 주는 입장에서도 약속을 남발하지 않아야 한다. 예산에서 블랙홀이 생기는 이유는 선거 때문이다. 마치 자기 돈 쓰듯이 제대로 검토되지 않은 약속들을 쏟아낸다. 선거 시즌이 되면 가장 중요한 목표가 선거에서의 승리이며, 승리한 정치는 모든 것은 아니지만 많은 것을 정당화할 수 있기 때문이다.

정치의 입장에서 가장 중요한 것은 보다 많은 지지층을 결집시키는 것이며, 정당은 정권의 창출이 목표다. 여기에서 중요한 요소로 작용하는 것이 바로 무엇인가를 주는 것이다. 돈이 되는 것을 준다고 하면 싫어하는 사람은 아무도 없다. 비록 그러한 정책의 남발이 우려되더라도 당장은 받는 것이 유리하기 때문이다. 공약의 설정과 약속의 이행에는 신중해야 하지만 현실적인 선거판은 그렇게 흘러가지 않는다. 우리 사회는 (점점 나아지고는 있지만) 이러한 공리공론空理空論을 가려낼 만큼은 아니다.

근대국가에서 국가의 역할을 '야경(夜警)국가'[80]로 정의하지만, 백성의 먹거리가 중요하지 않았던 때는 한시도 없었다. 외부의 침략으로부터 생명과 안전을 지켜내는 것만큼 경제적인 풍요까지는 아니더라도 생계를 유지시켜주는 것은 국가의 중요한 역할 중 하나였다. 넷플릭스의 영화 시리즈 〈킹덤 (시즌 2)〉(2020)에서도 이를 대변할만한 대사가 나온다. "백성은 먹을 것을 하늘로 삼고, 왕은 그 백성을 하늘로 삼는다."

예산 논의에 항상 따라붙는 것이 '재정 건전성을 어떻게 유지할 것인가'다. 코로나19로 인해 경제가 큰 타격을 받았다. 경제를 살리기 위해 모든 나라들이 곳간을 열어젖혔다. 위기 상황이라 재정 투입이 필요한 것은 모두가 동의하는 것이지만, 어디에 얼마나 투입해야 하는지에 논란이 끊이지 않았다. 그러다 보니 적자와 빚을 지는 상한도 정하고, 위기 때는 어떻게 할 것인지를 법으로 미리 정해두자는 논의가 다시 시작되었다. 재정준칙이다. 과거에도 재정준칙의 논의가 있었지만 국가재정이 대규모로 투입되는 경우는 드물었던 터라 준칙을 세우자는 주장이 동력을 얻기 어려웠고, 재정당국 스스로도 그 필요성을 느끼고 있지 않았다. 그러나 지금은 상황이 달라졌다. 법의 입장에서 재정은 먼 이야기라고 느껴지지만 재정 통제는 법과 매우 밀접한 관련을 갖는다.

재정 적자는 그 자체로도 문제지만 국가 또는 조직이 위기에 처할 때 회복력을 상실하게 한다는 점과, 좋은 기회를 맞았음에도 대응하지 못해 실기하게 만든다는 문제가 있다. 그렇다고 해서 재정 건전성을 유지하기 위해 돈을 아끼기만 한다고 좋은 일은 아니다. 위기 시에 정부가 돈을 풀어야 한다는 데는 이견이 없다. 그러나 어느 정도 풀 것인가, 누구(전 국민 혹은 특정 그룹)에게 풀 것인가를 두고 재정 건전성을 해친다 또는 해치지 않는다고 논란이 이어지는 것이다. 재정 건전성을 지킬 것인가, 아니면 빚을 내서라도 일단 경기를 살리고 봐야 할 것인가.

재정 건전성을 달성하기 위한 방안 중 대표적인 것이 재정준칙이다. 돈을 주는 사람이나 쓰는 사람이나 모두가 지켜야 하는 기준을 규범화하는 것이다. 딜deal에 의한 재정 운영을 룰rule로 전환시켜 투명성과 합리성을 담보하는 방안이다. 기준으로 제시되고 있는 것 중 하나가 '페이고Pay-go'다. 재정지출이 수반되는 새로운 법률이나 제도를 만들려면 반드시 필요한 예산을 확보하라는 것이며, 이 과정을 통해 그간의 사업들은 생존하기 위해 서로 경쟁하게 된다. 페이고의 장점은 '네가 지키고 싶은 것이 가장 중요한 것이다'라는 간단한 명제가 성립된다는 점이다. 다만 예외 없는 규범은 사문화되기 쉽기 때문에 합리적인 예외는 두어야 한다.

재정준칙이 가장 강하게 설정된 나라는 독일이다. 헌법인 〈기본법〉에 적자와 채무의 한도를 정해두었다. 일명 '채무 브레이크Schuldenbremse'다. 물론 긴급사태 때는 그 기준을 넘어도 된다. 단, 기준을 넘게 되면 재정 확충 계획도 함께 제출해야 한다. 독일에서는 재정준칙 위반에 대해서 연방헌법재판소가 실제로 사법 심사를 한다. 우리는 법률로 준칙을 정할지, 대통령령으로 할지 아니면 재정 당국의 내부 기준으로 할지 논란이 있었다.

OECD 국가들의 GDP 대비 국가채무 비율이 110%를 넘는 반면, 우리는 40%대에 불과하니 준칙이 필요하지 않다는 의견도 있다. IMF나 OECD가 제시하는 기준은 60% 수준이어서 아직 여유는 있지만, 고령화 사회에 위기가 상시화되고 있다는 점을 볼 때 재정의 지속 가능성을 확보하기 위해 기준을 세워두는 것은 의미가 있다. 준칙을 정해두는 것은 여러 가지로 유용하다. 기준을 맞추기 위해 좋은 시절에는 어려울 때를 대비해서 충분한 버퍼 buffer(완충장치)를 쌓는 일을 게을리 하지 않을 것이기 때문이다. 그러다 보면 내부적으로 세출 항목들은 자연스럽게 경쟁을 하게 되고, 지출에서 필요성과 효율성이 강조될 수밖에 없다.

단점도 있다. 재정 당국의 손발이 묶여 시시각각 변하는 경제 상황에 탄력적 대응이 어려울 수 있기 때문이다. 그러다 보니 단년도 기준의 제1세대 준칙과 달리 수년의 시간을 두고 준칙을 지키도록 하는 중기 기준 제2세대 준칙이 나왔다. 이 방식이라면 법률로 준칙을 정하더라도 재정 당국의 재량적 정책 영역을 어느 정도 확보할 수 있다.[81] 감염병과 글로벌 경제 위기 등 상시화된 비정상으로 인해 경제가 어려워지면서 재정 수요는 지속적으로 늘어나고 있다. 여기에 지출을 둘러싸고 각자의 입장에서 첨예하게 이해관계가 대립되기도 한다. 기술 사회의 도래와 함께 국회를 비롯한 정치권에서는 대규모 재정 투입이 필요한 기본소득제를 기반으로 한 아이디어들이 쏟아져 나오고 있다. 기본 소득의 취지와 내용은 향후 정말로 우리가 진지하게 고민할 수밖에 없는 이슈이며, 또 고민해야 한다. 그러나 항상 간과해서는 안 될 부분이 의회는 정부의 방만한 재정 운영을 감시하는 최적의 역할을 하지만, 반대로 재정 건전성을 가장 쉽게 해칠 수도 있다는 점이다.

플라톤이 철인정치를 주장한 것은 철인은 현명하고 복잡한 이해 속에서 중립적일 것이라고 믿었기 때문이다. 하지만 그런 인간은 현실에서는 존재하지 않는다. 그래서 다수의 이해를 조절하여 모은 법이 필요한 것이다. 법은 적어도 뜨거운 돈을 차갑게 다룰 수 있게 해주기 때문이다.

가짜 뉴스와
진짜 뉴스

2011년 개봉작인데 거의 9년이 지난 후에 역주행했던 영화가 있다. 〈컨테이젼Contagion〉이다. 홍콩 출장을 다녀온 회사원이 치명적 바이러스를 미국에 옮겨오고 바이러스가 확산되면서 사회가 패닉에 빠지고 이를 극복해가는 이야기다. 어김없이 등장하는 것이 있다. 폭력, 사재기 그리고 가짜 뉴스다. 그중 가짜 뉴스는 광범위하게 사회불안과 혼란을 조장한다. 프리랜서 저널리스트에 의해 잘못된 치료 정보가 유통되면서 혼란은 더욱 가중된다. 코로나19와 싸웠던 우리에게도 가짜 뉴스는 남의 이야기가 아니었다.

가짜 뉴스는 아주 오래전부터 있어왔다. 선화공주를 곤란에 빠뜨렸던 무왕의 〈서동요〉도 한 예이다. 그러나 가짜 뉴스가 현실적으로 문제된 것은 통신망의 발달로 사람들이 공간을 넘어 실시간으로 묶여 있는 오늘이다. 가짜 뉴스의 해악을 알면서도 그간 논의가 더디었던 것은 표현의 자유를 침해할 수 있다는 우려 때문이었다. 그렇다고 손을 놓고 있을 수도 없다. 가짜 뉴스가 개인의 명예를 훼손할 경우 형사처벌 하면 되지만, 사회를 상대로 한 경우 건전한 여론 형성과 합의를 막고 구성원 간 신뢰를 저하시키며, 나아가 공동체를 해체하기 때문이다. 특히 감염병이 창궐하거나 군사적 긴장이 고조되는 위기 시에는 사람들의 불안한 심리를 틈타 가짜 뉴스가 훨씬 빠른 속도로 전파되고 객관적 검증 기능이 작동할 여력이 없기 때문에 위기 대응의 과정에서 엄청난 혼란을 발생시킨다.

외국의 경우도 가짜 뉴스에 골머리를 안고 있다. 미국에서 가짜 뉴스 대응 논의가 본격화된 것은 2016년 미국 대선 당시 러시아 스캔들 뉴스에서부터다. 독일의 경우 난민 혐오 현상과 함께 혐오 조장을 목적으로 한 가짜 뉴스에 대응이 필요했다. 예를 들어 난민 출신으로 보이는 아랍인 여러 명이 여성들에게 추근거렸다거나, 소녀가 이민자 남성들에 의해 납치되었다는 등의 이야기들이 종종 등장하였다.[82] 프랑스의 경우에는 선거를 앞두고 있어 선거 관련 가짜 뉴스가 주로 문제가 되었다.

가짜 뉴스는 언론을 통한 것뿐만 아니라 소셜 네트워크상의 정보도 포함한다. 그래서 뉴스보다는 허위 조작 정보 또는 허위 정보라는 용어를 사용하기도 한다. 진짜인지 가짜인지의 여부는 입증 가능성에 달려 있다. 그런데 세상일이 복잡하듯 일목요연하게 진위가 가려지지 않는 것도 다반사다. 중요한 것은 바로 이 경우다. 미국에서는 누가 봐도 명백히 가짜라고 알 수 있는 것은 '실질적 규제 필요성'을 부인하고 있다.[83]

　진위가 아직 가려지지 않은 정보는 어떻게 할까. 사실 가짜 뉴스 중의 상당 부분은 시간이 지난 후에야 진위가 가려지는 일들이 비일비재하다. 서로 대립되는 당사자들은 (특히 정치에서) 흔히 상대방의 이야기 혹은 주장을 가짜 뉴스라고 비난한다. 물론 지나고 보면 누가 거짓을 이야기했는지가 가려지지만 뉴스라는 것이 시간이 지나면 가치가 사라진다는 점에서 일단 거짓말을 한 전략은 나름 성공적이라고 할 수 있다. 이를 뒤집어 보면 가짜 뉴스라고 치부되었던 것이 진실인 경우도 있다는 것이다. 따라서 가짜 뉴스를 규제하기 위해 징벌적인 손해배상이나 처벌 규정을 도입하는 데는 제도 설계에 보다 신중할 필요가 있다. 진실인 정보의 전달에 대해 가짜 뉴스로 치부하고 징벌적 손해배상이나 처벌을 들어 언론의 자유를 제한할 수 있기 때문이다.

　미국은 자율 규제 방식의 팩트 체크를 선호한다. 시민의 자율을 강조하는 법적 전통도 있지만 주요 소셜 네트워크가 자국 기업이라는 것도 한 이유이다. 엄청난 부가가치를 창출하고 있는 자국 기업을 스스로 옭아매고 싶지 않았기 때문이다. 유럽은 법을 만들어 대응했다. 그렇다고 광범위한 가짜 뉴스 대응을 담고 있는 것은 아니며 주로 선거 관련, 혐오, 반사회적 정보들에 대한 대응이었다. 명백한 가짜 정보는 48시간 이내에 차단 또는 삭제하고, 진위 판별이 어려운 것은 일주일 혹은 그 이상의 시간을 주고 자율 규제

기구에 이관하기도 한다. 해당 정보에 대해서는 심의 중이라는 라벨을 붙인다. 적어도 포털에서 정보를 보는 독자들이 '심의 중'이라는 라벨을 보면 보다 신중하게 해당 정보를 대할 수 있기 때문이다. 심의의 과정에서는 가짜 뉴스라고 이의를 제기한 사람의 의견도 들어보고, 자신의 정보가 허위가 아니라는 반론도 들어보는 과정이 필요하다. 적어도 가능하다면 말이다. 왜냐하면 허위 정보의 경우 유통자는 쉽게 드러나지만 최초의 생산자를 찾기란 쉽지 않기 때문이다.

문제가 있다. 가짜 뉴스에 대한 규제의 핵심이 정보 접근의 차단과 삭제인데, 독일이나 프랑스에서 명백한 허위 조작 정보에 대해서 24시간 또는 7일의 시간을 주고 차단과 삭제를 하라고 법으로 만들어 놓고 이를 어기면 제재금을 부과했다. 그러다 보니 포털이나 SNS 등 정보통신서비스 제공자들이 괜히 지체해서 벌금을 내느니 애매한 것들은 그냥 차단하고 삭제하는 일이 발생한 것이다. 일종의 과잉 차단이다.[84] 즉, 실제로는 진실이지만 진실과 거짓의 경계에서 판단을 기다리는 정보가 시간에 쫓겨 사라지는 문제가 생긴 것이다. 법이 늘 그렇듯이 제도를 설계하다 보면 빛과 그림자가 발생하거나 혹은 그 법을 우회하는 일들이 빈번히 발생한다. 법으로 정책을 시행하면 대책을 만들어 법을 우회한다. 법이라는 것이 세상에 생긴 이래로 계속되어 오는 숨바꼭질이다.

허위임을 알면서 유포되는 가짜 뉴스만을 제재의 대상으로 할 것인가도 문제될 수 있다. 해당 정보를 진실로 믿고 만들어내거나 유포시키는 것은 규제 대상에서 제외할 것인가이다. 그러나 고의나 과실이 없더라도 그 실체가 허위의 정보인 경우에는 규제의 대상으로 삼을 수 있을 것이다. 가짜 뉴스 그 자체가 가지고 있는 위해성에 집중해야 하기 때문이다. 하지만 만약에 형사처벌까지도 포함하는 경우라면 고려해야 할 점이 있다. 결과적으로 허위이지만 당시 상황으로는 허위임을 알 수 없었을 가능성이 충분한 경우 혹은 허위 사실을 진실이라고 받아들인 상당한 정도의 상황이었다면 형사적 책임까지 묻기는 어려울 수 있기 때문이다.

가짜 뉴스에 대한 국가의 직접적 규제가 작동한다고 하더라도 현실적으로 쏟아져 나오는 정보량을 감당하기 어려울 것이다. 따라서 국가의 직접 규제 외에 필요한 것이 정보서비스 제공자가 주도하는 자율 규제 시스템과 정보 이용자의 판별 능력을 배양하는 미디어 리터러시media literacy 교육이다. 특히 우리 사회에서는 미디어 리터러시 교육이 중요하다. 지금까지 우리의 교육제도는 능동적 판단 능력을 높이기보다는 수동적 순응 방식을 유지해왔기 때문이다. 쉽게 말해 하나의 질문에 하나의 답을 외우는 방식이었다는 것이다. 그러다 보니 다른 모습이 존재하거나 다른 면의 해석이 가능하다는 생각에 익숙하지 않다. 여기에 이념적으로 어느 하나의 입장이 정해지면 허위의 사실도 진실이 되고, 신념을 통해 더욱 공고화된다.

자율 규제가 활성화되고 이용자의 판별 능력이 높아지면 자연스럽게 국가 규제의 영역은 줄어든다. 페이스북은 사용자의 뉴스피드에서 가짜 뉴스가 발견되면 광고 게재에 불이익을 준다. 자율 규제의 객관성 유지를 위해서는 제3의 팩트체커fact checker들과의 파트너십을 체결하여 협력적 활동도 하고 있다.

미디어 리터러시 교육을 의무화할 필요가 있다. 혼돈의 현실에서 진실을 찾아낼 수 있는 힘을 길러주는 것으로, 이는 시민교육과도 맞닿아 있기 때문이다. 이러한 교육은 국가 교육 과정의 측면에서도 이루어지지만, 큰 규모의 정보통신서비스 제공자가 사회적 기업 활동으로 추진하는 것도 있다. 페이스북이 미디어 리터러시 교육사업으로 추진하고 있는 사업 중 하나가 'make smart choices about what they read(읽은 내용에 대해 현명한 선택을 하라)'이다.

이처럼 가짜 뉴스에 대한 대응에 발전이 있었지만 가짜 뉴스역시 진화를 거듭하고 있다. 최근 문제가 되고 있는 딥페이크deep fake 사진과 영상은 리터러시를 넘어서서 사람들의 1차원적인 인지영역을 더 강하게 자극한다. 이미 미국에서는 낸시 펠로시 하원의장이 술에 취한 듯 조작된 영상altered video이 소셜미디어에 돌아 문제가 되기도 하였다.[85] 특정인의 몸에 다른 사람의 얼굴을 교묘히 합성한 사진은 때때로 진실과 가짜의 경계를 넘어설 듯 구분이 모호해진다. 활자화된 정보보다 유튜브 같은 동영상 정보가 더 선호되는 현실에서 딥페이크는 새로운 위협이다.

가짜 뉴스를 규제하는 것은 그 악용 가능성 때문에 민감한 일이다. 결국 가짜 뉴스와 진짜 뉴스의 경계에서 어려운 숙제를 풀기위한 고민이 이어질 수밖에 없는 상황이다.

소비자 보호와
입증 책임

    손님은 왕인가? 가격을 지불하고도 그만큼의 권리를 가지고 있지 못하는 소비자들의 의문이다. 소비자 피해가 야기된 대형 사고들(2011년 가습기 살균제 사건, 2015년 홈플러스 개인 정보 유출 사건, 2017년 생리대 유해물질 검출 사건, 2018년 라돈 침대 사건, BMW 차량 화재 사건 그리고 코오롱 인보사 사건 등)이 끊이질 않았지만 우리 사회의 소비자 보호 수준이 상응하게 높아졌다고 보기는 어렵기 때문이다. 여기에 2019년과 2020년에 있었던 DLF(파생 결합 펀드) 사건, 라임 및 옵티머스 사모펀드 사건 등 그간의 굵직한 금융 사고들도 금융 소비자 보호에 의문을 더했다. 다양한 사건들이 있었지만 시간이 지나면서 소비자의 권리 보호를 위한 노력은 기업의 경영상 어려움 호소에 묻혀 이내 가려지곤 했다.

    소비자에게 권리가 있다는 개념은 20세기에 들어서야 비로소 자리를 잡았다. 우리나라는 더 늦은 1980년대부터 본격적인 관심을 갖기 시작했다. 경제성장이 절실해서 사업하기 좋은 환경의 조성이 우선시되었기에 소비자의 권리는 잠시 내려놓고 공급자 위주의 시장이 형성되었다. 아직도 많은 사람들이 국가가 소비자를 보호해줄 것이라고 믿지만 오산이다. 국가는 소비자 보호뿐만 아니라 장기적으로 산업을 육성하거나 기업의 이윤 창출을 통해 조세 수입을 증가시키는 것에도 마찬가지로 관심이 높기 때문이다. 결국 소비자 보호의 문제는 기본적으로 소비자 스스로의 권리의식에서 싹터야 한다.

소비자 보호는 규제와 밀접한 관련을 갖는다. DLF 사태가 발생하고 금융 당국이 DLF와 같은 원금 손실률이 높은 고위험 투자 상품의 판매 금지를 결정하자 과도한 것이 아니냐는 논쟁이 벌어졌다. 과도한 규제 때문에 경쟁력이 떨어진다는 것이다. 금융 당국이 DLF의 판매 금지를 결정한 이후 '과도한 규제다, 아니다'로 갑론을박이 벌어졌고, 이런 식이라면 위험 수준에 따른 투자 상품의 다양화 등을 포함한 우리 금융 산업의 발전은 기대할 수 없다는 강한 비판도 제기되었다. 오히려 투자 상품을 금융 당국이 재단하게 된다면 다양한 상품을 선택하고 싶은 소비자의 선택 기회를 위축시킬 수 있다는 해석도 등장했다. 원칙적으로 투자자가 상품의 위험성을 정확히 알고 고수익 고위험 또는 중수익 중위험을 선택했다면 그 리스크는 투자자가 안아야 한다. 수익을 얻을 때는 내가 잘해서 한 것이고, 손해를 볼 때는 다른 사람의 책임으로 돌리는 것도 받아들이기 어렵다. 그러나 소비자가 의사결정을 하는 데 금융회사가 말하지 않은 위험 즉, 숨겨진 위험이 있었다면 금융회사가 책임을 져야 한다. 그러한 위험이 있는 줄 알았다면 투자하지 않았을 상황이라면 책임의 소재는 더욱 명확해진다.

상대방의 동의가 있으면 허용될 수 있다는 것은 소비자가 합리적 의사결정을 한다는 가설에서 나온다. 2017년 노벨경제학상을 수상했던 시카고대의 리처드 세일러Richard H. Thaler 교수는 '현실의 인간을 보라. 그들은 당신들이 가정하는 것만큼 합리적이지 못하다.'라고 주장하며 수리적 경제학의 개념에 실제 사람의 심리적 요소를 가미하기 위해 심리학과의 결합이 필요하다고 주장했다. 그래서 규제의 상당 부분은 소비자의 보호에 할애된다.

소비자 보호에 가장 많은 영향을 미치는 것은 정부다. 정부가 산업의 성장과 소비자 보호 중 어디에 가치를 더 두느냐에 따라 결론은 달라진다. 산업의 성장은 장래에 보다 많은 부가가치를 가져올 수 있으나 소비자 이익을 침해할 수 있으며, 강한 소비자보호제도는 산업의 성장을 늦출 수 있다. 만약 이 중 어느 하나에 치우칠 경우 지속 가능성은 사라지게 되며 종국적으로 혼란을 야기한다. 기업의 이익만이 극대화될 경우 아무도 해당 상품과 서비스를 이용하려 하지 않을 것이고, 소비자의 이익에만 최대한 맞추려고 한다면 아무도 상품을 생산하거나 서비스를 공급하려 하지 않기 때문이다. 따라서 양자의 이익이 절충된 상태에서 산업의 최대 성장과 소비자 권리의 최대 보호는 각각 중간점을 찾게 되는 것이다.

사전적 성격의 공법적 규제가 후퇴하면 사후적 규제 및 권리 구제가 강화되어야 한다. 구체적으로 징벌적 과징금제도와 손해 배상 소송에서 소비자 입증 책임의 완화다. 먼저 징벌적 과징금을 살펴보면, 예를 들어 〈금융소비자보호법〉은 징벌적 과징금을 규정하고 있다. 위반 행위와 관련된 계약으로부터 얻은 수익의 최대 50%까지 혹은 관련 계약의 수입 산정이 곤란한 경우라면 10억 원 이내에서 징벌적 과징금을 부과할 수 있도록 하고 있다. 과징금의 수준을 높일 경우 금융회사들의 위법의 동기가 감소한다는 점에서 소비자에게 이익이 되는 것은 분명하지만 직접적으로 소비자의 이익이 되는 것은 아니다. 과징금으로 걷어진 돈은 세외수입으로 정부의 일반재정으로 들어가 다른 용도로 사용될 수 있기 때문이다. 피해자인 소비자의 권리를 보호하기 위한 법이라는 점에서 과징금은 소비자 피해 구제를 위한 용도로 사용되는 것이 바람직하다.

　　소비자 피해를 부르는 결함이 있음에도 리콜을 지체하고 보상을 회피하려는 경우에는 징벌적 형태의 손해배상제도를 도입할 필요가 있다. 미국에 판매되었던 일본 자동차가 결함으로 인하여 사고가 발생했는데 이를 미국 교통 당국에 제대로 알리지 않고, 더 나아가 결함 사실을 부인했다는 이유로 징벌적 손해배상이 내려진 적이 있다.

　　징벌적 손해배상을 도입할 때 고려해야 할 사항이 있다. 첫째, 가해자의 행위에 대한 비난 가능성. 둘째, 가해자의 재산 상태.

셋째, 가해 행위의 영리성 여부. 넷째, 가해 행위에 대한 형사상 제재의 수준. 다섯째, 가해자가 배상을 해서 져야 하는 재산상 손실과 피해자가 입은 피해를 복구하기 위한 손해 사이의 비율이다. 어느 한 가지만 고려해야 하는 것은 아니고 종합적으로 파악할 수밖에 없다. 6500여 명에 가까운 피해자를 낸 가습기 살균제 피해 사건을 계기로 개정된 〈환경보건법〉[86]도 징벌적 손해배상제도를 규정하고 있는데, 3배의 범위 내에서 고의 또는 손해 발생의 우려를 인식한 정도, 손해 발생을 줄이기 위하여 노력한 정도, 환경 유해 인자의 유해성 등을 고려하도록 하고 있다.

한편, 소비자가 어렵게 소송을 해도 손에 쥐는 것은 소액에 불과할 때가 있다. 피해를 야기시킨 측이 자력資力이 없는 경우다. 돈 갚을 능력이 없다는 것이다. 소비자보호기금을 만들자는 논의가 나오는 이유다. 미국 컬럼비아특별구District of Columbia의 소비자보호기금, 캐나다 브리티시컬럼비아British Columbia의 소비자발전기금 등이 그 예다.[87] 쉽게 말해 대형 사고로 소비자 피해를 발생시킨 기업이 파산하거나 배상 자력이 부족한 경우에 이들 기금으로부터 지원을 받을 수 있는 제도다. 이러한 기금제도는 사고의 범위가 큰 원자력 배상, 해상 유류 오염 사고 배상 등에만 제한적으로 도입되어 있다.

점점 더 복잡해지는 상품과 서비스 구조하에서 소송 역시도 소비자의 입증 책임을 완화하지 않으면 그 끝은 매우 미약할 것이 명확하다. 더 나아가 현실에서 벌어지는 소송을 통한 권리 구제에는 한계가 있다. 실제로 자신이 피해자가 되어 소송을 수행하지 않는 한 소송에 대한 느낌은 피상적일 수밖에 없다. 그러다 보니 막연하게 소송이나 조정제도가 있으니까 잘 되겠지 생각하겠지만, 일상의 삶에 쫓기는 대부분의 소비자들이 손해배상 소송을 통해 소액을 배상받을 목적으로 그 많은 시간과 노력을 기울이기는 여간 쉽지 않다. 그러다 보니 소비자 피해가 발생하면 사업자들은 잘못을 인정하는 대신 소송을 택한다. 잘못을 인정할 경우 소송에 불리하므로 애초부터 하자 또는 결함을 시인하지 않는다. 마치 광고 카피 '따라올 테면 따라와봐'가 연상된다. 이러한 현실에서 입증 책임은 소비자들에게 엄청난 허들hurdle이다.

소송에서의 입증 책임이 아니더라도 입증 책임의 부담을 소비자가 고스란히 안게 되는 경우들도 찾아볼 수 있다. 암보험에 가입했는데 보험사는 암에 대한 직접적인 치료가 아니면 보험금을 주지 않겠다는 입장이다. 이때 소비자에게 해당 치료가 암 치료와 직접 관련된 치료라는 사실을 입증할 것을 요구한다면 보험 혜택을 받지 못하는 경우가 빈발할 수밖에 없다. 관련 자료들이 연관되어 있고, 비전문가가 그 직접성을 판단하기 쉽지 않기 때문이다. 여기에서 중요한 것은 보험계약을 할 때 그러한 입증 책임의 내용을 약관에 담았는가이다. 약관에 담았다면 소비자가 알면서도 선택한 것이므로 입증 책임을 부담해야겠지만 그렇지 않았다면 소비자에게 전가할 수 없다.

입증 책임을 완화해주는 것들도 있다. 가습기 살균제 사건의 피해자를 구제하기 위해 2017년 제정된 〈가습기살균제피해구제법〉은 인과관계를 추정하는 규정을 두고 있다. 폴리헥사메틸렌구아디닌(PHMG), 클로로메틸이소티아졸리논(CMIT) 등 가습기 살균제 성분은 이름도 어려운데 이러한 성분이 독성이 있고, 피해자의 폐에 악영향을 주었다는 것을 일반인이 입증하기란 여간 어려운 것이 아니다. 그래서 독성물질인 원인과 병의 발생 사이의 관계, 즉 인과관계를 피해자가 입증하는 부담을 완화시켜준 것이다. 〈가습기살균제피해구제법〉은 가습기 살균제에 노출된 사실, 가습기 살균제 노출 이후 질환이 발생하였거나 기존 질환이 악화되었다는 사실 등을 증명하면 가습기 살균제로 인해 생명 또는 건강상의 피해가 발생한 것으로 추정한다. 반면, 사업자는 책임에서 벗어나기 위해서는 다른 원인으로 인하여 그 피해가 발생하였다는 사실을 증명해야 한다.

기술 사회에서는 다양한 영역에서 최신 과학기술을 접목한 최첨단의 제품과 서비스들이 속속 제공되고 있다. 그러나 현재의 소비자 보호를 위한 법적 기반으로는 소비자 피해 발생 시 그 권리 구제가 용이할 것인가 의문이 든다. 혁신이 소비자를 포용하는가 아니면 소외시키는가 하는 근본적인 질문까지도 해보게 된다. 기술 사회에서의 지속 가능성은 기술의 혁신과 소비자 보호가 양립하는 지점에서 결정될 수밖에 없다. 최근에는 혁신 기술과 관련된 법률을 만들 때 대체로 소비자 보호를 위한 근거 조항을 두고 있다. 금융 규제 샌드박스 법인 〈금융혁신지원특별법〉은 금융 소비자 보호 및 위험 관리 방안 마련을 강제할 법적 근거를 두고 있다. 사실 금융 분야에서 소비자 보호에 관한 법률과 소비자 보호에 관한 조문들이 들어간 이유는 그간 연이은 금융 사고들 때문이다. 늘 그렇듯 하나의 모멘텀momentum이 있을 때 비로소 입법이 움직인다. 안타까운 것은 그 모멘텀이 거의 대부분 사고라는 것이다. 사고 없이 미리 준비할 수는 없는 것일까.

그렇다고 세상의 모든 일에 대비해서 입법을 할 수도 없다. "비행기를 놓친 적이 한 번도 없다면 당신은 공항에서 너무 많은 시간을 쓰는 것이다." 노벨경제학상 수상자인 조지 스티글러의 말이다. 너무 일찍 나올 경우 공항에서 오래 기다리거나 혹은 너무 늦게 나올 경우 비행기를 놓칠 수 있어 효용이 떨어진다. 결국 중간점에서 효용이 극대화 될 수 있을 것이다.[88] 반드시 입법에 정확히 부합한 이야기는 아니지만 적어도 사안의 경중을 따져 입법 수요에 대응할 필요가 있다는 점을 이해할 수 있을 것이다.

가격은 품질과 서비스에 대해 비교적 정직하다. 따라서 그 가격을 지불한 이상 사고가 없더라도 소비자의 권리는 꾸준히 지켜져야 한다. 손님이 왕일 필요는 없다. 하지만 봉이 되지는 말아야 한다.

법은 위험에
어떻게
대응하는가?[89]

다시 위험과 법을
이야기하는 이유

1986년 독일의 사회학자 울리히 벡Ulrich Beck이 쓴《위험 사회: 새로운 근대성을 향하여Risikogesellschaft: Auf dem Weg in eine andere Moderne》가 나온 이후 사회학뿐만 아니라 많은 학문적 영역에서 위험 사회의 의미를 새겨보는 노력들이 있었다. 법학의 경우에도 예외는 아니었다. 민사 영역에서 위험 책임의 강조, 형사 영역에서 추상적 위험범危險犯에 대한 검토, 행정 영역에서 리스크 행정법에 대한 논의들이 그 예라고 할 수 있다. 특히 행정법에서 리스크를 중심으로 한 논의는 눈에 띄었다. 아쉽게도 이러한 노력은 이후 지속적 발전으로 이어지지 못하고 도그마dogma가 반복되는 선에 그치고 말았다.

최근 제4차 산업혁명인 기술혁명과 관련하여 새로운 위험에 어떻게 대처할 것인가의 논의가 다시 펼쳐지고 있다. 새로운 기술을 어떻게 활용할 것인가를 두고 위험과 안전이 대립하면서 규제가 이슈로 대두되었다. 임시 허가, 적합성 인증제도, 비조치 의견서No Action Letter 등은 본질적으로 위험과 안전의 공존적 모색의 모습이라고 할 수 있다.

이제 다시 위험과 법을 이야기해야만 한다. 여러 가지 새로운 기술과 시도가 많은 부가가치를 창출하지만 그 역시 상응하는 위험을 동반하기 때문이다. 여기에 또 한 가지 논의의 필요성이 제기되는 이유는 과거의 도그마적 위험 논의가 디지털 사회의 위험에도 그대로 적용될 수 있는지 의문이 들기 때문이다.

삶:
위험과의 공존

인류가 삶을 시작한 이후부터 위험은 항상 우리 곁에 있었다. 동굴 생활에서는 붕괴 위험이 상존하였고, 사냥에서는 맹수의 습격이라는 위험이 있었다. 하지만 이러한 위험은 개인의 영역에 불과했고, 사회적 논의 대상은 아니었다. 농경 사회로 접어들어 집단 생활이 이루어지면서 위험에 대한 사회적 대응이 시작되었다. 가뭄과 홍수에 대비한 저수지의 건설이 그 대표적인 예다. 저수지는 오늘날로 따지면 국가 인프라에 해당하는 것이었으며, 저수지에 대한 훼손 행위는 중대한 범죄행위로 다루어졌다.

집단생활 이후 다양하게 나타나는 위험에 대한 대응은 세대를 이어오면서 경험으로 축적되었으며, 사회적으로 규범화되었다. 법의 형태로 위험 대응 매뉴얼이 구체화되기 시작한 것이다. 풍부한 경험을 가진 법제는 매우 안정적이다. 시대를 훌쩍 뛰어넘어서 사이버 공간을 기반으로 한 기술혁명 시대에 위험에 대한 대응도 본질적으로 초기 국가 시대의 위험 대응과 크게 다르지 않다.

위험과 리스크의 구분:
새로운 도전?

위험에 대한 대부분의 규제 법령에 따르는 글은 위험과 리스크의 차이를 다루는 것에 시작한다. 여기에서의 위험은 영어 'danger', 독일어 'Gefahr'를 번역한 것이며, 리스크는 영어 'risk', 독일어 'Risiko'를 번역한 것이다. 영어와 독일어에서는 의미를 달리하여 이미 구분되어 사용되고 있지만 우리말에서는 모두 위험이라는 말로 통칭될 수 있어 학자들은 위험과 리스크로 달리 부르려는 시도를 하였다.

국가행정을 다루는 법 분야에서는 위험을 인식 가능하고 특별한 개입이 없다면 가까운 장래에 손해가 발생하는 것으로 보는 반면, 리스크는 위험의 인식이 불분명하고 손해의 발생 여부도 확실하지 않은 것을 의미한다고 하였다. 불가피하게 수반되는 것으로 참아야 하는 것을 남아 있는 리스크, 잔존 리스크로 분류한다. 이른바 '3단계론'이다. 범죄를 다루는 법 분야에서는 위험범의 구분에서 이를 구체성과 추상성으로 설명하고 있고, 원래 위험 개념이 태어난 사회학에서는 울리히 벡의 개념처럼 자연환경과 같은 자연 발생적 손해의 가능성은 위험, 인간의 행위에서 비롯된 것은 리스크로 보기도 한다. 따라서 규제 법령에서의 구별 기준이 모든 영역에서 일관되게 적용되는 것은 아니다.

위험의 인식과 손해 발생의 확실성으로 위험과 리스크를 나누어보는 것은 유용하다. 지금까지 규제법학의 도그마적 구분 개념은 출발점으로 안전과 질서유지를 염두에 두고 있어 하드웨어적 영역에서는 큰 의미가 있다. 그러나 새로운 형태의 손해 내지는 침해 가능성을 설명하기에는 전통적으로 위험으로 분류된 개념적 표지는 그 설 자리가 크게 줄어든다.

오늘날 삶의 절반이 영위되는 사이버 공간에서의 손해 및 침해 가능성은 예측하기 어렵다. 그렇다면 이는 위험인가, 리스크인가. 시간과 공간을 뛰어넘는 사이버상에서는 사전에 인식되고, 가까운 장래에 손해가 발생할 충분한 개연성이라는 위험의 개념적 표지는 힘을 잃는다. 어느 한 곳에서 새롭게 생겨난 손해 및 침해의 가능성은 인터넷을 타고 불과 수 초 만에, 아니 순식간에 손해와 침해를 현실화하기 때문이다. 즉 실시간으로 리스크가 위험이 되고 위험이 리스크인 상황이다. 위험이라면 방지 조치를 하고, 리스크라면 사전 배려를 해야 한다는 공식이 적용되기 어렵다. 방지 조치와 사전 배려가 동시에 작동한다. 물론 여기에도 위험이 시간의 흐름에 따라 어떻게 변할지는 예측이 필요하다. 예측에는 재량이 작동하며, 재량은 항상 오류의 가능성을 가진다. 그 예측의 오류는 반론의 반론을 통해 제어된다.

금융 분야에서는 위험보다 리스크라는 용어가 자주 사용된다. 양자를 본질적으로 성질이 다른 것으로 전제하지도 않는다. 전통적 개념에 따르면 리스크는 예측하기 어려워 국가의 개입 여지가 협소한 것으로 보기도 하지만, 그 역시 리스크의 성숙 정도를 파악하는 기술이나 가치에 반영하는 방식이 개발되지 않았을 때의 이야기다. 금융산업에서 리스크는 계량적 기법을 통해 가능성으로 환산되어 재화나 서비스의 가치에 반영되어왔으며, 감독 당국의 대응 역시 이에 따른 단계별 개입, 예컨대 적기 시정 조치를 정하고 있다. 물론 단계별 근거 역시 완전히 명료하지는 않으나 합리적 추정의 범위 내에서 승인될 수 있는 것이며, 규제 기준을 사전에 금융회사 등의 참여를 통해 공동으로 정하기도 한다. 따라서 리스크와 위험이 각기 다른 개념적 출발점을 가지고 있다고 보기는 어렵다. 리스크와 위험은 실현 가능성의 정도에 차이가 있을 뿐 본질적으로 하나라고 보는 것이 보다 설득력이 있다. 집단 감염병 사태도 리스크와 위험을 인위적으로 구분할 필요가 없음을 보여주고 있다. 중국 우한에서 발병한 감염병이 곧바로 우리나라에서 발병한 것은 오늘날 많은 위험들이 리스크와 구분 없이 곧바로 위험의 영역에 들어오고 있다는 것을 보여준다. 따라서 리스크와 위험은 하나의 선상에 있으며, 그 성숙 정도에서 달라질 뿐이다.

위험을 어떻게 찾고, 측정할 것인가

편익을 주는 것은 그에 상응하는 위험을 수반한다. 사람들은 편익을 얻으면서 그 가치의 지급에 있어서 위험분을 차감하려는 노력을 해왔다. 그래서 필요한 것이 바로 위험의 탐색과 크기의 측정이다. 이는 비단 사적 거래에서뿐만 아니라 국가의 대응에도 영향을 미친다. 국가는 불확실성이 제거될 때까지 기다리거나, '현존하는 위험'의 단계까지 기다렸다 개입하는 것이 아니라 불확실하더라도 미리 방지 대응을 시작하여 단계별로 수위를 올리는 방식을 선택한다. 이때 중요한 것이 피규제자에 대한 설득이며, 개입의 정당화다. 주요한 수단은 계량적으로 위험의 크기와 실현 가능성을 보여주는 것이다.[90]

위험의 크기와 실현 가능성이 명확해질수록 국가의 개입 정도는 커진다. 사전 배려의 원칙이 공공의 이익을 추구하기에 매우 유용하지만 제한된 분야에서만 사용되는 이유도 명확하게 위험의 크기를 보여주지 못하는 경우 저항이 나타나기 때문이다. 파생 금융 상품이 월가Wall街(미국 금융 시장)에 출시되었을 때 심지어 상품 판매자조차도 그 위험성을 제대로 알지 못했다. 감독 당국 역시 이상 징후를 파악했지만 규제 조치에 나설 수 없었던 것이 위험의 크기와 현실화 가능성을 명확하게 제시하지 못하였기 때문이다. 반면 전문가들로 무장한 금융회사들의 조직적인 저항은 거셌으며, 이는 입법·행정·사법의 영역을 누볐다. 결국 파생 금융 상품에 대한 규제는 금융 위기가 터지고, 세계적인 투자은행(IB)인 리먼 브라더스Lehman Brothers가 무너지고, 거대 보험회사인 AIG가 구제금융을 받을 때쯤 현실화되었다.

결국 자의적 개입이 아니라는 것을 입증하고 적시에, 적합한 크기의 공적 개입이 가능해지기 위해서는 위험의 탐지와 크기의 측정에 대해 집중적인 관심이 있어야 한다. 한편, 국가는 언제 개입할 것인가 그리고 얼마나 개입할 것인가에 대한 재량이 있다. 여기에서의 재량권은 최적 형량最適衡量(최대로 적합한 이익의 크기 비교)이 요구되는 재량이라고 할 수 있다.[91] 옛날에는 대충했을지라도 지금은 개입의 시기와 정도에 따라 기업이나 투자자들이 적극적으로 다투기 때문이다. 그러다 보니 뒷말과 불만을 최대한 줄이기 위해 아예 규제 절차에 기업을 비롯한 이해관계자를 참여시키기도 한다.

위험의 탐지와 측정에 있어서 가장 중요한 것이 정보다. 사회가 복잡해지기 전에는 국가가 정보를 독점하였다. 기술 사회에서 국가의 정보는 한계가 있다. 첨단 기술에 대한 위험은 그 기술을 활용하고 있는 민간 영역이 보다 많은 정보를 가지고 있다. 따라서 민간과 위험에 대한 대화가 필요하다. 사회학과 정보학 등의 영역에서는 이를 '리스크 커뮤니케이션risk communication'이라고 부른다. 최근 사이버 침해 대응과 관련하여 독일은 'UP KRITIS'라는 민관 협력 체계를 만들었다. 이 제도의 핵심은 국가가 설정해놓은 정보센터에 민간이 접촉점을 가지고 정보를 공급하며, 축적되고 정리된 정보, 더 나아가서는 정보를 기반으로 분석된 위험 자료를 역으로 가져다가 활용하는 정보 순환 시스템이다. 이러한 과정은 단순히 정보 공유를 넘어서 위험에 대한 공동의 인식 제고와 이를 통한 갈등 해소 그리고 조치 결과에 대한 수용성 제고의 의미를 지닌다.

커뮤니케이션은 민간의 참여와 관련을 갖는다. 국가가 의사 결정을 위해 다양한 이해관계자의 의견을 듣고 이를 반영하는 절차에서 공적 영역이 간과할 수 있는 규제의 적절성 그리고 해당 규제가 야기할 수 있는 역선택의 문제를 걸러낼 수 있다. 여기에서 주의해야 할 것은 절차적으로 단순히 의견을 경청할 수 있도록 하는 것만으로는 부족하다는 점이다. 민간의 전문적 의견이 논의의 장에 공식적으로 올라올 수 있는 경로가 확보되어야 한다.

위험과 규제:
어떻게 규제할 것인가

위험에 대한 국가의 대응에서 중요한 것이 위험 방지를 위해 어느 정도의 기술 수준을 유지할 것인가이다. 법에서는 단순히 '기술 수준'에 따른다고 표현하고 있는 것에서부터 '최적 기술 수준'이라는 표현까지 다양하다. 독일의 〈사이버안전법IT-Sicherheitsgesetz〉

은 전기·통신 등 주요 인프라 운영자들(기업들)에게 사이버 침해에 대응하기 위한 기술 수준Stand der Technik을 (대부분의 다른 법률에서와 마찬가지로) 적용할 것을 규정하고 있다. 그러나 명확하게 어느 정도의 수준인지 제시되지 않고 있으며, 해석상 현재의 기준보다 다소 높은 수준의 기술로 읽혀지고 있다. 말 그대로 현재의 기술 수준으로 받아들인다면 기업들은 보안을 위해 새로운 기술을 받아들이는 데 소홀히 할 수도 있다는 생각에서다. 해킹 및 방어 기술의 발전 방향성을 고려한 결과라고 할 수 있다.

민간의 입장에서는 어떠한 기술 수준을 적용하느냐에 따라 이익의 크기가 달라지기 때문에 규제가 담고 있는 기술 수준에 민감할 수밖에 없다. 대략적으로 합의된 해석 기준에 따르면, 공익 또는 집단적 소비자의 이익에 미치는 영향이 클수록 요구되는 기술 규제의 수준이 높아진다.

규제 수단의 선택에서 전통적인 인허가 체계를 수정하는 새로운 수단이 들어온 것은 주지의 사실이다. 규제 샌드박스는 일종의 테스트베드로 제한된 범위(시장 참가자의 자격, 서비스의 범위, 특정한 소비자 보호 조치 등) 내에서 영업을 영위할 수 있도록 하고 있다. 위험이 발생하더라도 그 범위를 제한하기 위함이다. 미국의 SEC가 고안한 비조치 의견서No Action Letter는 입법의 불비 시 해당 행위를 할 수 없게 하는 금지보다는 할 수 있도록 하는 허용의 측면에서 'Ceteris Paribus(다른 모든 조건이 동일하다면)'를 달아 행정청이 공식적 의견으로 제재 여부에 대해 판단하는 것을 말한다. 감독 당국이 현재 조건이라면 허용해도 공익에 위험하지 않다고 판단하는 경우다.

국가가 위험에 직접 대응할 것인가도 중요한 쟁점이다. 국가는 전통적인 권력적 방식과 현대적 의미의 협력적 방식 중 선택할 수 있다. AI, 블록체인 등과 같은 새로운 기술에 대한 대응에서 국가의 능력은 제한적이다. 오히려 해당 기술을 개발해내고 적용해왔던 민간이 기술적 우위를 가지고 있는 경우가 빈번하다. 여기에서 크게 두 가지 방식을 생각해볼 수 있다. 하나는 민과 관이 공동으로 행정 기구를 설치하여 운영하는 방식이며, 다른 하나는 자율 규제 기구를 운영하는 방식이다. 어느 방식이 보다 효율적이고 효과적인지는 분명하지 않다. 제4차산업혁명위원회의 경우처럼 민관 공동 위원회의 방식도 있고, 블록체인협회의 자율 규제안을 금융 당국이 승인하는 경우와 같이 자율 규제를 실시하되 국가가 2차적인 개입권을 확보하는 경우 등 다양한 방식이 혼재되어 있다. 각 사안에 따라 특성에 맞는 민간과 국가의 협력 방식이 택해지겠지만 과거 국가 주도의 시장 통제의 역사를 돌이켜보면 정말 관계의 진화가 이루어진 것은 분명하다.

한 가지 더 생각해봐야 할 일이 있다. 위험에 대응하기 위한 기술개발을 지원하는 법이다. 위험의 크기는 규제의 크기이며, 위험이 제거되거나 줄어들지 않는 한 규제도 사라지거나 그 크기가 줄어들지 않는다. 그렇다고 새로운 기술과 산업을 포기할 것인가. 1812년 영국 선더랜드 인근 펠링 탄광에서 엄청난 가스폭발이 있었다. 광산을 개발하면서 지하에서 가스가 배출되었는데 어두운

지하를 비추기 위해 석유등을 켜두고 있어 폭발을 일으킨 것이다. 총 92명이라는 엄청난 사망자를 낸 사건이라 산업혁명 자체에 대한 회의와 반대 목소리들이 나오기 시작했다. 지하 광산에 가스가 상존하는 이상, 불과 가스가 만나지 않게 하는 기술이 없는 한 광산 개발은 지속할 수 없는 일이었다. 1813년 안전등 개발을 장려하기 위한 협회가 설립되고 머지않아 안전등이 개발된다. 그리고 안전등 개발자에게는 정부 상금은 물론 왕립협회의 메달, 준남작의 작위가 수여되었다.[92] 이로써 영국의 산업혁명은 석탄을 기반으로 발전을 다시 이어나가게 되었다. 역사의 경험에서 보듯이 위험을 제거하거나 위험의 크기를 줄이는 기술 개발은 규제와 직결되며, 규제를 줄이는 것이 민간의 창의를 살리고 더 큰 부가가치를 창출할 수 있다는 점에서 국가적 지원이 필요한 부분이다. 일종의 산업적 지원법 내지는 진흥법의 역할이다. 법이 항상 제한과 금지의 역할만 하는 것은 아니다.

　법의 역사는 위험의 역사라고 해도 과언이 아니다. 행정법은 공공의 이익에 손해 내지 침해를 가할 수 있는 위험에 대한 대응이며, 형법은 보호 법익의 침해 위험에 대한 대응, 민법은 사적 거래 관계에서의 의무의 불이행 및 불법행위로 인한 위험의 대응을 핵심적 요소로 하고 있다. 따라서 우리의 법은 이미 위험을 포용하는 가운데 형성과 발전을 거듭하고 있다고 할 수 있다.

　새로운 기술혁명은 그간의 제1, 2, 3차 산업혁명이 주었던 문명의 이기를 기대하게 할 만큼 새로운 동력으로 자리매김하고 있다. 이에 걸맞게 규범을 통해 활동의 외연을 형성하고 규칙을 정하는 논의가 활발히 이루어지고 있다. 여기에 위험과 그 대응에 대한 논의도 필요함은 물론이다.

위기는
세상을 바꾼다

변화는 일상에서도 늘 일어난다. 위기가 있은 후에는 세상이 급격히 변화한다. 위기로 인한 공포와 분노 그리고 반성이 한꺼번에 작동하면서 개인과 사회를 강하게 자극하기 때문이다. 비교적 짧은 기간이지만 급격한 변화를 가져오는 극적인 시간이다. 미국의 저널리즘 작가 말콤 글래드웰Malcolm Gladwell은 이를 '티핑 포인트 Tipping Point'라고 표현한다. [93]

많은 사람들이 법을 생각할 때 법은 깊은 사고의 성찰과 철학이 스며든 고뇌의 결정체라고 생각하기 쉽다. 하지만 법은 그 사회의 역사와 경험 그리고 희망이 만들어낸 결정체다. 따라서 법을 바꾸는 것은 각각의 삶이 모여 만들어낸 환경이다. 특히 위기의 상황에서는 법도 역시 급격한 변화의 순간을 맞는다. 그 와중에 특정 집단이 보편적이지 않은 이익을 옹호하기 위해 그 힘을 발휘하는 경우도 있지만 결코 바람직한 법적 변화의 동기는 아니다.

법의 변화 이전에 있는 것이 사회의 변화다. 유럽에서 상공업이 발달하고 기술이 발달하게 된 배경에는 지리상의 발견이라는 요인이 있었다. 스페인의 부유한 도시 세비야Sevilla에는 교역 중심 도시답게 은 세공업이 번성하였다. 신대륙으로부터 공급된 은을 세공할 사람들이 필요했던 터라 제도적으로 세공업자들의 지위를 인정하고 존중받도록 하였다. 이러한 제도적 선택은 세비야를 부유한 문화 도시로 만들어낸다. 당시의 제도적 선택에 따라 자연스럽게 발생한 사실을 긍정적 영향으로 바꿀 수 있었던 것이다.

미국 서부 정착의 역사는 농경과 목축의 역사였다. 두 가지 산업의 공통점은 물이다. 가축과 농지에 관개할 물의 확보가 필수적이었고 목숨을 건 혈투가 정착민 간에 또는 정착민과 인디언 간에 벌어지기도 하였다. 상류에서 무단으로 물길을 막는 행위 그리고 강에 위험한 물질을 방류하는 것도 단속이 필요했다. 그러나 물줄기는 먼 거리까지 연결되어 있어 지역 보안관이 물 관리를 담당하기는 어려웠다. 기병대가 그 일을 맡았다. 경계를 넘어서 먼 거리를 다닐 수 있는 능력과 강을 둘러싼 각종 위험에 맞설 수 있는 무력을 가지고 있는 기병대는 물 관리 업무를 성공적으로 해낸다. 현재에도 미국에서 강을 둘러싼 개발 사업의 인허가에 관련한 일부 권한은 육군 공병단(USACE)에 있다.

영미법을 대표하는 미국 법에 비해 독일 법의 규율은 상대적으로 엄격한 편이다. 독일 병정이라고 부르는 이미지와 자유분방

한 카우보이 정도를 생각해본다면 양자는 극명하게 차이를 보인다. 이러한 차이는 역사적 배경과 지리적 환경에 영향을 받은 바크다. 지리적 환경은 역사적 배경을 형성한 주요한 원인이라는 점에서 결정적이다. 위험의 회피 가능성이라는 점에만 주목하여 볼 때 적어도 미국은 양면이 해안으로 둘러싸여 있어 육로를 통한 위험의 가능성은 상당히 줄어든다. 더구나 하와이와 괌은 태평양으로부터 접근하는 위험을 사전에 차단하며, 알래스카는 러시아로부터의 위험을 막는 전초기지로 활용이 가능하다. 국경을 마주하고 있는 멕시코나 캐나다 역시 미국의 위협이 되지 못한다.[94] 따라서 공동체와 시민사회의 연대보다는 개인의 자유를 추구할 수 있었다. 반면 독일의 경우 육지에서는 네덜란드·프랑스·폴란드 등 아홉 개 국가와 국경을 연하고 있으며, 바다로는 영국·노르웨이·스웨덴 등 여덟 개 국가를 옆에 두고 있다.[95] 항상 긴장하고 문제가 발생 시 즉각적으로 조치가 되어야 한다. 자연스럽게 세세한 규정과 보수적 기준을 가질 수밖에 없다.

주변 환경과 함께 법을 바꾸는 데 가장 결정적인 역할을 하는 것 중 하나가 위기다. 이전에 출간한 《법의 지도》에서 1998년 외환 위기가 우리 사회를 어떻게 바꾸었는지 설명했다. 몇 가지 예로 들 수 있는 것이 정보공개 청구의 증가, 시민 단체의 설립 및 정치와 정책 참여, 여성 인력의 사회 진출 증가 등을 들 수 있다. 〈정보공개법〉은 외환 위기 직전에 발효된 법이다. 발효 당시에는 이 법이 지금과 같이 많이 활용될 거라고 예상하지 못했다. 그런데 외환 위기가 발생하고 국가 정책의 실패가 속속 드러나면서 지금까지 믿었던 국가에 대한 신뢰가 깨지기 시작했다. 이러한 경향은 시민 스스로가 정보를 요구해서 직접 판단하겠다는 욕구를 자극하여 정보공개 청구의 급격한 증가로 이어졌다. 남성 가장의 잇단 실직은 가정주부로서의 역할이 강조되던 여성의 역할을 바꾸게 된다. 직접 경제적 주체로서 나가서 활동해야 하는 상황이 된 것이다. 이러한 사회적 배경은 경력 단절 여성의 재취업, 대학을 졸업한 여성들의 적극적 사회 진출의 동기가 된다. 그리고 사회적 변화는 경력 단절 여성의 지원에 관한 〈경력단절여성들의경제활동촉진법〉을 비롯하여 직장에서의 양성 평등에 관한 〈남녀고용평등법〉 등의 제정을 가져왔다.

2019년 말과 2020년 코로나19(COVID-19) 사태가 터졌다. 1918년 스페인독감[96], 1957년 아시아 독감[97]이 있었고, 1968년 홍콩 독감[98]과 2009년 신종 플루[99]가 팬데믹pandemic[100]으로 선언되었다. 그리고 2020년 코로나19[101]가 팬데믹으로 선언되었다. 전 세계적인 위기 상황은 많은 변화를 가져왔다. 우리의 경우 2015년 메르스 사태 이후로 〈감염병예방법〉을 개정하여 나름의 대비를 해온 터라 초기 대응의 미흡에도 불구하고 비교적 성공적으로 사태를 진정시켰다. 그러나 이 과정에서의 경험은 우리 사회를 변화시키는 동기가 된다.

코로나19와 같은 전염병이 역사적으로 사회적 전환점이 되었던 대표적인 예로는 14세기 흑사병pest이 있다. 흑사병으로 농노의 수가 줄어들자 영주는 남아 있는 농노들의 이탈을 막기 위해 그들의 지위를 향상시킨다. 임금의 인상과 자유의 확대. 임금은 최고 10배까지 오르기도 하였다. 높아진 농노들의 구매력은 소비와 거래를 촉진시켜 시장을 발달시켰으며, 훗날 펼쳐질 자본주의와 시민계급 출현의 씨앗이 된다. 하지만 워낙 많은 사람들이 사망한 터라 노동력 공급에는 역부족이었으며, 경작할 노동력을 구하지 못한 귀족들이 몰락하고 이는 봉건제의 붕괴를 촉진한다.

한편, 흑사병의 대유행 당시 역병을 피해 교회로 간 많은 사람들 역시 사망하자 교회도 자신들을 구할 수 없다고 생각한다. 그간 사람들은 자신에게 발생하는 행운과 불행을 모두 신의 뜻으로 받아들였다. 신에 대한 의문은 인간 스스로가 문제를 해결해나가는 의지를 일깨운다. 자연스럽게 신의 영역으로만 여겨졌던 곳에 과학이 자리 잡게 된다. 과학은 신의 섭리를 과학으로 설명하고, 신의 저주를 기술을 통해 극복해낸다. 기술은 인쇄물을 발전시키고, 인쇄술은 과학기술을 세상의 곳곳에 널리 알린다. 비로소 사람들은 인간 그 자체에 관심을 갖게 되었고 인본주의人本主義의 싹을 트였으며, 르네상스의 시작을 알린다.

코로나19가 발병되면서 국경을 넘어선 사람의 이동이 사라지고 교역량이 급격히 줄어든 것처럼 흑사병은 원나라가 개척했던 실크로드를 얼어붙게 만들었다. 상단의 이동은 곧 바이러스의 이동이라는 점에서 교역로는 끊기고 이는 원나라의 몰락을 이끌었다.[102]

코로나19 역시 많은 사람들의 삶을 바꿀 것이다. 오죽했으면 B.C.(기원전)와 A.D.(기원후)에 빗대어 코로나19 이전과 이후의 시간을 B.C.(Before Corona)와 A.C.(After Corona)라고 했겠는가. 가장 먼저 생각해볼 수 있는 것이 '원격 라이프'다. 최근 원격교육, 원격의료 등이 논의되기는 하였으나 부작용에 대한 우려와 이해의 충돌로 진전은 크지 않았다. 사실 제4차 산업혁명이라는 타이틀을 내걸었지만 장밋빛 그림에 비해 현실화된 성과는 만족스럽지 않았다. 그러나 전염병으로 인해 선택의 여지없이 가보지 않은 길인 '테라 인코그니타Terra Incognita(미지의 땅)'103를 갈 수밖에 없는 상황이 되었다. 가보지 않은 새로운 길에 반강제로 발을 들여놓은 탓으로 초기에는 혼란이 있었으나, 사람들은 차츰 새로운 디지털 사회의 새로운 노멀normal(기준, 표준)에 적응해가기 시작했다. 요즘에는 줌zoom이나 웹엑스Webex, 스카이프skype를 통해 간단한 회의를 하는 것은 일상적이다.

유통뿐만 아니라 금융을 포함하여 전체 온라인에서 비대면 거래가 더욱 활성화될 것임은 분명하다. 아마존Amazon과 같은 유통 플랫폼은 더욱 커질 것이고, 금융거래를 포함한 온라인 서비스도 빠른 속도로 활성화될 것이다. 거래를 위한 확인 수단에도 현재처럼 사람의 신분증을 확인하는 것을 대신하여 생체 정보를 활용한 비대면 확인이 이루어지고 있다. 〈신용정보법〉과 관련 법령의 개정을 통해 이러한 법적 기반이 마련되어 나가고 있다. 한편, 지폐에도 바이러스가 4일 동안 생존한다는 사실이 알려지면서 현금 사용이 급격히 줄어들고 신용카드와 전자화폐의 활용이 늘었다. 유럽에서는 중앙은행 차원의 '디지털 유로'라는 이름의 디지털 화폐 발행도 논의되고 있다. 원격의료도 더욱 확대될 것으로 예측하고 있다. 의사와 대면하지 않아도 진료와 처방을 받을 수 있도록 하는 것으로 코로나19 방역 시기에 환자들이 아프더라도 참고 병원을 가지 않았던 것을 계기로 그 필요성이 확인된 경우다.

　　법조계에서도 코로나19 인해 많은 변화가 시작되고 있다. 먼저 원격 영상 재판이다. 환자가 발생하면서 법정이 열리지 못하거나 환자의 확산을 막기 위해 휴정 기간을 갖는 등 재판이 정상적으로 진행되지 못하는 일이 발생하였다. 법정이 셧다운shutdown(일시적인 업무 정지)되었다는 것은 분쟁과 갈등의 축적을 의미하며 이는 사회불안으로 이어진다. 그러다 보니 원격 영상으로 재판을 진행하기 위한 시도가 있었다. 재판부는 법정에서, 변호인은 자신의 사무실에서 변론을 하는 방식이다. 영상 재판은 이미 대법원 규칙에 규정되어 있던 것인데 그동안 거의 활용되지 않았다. 그런데 코로나19를 계기로 실제로 활용해보자는 움직임이 나타난 것이다. 변호사가 의뢰인을 만나는 일도 비대면 방식이 이용되기 시작하였다. 대형 로펌들은 의뢰인을 만나는 전문적 상담 시스템을 만들기 시작했다. 변호사들의 연수도 현장 강의가 아닌 웨비나(웹Web과 세미나seminar의 합성어) 형식으로 운영되고 있다.[104] 〈개인정보보호법〉과 같은 중요한 법적 이슈에 대한 로펌의 세미나도 유튜브로 방송되며, 관련 기업 등 클라이언트들은 유튜브 댓글을 통해 패널들에게 구체적인 질문을 던지기도 한다. 보수적인 법조계에서 과거 같았으면 결코 상상할 수 없는 일들이 대안이 없는, 거부할 수 없는 선택에 의해 시행되고 있는 것이다.

　디지털 사회로의 전환이 주는 부작용도 있다. 몇 가지를 들어보면, 먼저 매일 직장에 모여서 일을 할 필요가 없어지면서 굳이 단단한 형태의 근로관계를 맺을 필요가 없다고 생각하는 것이다. 필요에 따라 사람을 고용하고 근로의 결과만을 수취하는 느슨한 형태의 플랫폼 근로로 인해 근로자가 사업주에게 주장할 수 있는 권리가 약해지는 것은 물론이며, 근로자의 대체 가능성이 높을수록 고용의 안정성도 현격히 떨어진다.

　이러한 현상은 근로 형태의 변화로 나타나고 있다. '긱(GIG) 경제'가 바로 그것이다. 1920년대 미국의 재즈클럽에서 단기 또는 임시 연주자를 '긱'이라고 부른 것에 기인한다. 근로자는 자신의 근무 시간을 선택하고 복수의 고용주 아래 있지만 자신의 의지에 따라 일자리를 바꿀 수 있다. 근로자 입장에서는 자유로울 수 있다는 장점이 있지만 사실 전문적 영역이 아닌 경우에는 이러한 긱 근로를 통해 얻을 수 있는 급여가 제한적이라는 점, 비정규직화가 가속화되고 사회보장제도에서 소외된 근로자가 양산된다는 문제가 있다.

　소비자들이 직접 매장에 나가 상품을 구매하는 일이 점점 줄어들면서 이커머스e-Commerce(전자 상거래) 인프라를 구축한 플랫폼을 중심으로 오프라인 시장을 잠식하고 있다. 시장에서 기업과 물류 공급망 플랫폼이 결합할 경우 그 효과는 더욱 크게 나타날 것이다. 풀필먼트Fulfillment 서비스는 물류업체가 판매자 물건의 보관, 포장 및 배송까지 모두 맡아 한다. 이러한 서비스가 생필품까지 확대될 경우 전통 시장을 중심으로 한 소상공인에게 주는 타격은 매우 크다. 과거 대형 마트의 의무적 휴일을 둘러싸고 전통 시장 측과 공방을 벌였던 소송 사건에서 대형 마트 측이 주장했던, 온라인 쇼핑이 전통 시장의 수요 감소에 영향을 미친다는 주장이 현실화되었다는 점이다. 당시 소송이 진행될 때는 그다지 설득력 있는 주장이 될 수 없었지만, 지금은 유통 구조에서 전자 상거래는 매우 중요한 요소가 되었다. 소비자 편익 측면에서는 온라인을 통한 쇼핑이 가지고 있는 장점을 부인하기는 어렵다. 더구나 빅데이터를 이용한 소비자 맞춤형 서비스를 제공한다는 점에서 그 간극은 더욱 커질 수밖에 없다. 예를 들어 산에 대한 정보 검색 횟수가 늘었다면 그 사람이 컴퓨터를 켤 때 등산화나 등산복 제품 정보를 먼저 보여주는 것이다. 따라서 전통 시장의 온라인화뿐만 아니라 전통 시장과 플랫폼의 결합이라는 상호 협업할 수 있는 새로운 대안의 모색이 필요하다. 이러한 현상은 유통뿐만 아니라 모든 분야에서 일어나고 있는 것으로 '외부 변화의 내부 기회화'라는 신조어가 만들어지기도 하였다.

코로나19로 인해 사람들의 이동이 현저히 줄어들면서 대기 오염은 줄었으나, 전 세계적으로 일회용품의 사용이 급격히 증가했다. 타인의 손을 거쳤던 것을 다른 사람이 사용함으로써 발생할 수 있는 위험을 방지하기 위한 것이지만 환경적 측면으로 본다면 매우 부정적인 상황이다. 재활용품으로 플라스틱 폐기물을 수입하는 국가가 점점 줄어들고 있는 반면, 플라스틱을 원료로 하는 열병합발전소가 미세 먼지 발생의 요인 중 하나로 지목되면서 쌓여가는 플라스틱을 어떻게 처리할것인지도 난망하다.

원격의료도 넘어야 할 산이 많다. 코로나19 이전까지는 원격의료에 부정적인 견해가 많았지만, 지금은 언택트가 자연스러운 현상이다 보니 원격의료의 필요성을 인정하는 견해가 점점 늘어가고 있다. 앞서 언급한 개인 정보 보호 이슈 이외에도, 원격의료는 시스템 구축비용이 소요되는데 소형 병원은 이러한 시설을 갖추기 어려운 반면, 대형 병원 중심의 원격의료망은 매우 강력하다는 점에서 의료 시장의 양극화를 초래할 수도 있다. 과잉 진료의 가능성과 원격의료에 부수되는 의약품 공급망의 확보도 문제로 지적되지만, 과잉 진료의 경우에는 그간의 경험을 기준화하여 가려낼 수 있으며, 의약품의 공급은 법 개정을 통해 약국 이외에서도 의약품을 공급할 수 있도록 지역 거점 공급 시설을 허용하는 것으로 해결할 수 있어 큰 문제는 아니다.

종교의 사회적 책임에 대한 요구와 탈종교화도 이어질 수 있다. 신천지[105] 및 BTJ 열방센터를 통한 대규모 집단 감염과 함께, 감염 우려도 불구하고 강행되었던 일부 교회의 현장 예배는 사회 공동체와 공감하지 못하고 유리된 종교의 모습을 보였기 때문이다.

국제적으로는 각자도생이 강화될 것이다. 《월스트리트저널

(WSJ)》은 "자유 질서가 가고 과거 '성곽의 시대walled city'가 다시 도래할 수 있다"[106]고 이야기한다. 국경을 넘는 위험의 존재를 알았고, 산업 측면에서 글로벌 공급 사슬의 비정상적인 작동이 얼마나 자국의 경제에 위협이 되는지를 경험했기 때문이다. 특히 생산 기지의 해외 진출에서 핵심 공급 라인의 본국 회귀 현상도 나타날 것이다. 여기에 WHO(세계보건기구)와 같은 국제 협력 기구들이 독자적인 의사결정보다 강대국의 눈치를 보고, 뒷북 대응한 점은 다자간 외교 협력 체제에 대한 실망과 의문을 제기하고 있다.

'폭풍은 지나갈 것이고 인류는 살아남겠지만, 우리는 다른 세상에 살 것이다(the storm will pass, humankind will survive, most of us will still be alive — but we will inhabit a different world).'[107] 이스라엘 역사학자 유발 하라리Yuval Noah Harari의 말이다. 법도 다른 세상을 준비해야 함은 물론이다.

감염병 시대의 법

감염병과의 싸움은 긴 역사를 거슬러 올라간다. 수렵과 채취의 시절에도 동물로부터 옮아온 감염병들이 있었지만 그렇게 심각한 일은 아니었다. 사람들은 모여 살지 않았으며, 병이 발생했다면 이를 피해 얼마든지 이동이 가능했기 때문이다. 농경 사회에 접어들면서 한 장소에 많은 사람들이 함께 모여 살기 시작했고 한 사람이 감염되면 다른 사람들에게 빠르게 전파되었다. 이때에는 생산 수단이 한곳에 정착화되어 있었기에 이동도 쉽지 않아 집단 감염을 피하기 어려웠다.

대유행했던 감염병의 기록은 펠로폰네소스Peloponnesos 전쟁 때 기원전 430년 아테네에서 발견된다.[108] 14세기에는 흑사병으로 유럽 인구의 최고 60%가 사망한 것으로 알려지고 있다. 이때 많은 감염자가 나타난 것은 전쟁과 무역에 기인한다. 전투를 위해 대규모 병력이 이동하여 주둔했고, 때때로 전쟁의 공격 무기로 감염자를 적진에 던져놓기도 했으며, 영화 〈적벽대전赤壁大戰〉(2008)에서도 보이듯이 죽은 시신을 강에 띄워 적진으로 보내기도 했다. 16세기 초 신대륙을 발견한 스페인 정복자들이 아즈텍 제국을 공격할 때도 전투에서 죽은 아즈텍인들보다 스페인군을 통해 전해진 천연두, 홍역 등으로 훨씬 많은 사망자가 발생했다. 한편, 전쟁은 항상 상업적 거래를 동반한다. 전쟁이 끝난 후에는 새로운 길이 개척되어 무역과 이동이 활성화되곤 하였다. 이 길을 따라 감염병은 다른 곳으로 확산되었다. 의학 지식이 부족했던 시절이라 사망자가 많이 나타나는 것은 피할 수 없는 일이었다. 이때만 해도 환자를 격리하는 것이 최선의 대응책이었으며, 법은 격리를 위한 강제력의 형태로 나타난다.

중세 시대 '검역법'의 기록이 이탈리아 베네치아Venezia에서 발견된다. 베네치아의 '검역법'은 선박의 입항 전 40일의 대기 기간을 두어 화물과 승무원을 검역하도록 했다. 일종의 자가 격리 기간이다. 투여된 자금을 빨리 회수해서 다음 배를 띄워야 하는 상인들에게 40일의 기간은 커다란 경제적 손실이었다. 선박의 승무원들에게도 격리는 답답하기 마련이었다. 그럼에도 국가의 입장에서 감염병의 확산은 사회불안과 정권의 유지에 해를 입히는 무서운 존재였기에 강제 격리는 강력하게 시행되었다.

우리나라에서는 '무오년 역병'으로 불렸던 1918년 스페인독감은 전 세계적으로 최소 2000만 명, 최대 5000만 명(추정)의 희생자를 냈다. 유명한 오스트리아 화가 클림트Gustav Klimt와 독일 사회학자 베버Max Weber도 그 희생자들이다.[109] 스페인독감의 발원지로는 프랑스 에타플레Étaples에 있는 영국군 주둔지 또는 미국 캔자스Kansas에 있는 포트 라일리Riley라는 설이 있는가 하면, 원래는 중국 북부 지방이 발원지인데 프랑스와 영국 정부가 전쟁 노무자로 활용하기 위해 고용한 중국인 노동자들에 의해 서유럽으로 건너오게 되었다는 설도 있다.[110] 감염병이 발생하면 이와 관련된 나라들은 모두 감염병의 시작점이라는 것을 부인한다. 국가에 대한 낮은 평판도 있지만, 감염병의 발생 사실을 숨기고 병을 확산시킨 경우 자칫 배상 책임을 져야 할 수도 있기 때문이다. 스페인독감이 확산한 배경에는 독특한 이유가 있었다. 스페인독감이 창궐했을 때는 제1차 세계대전 중이었고, 각국은 전쟁 중 자신의 군대에 약점이 있다는 사실이 새어나가지 않도록 철저하게 정보를 통제하였다. 그런데 스페인만 독감이 돌고 있다는 사실을 제대로 알렸다. 당시 스페인은 중립국이었고 적국이 없었던 탓으로 굳이 발병 사실을 숨길 필요가 없었을 뿐더러 국왕 알폰소Alfonso 13세마저 병에 걸렸기 때문이다. 전쟁이 끝난 후 수많은 사망자를 낸 스페인독감의 교훈은 각국으로 하여금 예방 접종과 발병 보고 의무를 비롯하여 국가 보건 체계와 이를 뒷받침할 법령 정비에 관심을 기울이게 했다.

1901년 미국에서 천연두가 창궐했고, 보건 당국은 백신 강제 접종을 실시한다. 이에 신체의 자기결정권을 둘러싸고 위헌 논쟁이 펼쳐졌다. 연방대법원은 사회계약설에 입각하여 국가는 공중 보건과 안전을 지키기 위해 경찰권을 행사할 수 있다고 보았다. 그러나 20세기를 거치면서 감염병에 대한 국가의 대응은 건강한 삶을 살 권리가 있는 국민의 기본권 보장을 위한 시각으로 변화하기 시작한다. 2005년에는 감염자들의 인권 보호를 위한 조항이 WHO의 '국제 보건 규칙International Health Regulation'에 포함되었다. 인권 조항이 포함된 배경에는 1980년대 후반부터 나오기 시작한 AIDS 환자에 대한 사회적 천대와 인권 유린이 시작이었으며, 이후 감염자들을 적대시하는 사회적 인식이 퍼지면서 이들의 인권 보호가 절실히 필요했기 때문이다. 외국인에 대한 거부감도 감염병이 남긴 후유증 중 하나이다. 실제로 1918년 스페인 독감으로 큰 피해를 입은 미국은 1921년 외국인의 이민을 규제하기 위한 일종의 이민법인 〈긴급 쿼터법(Emergency Quota Act of 1921)〉을 제정하였으며, 1922년 이민자 수(30만 9천 명)는 1913년(119만 7천 명)에 비해 1/4수준에 그친다.[111]

매번 나오는 질문이다. '법은 언제 바뀌는가'이다. 특정 분야에 대한 입법자의 법 개선 의지가 갑자기 발현되는 것은 아니기 때문이다. 역사적으로 늘 사고가 난 후 새로운 법과 제도가 만들어졌다. 21세기에 들어서도 큰 차이가 없었다. 2002년 사스(SARS, 중증급성호흡기증후군)[112]가 터지고 2004년 국립보건원이 질병관리본부로 확대 개편되었으며, 2009년 〈전염병예방법〉이 〈감염병예방법〉으로 바뀌고 법령이 정비된다. 2012년 메르스[113]가 터진 후 법령에 역학조사관 증원 및 권한 강화, 감염된 병원의 공개 등이 규정되었다. 인프라 측면에서는 음압 병동의 확보도 메르스 대응의 성과 중 하나다. 또 다른 예로 가습기 살균제 사건이 발생하고 난 후, 〈제조물책임법〉 개정으로 2018년 결함 및 손해 추정과 소비자 피해 발생시 3배까지 배상을 할 수 있도록 하는 조항이 시행되었으며, 2019년에는 모든 살생물 물질·살생물 제품·살생물 처리 제품에 대해서 생활화학제품의 위해성 평가, 승인, 살생물처리제품의 기준 등에 관한 사항을 규정한 〈살생물제관리법〉이 처음으로 시행되었다.

코로나19의 대응 과정에서 여전히 법 개정의 필요성이 제기되었다. 자가 격리자가 제대로 자가 격리 기준을 준수하도록 강제할 수 있는 근거의 마련, 지방자치단체 차원의 감염병 대응 권한의 강화, 학교는 휴업을 명령하더라도 학원 및 체육 시설에 대한 휴업을 강제할 수 없다는 점도 문제가 되어 이들에 대한 휴업 명령의 근거 마련이 요구되었다. 〈집회 및 시위에 관한 법률〉에는 감염병의 창궐 시기에 대규모 집회를 금지시킬 수 있는 명확한 법적 근거가 없었다. 따라서 〈감염병예방법〉 제49조에 지방자치단체장이 대규모 집회를 금지시킬 수 있는 근거를 두었다.

감염병 예방에 필요한 것들이 이렇게 많은 데 미리미리 법을 안 바꾼 이유는 뭘까. 감염병이 매번 나타나는 것도 아닌데 미리 깐깐하게 법을 바꾸면 반대의 목소리가 높아질 수밖에 없다. 그런데 큰 사고가 발생하고 나면 반대의 목소리는 몸을 낮추게 되고 문제의 개선을 요구하는 목소리가 힘을 얻게 되면서 법이 개정되는 것이다. (때때로 편안한 시기가 되면 이러한 법들은 다시 과도한 규제라고 공격받고 완화된 형태로 개정되기도 한다.) 새로운 부가가치를 창출하거나 이익을 주고받는 일 또는 소송을 통해 권리를 찾는 일도 아니다 보니 법률가들이 특별하게 관심을 갖는 분야도 아니다. 그래서 잊고 지내다가 다시 감염병이 나타나면 법과 제도의 흠결을 아쉬워하는 패턴이 반복되는 것이다. 법 연구 영역에서 도그마 중심의 학술 연구가 주류로 자리 잡고, 정작 중요한 도그마를 현실에 결합하여 검토하는 일은 경시되고 있는 현실도 이에 일조했다.

법이 신경 써야 하는 것 중에 또 하나가 자가 격리와 환자가 다녀갔던 병원에 대한 '보상 지원'이다. 자가 격리 기간에 소득이 없어진다면 사람들은 자가 격리를 지키지 않고 어떻게 해서든지 일을 하러 나가려 할 것이기 때문이다. 병원의 진료 과정에서 감염병 환자를 발견하고 신고를 하여 병원이 폐쇄되었는데 보상을 해주지 않는다면 확진 환자가 발생해도 병원은 이를 숨기려고 할 것이다. 〈감염병예방법〉 시행령은 이러한 보상에 대해서 정하고 있는데, 제70조는 감염병 관리 기관의 지정 또는 격리소 등의 설치·운영으로 발생한 손실, 감염 환자 등을 진료한 의료 기관의 손실, 의료 기관 폐쇄나 업무 정지로 발생한 손실, 환자가 발생·경유하거나 이 사실을 시장 등이 공개해 발생한 요양 기관의 손실에 준하여 보상한다고 정하고 있다. 물론 항상 의료 기관만 해당하는 것은 아니고 국가의 지시에 따라 감염 확산을 막기 위해 폐쇄한 건물 내에 위치한 약국과 상점도 보상을 받은 적이 있다. 중요한 것은 정부가 폐쇄 명령을 내렸을 때만 보상의 대상이 된다는 것이다.

21세기를 '감염병의 시대'라고 한다. 아시아에서 시작된 것으로 알려진 (흑사병의 기원지에 대해서는 논란이 분분하다) 흑사병이 이탈리아 시칠리아를 거쳐 유럽 대륙에 도달할 때까지 10여 년의 시간이 걸렸다. 오늘날에는 어느 한 국가에서 발생한 감염병이 우리의 삶에 도달하는 데는 불과 수일이 걸릴 뿐이다. 여기에 더해 도시화로 인해 밀집된 환경은 전염병이 확산되기에 더욱 좋은 조건을 제공해주고 있다. 고대 문명의 발상지가 건조 기후대인 서남아시아의 메소포타미아Mesopotamia에서 먼저 형성된 것은 도시화가 이루어져도 감염병이 발생하거나 확산되기 좋은 환경이 아니었기 때문이다. 하지만 오늘날은 기후와 상관없이 교통과 자본이 모인다면 어디에서든지 도시화가 가능하다.

감염의 확산은 두려움이며, 두려움 속에서는 선한 윤리를 기대하기 어렵다. 자가 격리가 제대로 이루어지지 않은 것은 하나의 예다. 메르스 때 자가 격리자는 지방으로 골프를 치러 갔으며, 코로나19 때 자가 격리자는 고속버스를 타고 다른 지역을 방문하는 등 매번 문제가 발생하고 있다. 사람을 움직이는 것은 법이다. 병이 발생하기 전에 법을 먼저 챙겨봐야 하는 이유이며, 우리가 기대하는 시민 의식도 잘 정비된 법과 제도 위에서 성장할 수 있다.

감염병과 관련하여 여전히 두려움이 남는 것이 있다. 영화 〈컨테이젼〉이나 우리 영화 〈감기〉(2013)에서처럼 치사율이 높은 감염병이 출연했을 때 국가는 어떻게 대응할 수 있을까 하는 것이다. 코로나19는 치사율이 높지 않지만 전염성이 매우 강했다. 메르스는 치사율이 높지만 전염성이 높지 않았다. 그런데 최악의 경우 치사율이 높으면서도 전염성이 강한 감염병이 나타났을 때 현재와 같은 국가 방역 체제가 잘 운영될 수 있는가이다. 매번의 감염병이 경험의 기록으로 남아 대응을 강구하겠지만, 최악의 상황을 그려보는 것도 여전히 법이 준비해야 할 사항이다.

코로나19에 대응하는 다양한 종류의 백신 개발에 성공했다. 그런데 백신의 접종에 대해서 의견이 갈린다. 한편에서는 백신을 맞아 가급적 빨리 기존의 정상적인 사회생활을 하고 싶다는 쪽이고, 다른 한편에서는 백신이 건강상 위험을 가져오지나 않을까 하는 걱정을 한다. 백신을 강제로 접종하도록 할 수도 없다. 신체의 자유는 어떠한 경우에도 불가침의 영역이기 때문이다. 때때로 백신에 의한 사고가 발생하기도 하고, 때때로 심각한 장애를 가져오기도 한다. 이때 문제되는 것이 국가의 보상이다. 이러한 보상은 예방 접종이 필요하지만 부작용이라는 사회적으로 특별한 의미를 가지는 손해에 대해 상호부조, 공평한 손해 분담, 사회보장적 이념 하에서 〈감염병예방법〉에 의해 인정된 제도다.[114]

예방접종과 장애 사이에 인과관계가 인정되면 보상을 해주는데 그 인과관계의 입증이 쉽지 않다. 사람이 살다 보면 여러 가지의 외부 유해 환경에 노출될 수 있어 무엇이 장애를 발생시킨 원인인지 정확히 알 수 없는 경우도 있기 때문이다. 또한 백신 보급 관계자들은 가급적 인과관계를 부인하려 할 것이다. 대법원은 예방접종과 장애 사이의 인과관계를 의학적·자연과학적으로 엄격히 입증할 필요는 없으며, 예방접종과 장애 사이에 시간이 오래 경과되지 않았고, 장애가 예방접종으로 발생했다는 추론이 가능한 정도이고 다른 원인에 의한 것은 아니라는 정도로 입증하면 된다는 입장이다. 피해자가 입증해야 할 부담을 일부 완화시킨 것이다.[115] 보상을 해준다고 백신에 대한 공포를 가진 사람들이 백신을 맞지는 않겠지만, 적어도 보다 많은 사람들이 백신을 맞도록 유도할 수는 있다.

우리나라의 코로나19 대응은 성공적으로 평가된다. 그러나 여전히 법 개정을 통해 보완해야 할 사항들이 있다. 우리는 큰 피해를 발생시킨 사건을 겪고 나면 임진왜란 이후 유성룡柳成龍이 남긴 반성의 기록인 《징비록懲毖錄》을 써야 한다고 목소리를 높인다. 정부 역시 실수의 기록을 다시는 반복하지 않겠다고 다짐한다. 그런데 안타깝게도 《징비록》은 실제로 후에 거의 읽혀지지 않았다고 한다. 결국 이후 조선은 병자호란을 다시 맞았다. 우리는 큰 위기가 지난 후에도 잊지 말고 반성을 기록으로 남기고 법을 바꾸고 현장에서 집행될 수 있도록 해야 한다. 그래야 다음 감염병과의 싸움에서도 승리할 수 있다.

위기는
자유를
억압하는가?

위기와 자유와의
균형

코로나19 방역의 일환으로 시민들의 이동을 제한하고 감염 확진자의 동선을 확인하기 위해 스마트폰 GPS, 카드 사용 정보 등을 활용하는 일이 발생하면서 '감시 권위주의'라는 반발이 나왔다. 특히 자유 의식이 강하고 국가의 개입에 대한 반감이 강한 유럽 국가들에서 그러한 주장이 강하게 제기되었다.

유럽 국가들의 입장에서 사람들의 외출을 제한하고 봉쇄한 것은 사실 매우 드문 일이었다. 개인의 동선 공개와 관련하여서도 프랑스의 한 변호사가 우리나라를 '감시 국가'라고 비난한 일이 있었으며, 국내에서도 심심치 않게 개인의 자유와의 충돌에 대한 문제가 제기되기도 하였다. 본질은 개인의 자유와 공공의 이익 중 어느 것을 더 우선할 것인가의 문제이다. 유럽 국가들이 우리를 비난한 배경에는 코로나19와의 싸움에서 무너진 자존감과 상처를 가리려는 이유가 있다는 평가도 있었지만, 이를 통해 우리도 프라이버시의 보장과 그 한계에 대해서 다시 한 번 생각해보는 계기가 된 것은 분명하다.

코로나19 초기 유럽 국가들이 이동제한령을 내렸을 때 이들 국가에서는 그동안 경험해보지 못했던 행동의 자유에 대한 제약으로 큰 혼란을 겪었다. 사람들의 혼란을 막기 위해 독일에서 자유권을 주장하는 단체가 몇 가지의 질문과 답을 인터넷에 실었다.[116]

"팬데믹 기간 동안 우리의 기본권에 무슨 일이 생기고 있나요? 다른 사람들을 못 만나게 하고 밖으로 나가지 못하게 하는 것이 정말 적법한가요? 통신사업자들이 휴대전화 기록을 로버트 코흐 연구소(독일의 질병관리청)에게 주도록 허락해야 하나요? 국가는 팬데믹으로 인해 실질적으로 수입이 없어진 자영업자를 도와주어야 하나요? 국가는 코로나19 시국에 어떠한 의무를 가져야 하나요?"

"국가는 예외적인 상황에서 〈전염병방지법(IfSG)〉에 근거를 두고 위험의 강도에 비례하여 집회와 이동의 자유를 제한할 수 있어요. 하지만 기본권은 가능한 가장 최소한의 정도에서 제한되어야 해요. 물론 이러한 처분에 대해서는 법적으로 다툴 수 있어요. 만약 행정기관이 재량권을 가지고 있다면 그 재량권이 잘못된 것이 아닌지도 다툴 수 있어요. 이러한 처분의 근거 규정이 잘못되었다고 생각한다면 해당 근거 규정이 옳은지를 법원에서 다툴 수 있어요. 통신사업자들이 개인의 이동 정보를 전염병 대응 당국에 주었다면, 가장 중요한 것은 해당 데이터가 데이터를 준 목적에 국한하여 사용하도록 하는 것이에요. 개인 데이터를 주는 것은 현실적으로나 법적인 측면에서 사실 복잡한 문제이며, 법적 불확실성을 야기하고 있어요. 이런 문제가 없으려면 입법자(의회)가 개인의 이동 정보가 꼭 필요한지 그리고 주변 방역에 도움이 되는지를 고려하여 비례의 원칙에 맞게 법적 기반을 마련하는 것이 가장 좋아요."

개인의 자유와 공공의 이익이 충돌할 때 대체로 공공의 이익이 크게 나타난다. 하지만 공공의 이익이 10만큼 클 때, 개인의 희생되는 이익이 20만큼이라고 한다면 공공의 이익을 선택하기는 어렵다. 결국 양자를 놓고 저울질을 해야 한다. 법을 현실의 사안에 적용하는 일은 저울을 다는 일과 비슷하다. 두 개의 접시 위에 올려놓은 가치 또는 이익을 저울질해서 어떤 것은 균형을 선택하기도 하고 어떤 것은 다수의 이익을 선택하기도 한다. 코로나19 방역의 경우 비교의 대상은 '개인의 프라이버시'와 '다수의 생명 및 신체의 안전'이다. 현실적으로 특별한 경우가 아닌 한 다수의 생명 및 신체의 안전이 보다 중요하게 여겨진다. 그래서 감염자 동선의 확보를 위한 데이터 추적이 가능한 것이다.

왜 유럽 국가들은 IT 정보를 활용한 추적을 하지 않았을까? 유럽 국가들은 개별적 추적 시스템을 선택하기보다는 다수 인원의 이동 제한을 선택했다. 5인 이상의 집회를 금지하고 위반 시

2000유로가 넘는 큰 벌금을 매기기도 했다. 유럽의 경우 개인의 동선을 추적한다는 것 자체가 쉽게 사회적으로 쉽게 받아들여지기 어려웠던 상황이었고, 폭발적인 확진자 증가에 비해 검사 인프라 등도 확보되지 않은 상태라 대규모 격리를 선택한 것으로 보인다. 권리적 측면에서 보면 우리보다 훨씬 더 침해적 상황이었다.

하지만 우리도 개인의 동선 추적을 마냥 편안한 마음으로 받아들였던 것은 아니다. 불가피한 상황이었으리라고 생각하지만, 이태원 클럽에서 코로나19가 재확산되고 클럽에 간 사람들의 검사 과정에서 나타난 기지국 정보의 활용에 대해서는 많은 사람들이 놀랐다. 기지국 정보를 통해 특정 포인트 반경 50~200미터 안에 있었던 사람들을 찾아낼 수 있다는 것을 알고 오싹해지는 느낌을 피할 수 없었다.

21세기의 빅브라더를 평시에 실현하기에는 저항이 있지만 위기 상황에서는 쉽게 작동할 수 있으며, 민주주의 실현은 감시체계의 평시로의 전환이 주요한 요소가 될 수밖에 없다.

영국의 공리주의자인 제러미 밴담Jeremy Bentham은 1791년 죄수들을 감시하기 용이한 원형 모양의 교도소 건축 양식을 제안한 바 있다. '판옵티콘Panopticon'이라는 것이다. 그리스어로 '모두'를 의미하는 'pan'과 '본다'는 뜻의 'opticon'의 합성어다. 교도소의 중심부에 감시탑을 세우고 죄수들을 외곽에 배치하여 감시하는데, 감시탑은 어두워서 감시자의 존재 여부 자체가 드러나지 않는 구조다.[117] 우리가 두려워하는 것은 IT를 통해 드러나지 않는 감시자가 우리의 삶을 일거수일투족 감시하는 것이다.

　두려움에는 이유가 있다. 위기 상황이 얼마든지 다시 도래할 수 있기 때문이다. 그러다 보니 국가의 개입이 본질적인 개인의 자유를 침해하지 않은 범위가 무엇인지를 찾아내는 것이 핵심 관건이 될 수밖에 없다. 결국 IT 인프라를 통해 개인의 삶을 들여다보겠지만 그 범위를 목적에 맞게 최소화하고 기간 역시도 위기의 대응에 필요로 하는 수준으로 한다면 여전히 방역을 포함한 위기 대응에 IT 인프라를 효과적으로 활용할 수 있을 것이다. 여기에 반드시 필요한 두 가지가 있다.

　첫째, 법에 감시 시스템의 발동 요건과 내용 및 한계 그리고 감시 시스템의 중지와 평상시로의 회복 요건을 명확하게 규정하는 것이다. 감염병, 재난 등 긴급한 상황이 발생하였고 다른 방법으로 이를 대응하는 것이 어려운 경우에 감시 시스템의 활용이 가능할 것이다. 해당 위험이 사라졌을 때, 방역 대응 상황이 사라졌을 때 곧바로 평상시로 복귀하는 것을 명문화하여 규정할 필요가 있다. 한 가지 의문이 들것이다. 국가가 비상 상황을 계속 연장해서 감시체제를 상시화하면 어떻게 하냐는 것이다. 사실 이 부분은 그 나라의 민주주의 수준이 결정한다. 우리와 같이 민주주의를 쟁취하고 지켜온 나라라면 크게 걱정을 하지 않아도 된다.

　둘째, 감시 시스템의 운영에 민간이 참여할 수 있도록 해야 한다. 정부와 민간으로 구성된 위원회에서 감시 시스템의 남용 가능성을 모니터링하고 개선을 요구하는 것이다. 해당 위원회의 회의록을 공개함으로써 운영과 의사결정의 투명성을 확보하도록 한다. 그리고 위기 상황이 종료가 되면 백서를 만들어서 그 운영을 돌이켜볼 수 있도록 해야 한다. 국회에 대한 석명의무를 부담함은 물론이다.

기술과
자유

코로나19 방역 대응 과정에서 1등 공신은 발달된 기술 인프라였다. 통신 데이터를 이용해 해당 시간대에 있었던 사람들을 찾아내거나, QR 코드로 방문 기록을 남기거나, 앱을 통해 확진자의 동선을 피하도록 했다. 앞서 보았듯이 이러한 기술의 이용은 과거와 달리 개인의 다양한 삶을 들여다볼 수 있게 하였다.

안전을 위한 감시 기술은 필연적으로 누군가의 프라이버시를 침해할 수밖에 없다. CCTV가 도입되었을 때 논란이 있었다. CCTV를 통해 개인의 삶이 노출된다는 우려 때문이었다. 반대로 긍정적인 면도 있다. 누군가가 위험에 빠진 상황에서 생명을 구할 수 있거나 또는 범죄 현장에 있던 범인의 모습을 담은 자료가 결정적 증거로 활용될 수 있기 때문이다. CCTV를 통해 얻을 수 있는 이익과 잃을 수 있는 이익을 비교하여 활용 여부를 결정하는 수밖에 없다. 교통 CCTV 그리고 길거리 CCTV 모두 이러한 이익 형량의 산물이다.

논란이 계속되고 있는 CCTV도 있다. 수술실 CCTV이다. 찬성하는 입장에서는 환자의 인권 보호와 의료사고 시 채증을 주된 목적으로 하고 의료인도 보호할 수 있다고 주장한다. 반대하는 입장에서는 누군가가 나를 지켜보고 있다는 것은 인권 침해라고 반박한다. 역시 찬성이나 반대나 모두 달성할 수 있는 이익이 있지만 어떤 이익이 큰 것인지 정확히 알 수 없는 상황이어서 어느 한편으로 결정할 수 없는 실정이다. 그러다 보니 그 대안으로 나온 것이 수술실 블랙박스OR black box이다. 캐나다 토론토에 있는 성미카엘 병원St. Michalel's hospital에서 처음으로 사용한 것으로 알려진 것으로 CCTV처럼 감시하는 느낌은 없으면서 수술 중 의료진 간 대화, 수술기구의 움직임, 환자의 신체 상태를 기록하는 장치이다.

어떻게 보면 우리가 알고 있는 CCTV는 매우 고전적인 기술이다. 이제는 CCTV에 비친 사람의 골격을 측정하여 신원을 파악하는 기술도 나와 있다. 그런데 안면 인식 기술이 완벽한 것이 아니라서 죄 없는 사람을 범인으로 특정할 수 있다는 우려가 여전하다. 미국 샌프란시스코시는 아예 '보안 감시 금지에 관한 조례Stop Secret Surveilance Ordinance'를 제정하여 안면 인식 기술의 활용을 원칙적으로 금지했다.

드론이 활용되기도 한다. 미국 뉴욕시는 경찰용 드론을 활용하는 것을 발표했다가 시민 단체의 반발에 부딪혔다. 뉴욕시는 드론 사용이 가능한 경우와 그렇지 않은 경우를 나누어 매뉴얼화 하였다. 효율적 치안과 인권침해의 우려 사이에서 적당한 합의점을

드론 허용 상황	드론 불허 상황
· 수색 구조 · 사고 및 범죄 현장 기록 · 광범위하고 접근 불가능한 지역에서의 채증 활동 · 위험물 사고 · 대규모 행사 시 교통 및 보행자 모니터링 · 인질극 대응 지원 · 경찰국장으로부터 승인을 받은 비상 상황	· 정기 순찰 · 교통 단속 · 범인 및 범죄 차량 이동 방해 · 무기로 사용하거나 무기 탑재 · 영장 없는 수색

출처: NYPD, "NYPD Unveils New Unmanned Aircraft System Program", 2018. 12. 4.

선택한 것이다.

하지만 여전히 경찰국장으로부터 승인받은 비상 상황이 무엇인가가 쟁점이 되고 있다. 비상 상황이라는 불확정 개념이 자의적으로 해석될 여지가 있다는 우려 때문이다. 안면 인식, 드론 등 특정한 기술이 활용되면 치안과 범인 검거에 엄청난 효과가 있을 것임은 분명하다. 하지만 제도의 도입은 어느 한편의 효율성이 극대화되는 지점에서 추진되는 것은 아니다. 효율은 높아지더라도 제도를 둘러싼 이해관계인의 이익이 침해될 가능성이 높기 때문이다. 따라서 효율의 중간점 어디에선가 결정된다고 보는 것이 맞다. 그리고 그 중간에서 다시 보다 나은 효과와 효율을 구하는 방향으로 끊임없이 움직이게 된다.

침묵의
카르텔

멋진 도시 남녀의 아침이 시작된다. 커피 한 잔을 손에 들고 거대한 빌딩 숲을 걸어가는 모습은 뭔가 역동적이면서 세련되어 보인다. 그런데 커피를 먹고 버린 그 컵은 분해되기까지 100년이 걸린다. 그날이 너무 빨리 와버렸다. 하루에도 수 개의 비닐과 플라스틱 컵을 버리면서 언젠가는 이렇게 버리지 못할 것이라고 막연한 걱정은 했지만, 먼 미래의 일이라 생각했다. 1907년 미국인 리오 베이클랜드Leo Baekeland가 인공 합성플라스틱을 선보인 이후 비닐과 플라스틱류의 활용은 폭발적으로 늘어났다.[118] 일상의 모든 곳에서 플라스틱을 사용하고 버리면서도 그 처리에 대해서는 그다지 걱정하지 않았다. 낙관적으로 새로운 기술이 나와 문제를 말끔하게 처리해줄 것으로 생각했기 때문이다. 전문가들도 곧 환경 기술이 말끔히 모든 문제를 해결해줄 것처럼 이야기했다. 그러나 시간이 지나도 그런 기술은 나오지 않았다.

중국 생태환경부는 2018년 말부터 폐차·폐비닐·폐페트병 등 16종의 물질을, 2019년 말부터는 목재·철강 폐기물 등의 수입을 금지했다. 중국이 환경에 관심을 갖기 시작한 것이다. 사람들은 중국이 그간 우리의 재활용 쓰레기를 상당 부분 소비하고 있었는지 몰랐다. 중국의 산업이 더 이상 재활용 쓰레기를 재료로 하는 산업에서 최첨단 산업으로 그렇게 빨리 이동할 줄 미처 예상하지 못했다. 한때 사람들은 우리나라에서 나오는 폐기물은 중국으로 보내면 된다고 생각했다. 과거 경제개발 시대에 일본의 폐기물이 우리나라에 재활용품으로 들어왔던 것과 비슷한 사고였다.

미국과 EU, 일본도 고민이 크다. 중국이 전 세계 재활용 폐기물의 50%를 소화해왔기 때문이다. 비단 중국뿐만이 아니다 유럽과 북미의 재활용품을 주로 수입해온 말레이시아, 베트남, 필리핀 등의 동남아 국가들도 이제는 엄격한 심사를 통해 정말로 재활용이 되는 것만을 수입하도록 하고 있다. 2019년 4월, 필리핀의 두테르테Rodrigo Duterte 대통령은 연설 도중 필리핀에 폐기물을 수출하던 캐나다를 향해 '필리핀은 당신의 쓰레기 처리장이 아니고, 우리 국민도 쓰레기 더미를 뒤지는 사람이 아니다'[119]라고 일갈했다.

〈폐기물관리법〉 제2조 제1호에 따르면 "폐기물은 쓰레기, 연소재燃燒滓, 오니汚泥, 폐유廢油, 폐산廢酸, 폐알칼리 및 동물의 사체死體 등으로서 사람의 생활이나 사업 활동에 필요하지 아니하게 된 물질"을 말한다. 따라서 재활용품이 아닌 폐기물은 그냥 폐기물일 뿐이다. 쓰레기와 재활용품의 구분이 때때로 애매모호할 때도 있지만 판례의 원칙적 입장은 일반적 상식으로 보아 재활용품으로 인정될만한 정도라면 이를 쓰레기가 아닌 재활용품으로 본다.

"그 물질을 공급받은 자가 이를 파쇄, 선별, 풍화, 혼합 및 숙성의 방법으로 가공한 후 완제품을 생산하는 경우에 있어서는 그 물질을 공급받는 자의 의사, 그 물질의 성상 등에 비추어 아직 완제품에 이르지 않았다고 하더라도 위와 같은 가공 과정을 거쳐 객관적으로 사람의 생활이나 사업 활동에 필요하다고 사회통념상 승인될 정도에 이르렀다면 그 물질은 그때부터는 폐기물로서의 속성을 잃고 완제품 생산을 위한 원료 물질로 바뀌었다고 할 것이어서 그 물질을 가리켜 사업 활동에 필요하지 않게 된 폐기된 물질, 즉 폐기물에 해당한다고 볼 수는 없다고 할 것이다."[120]

전 세계적으로 쓰레기 대란이 발생하자 EU는 2030년까지 폐플라스틱의 55%를 역내에서 처리하는 원칙을 마련했으며, 영국은 2042년까지 플라스틱 폐기물을 줄이는 정책을 발표했다. 사실 플라스틱 폐기물을 처리하는 뾰족한 방법이 있는 것도 아니다. 플라스틱 폐기물 중 재활용되는 것은 19.5%에 그친다.[121] 결국 소비를 줄여 국내에 플라스틱이 남아 있는 총량을 줄이는 수밖에 없다. 그런데 폐기물 값이 싸지자 우리나라 일부 기업들은 재료로 활용하기 위해 오히려 재활용 폐기물 수입을 늘렸다. 수출 길도 막힌 데다 낮아진 폐기물 단가는 국내 폐기물업체의 영업 기반을 흔들었으며, 이는 폐기물이 처리되지 못하고 쌓이는 대란으로 이어졌다.

우리나라의 〈폐기물관리법〉은 다른 환경 관련 법률에 비해 폐기물의 처리 책임을 묻는 엄격한 규정들이 많으며, 이 법 위반은 형사처벌 대상이라는 점에서 잘 준수되어야 하나, 현실에서는 국내에서도 폐기물로 쓰레기 산이 만들어지고 있고, 산업 부문에서의 폐기물 정책 역시 오랜 호흡이 필요한 환경 정책과 조화를 이루고 있다고 보기도 어렵다.

군이 이러한 쓰레기 대란의 원인을 찾지 않더라도 현재 사용하고 있는 인천시 소관의 수도권 매립지는 2025년이면 포화 상태로 더 이상 사용할 수 없게 된다.[122] 결국 새로운 매립지를 찾아나서야 하지만 그만큼 큰 규모의 매립지를 찾기도 어려울 뿐더러 인근 주민들과의 갈등 역시 불을 보듯 뻔하다. 인천 시민들의 주장은 '서울의 쓰레기는 서울에서'다. 원칙적으로 틀린 이야기는 아니다. 서울, 경기의 입장에서는 불만이 터져 나왔다. 하지만 인천의 입장은 단호하다. 좁은 국토에서 언제까지 마음 놓고 쓰레기를 버릴 수 있는 공간이 남아 있을 거라고 생각하기는 어렵다.

이제 쓰레기를 해외에 수출하기 어려워졌다. 결국 매립을 하든 무엇을 하든 국내에서 해결해야 한다. 작은 땅덩이에서 어디에 묻을 것인가. 매립장을 만들면 '우리 지역은 안 돼'라는 반응이 나올 것은 자명하다. 그러면서 우리는 계속 쓰레기를 만들어낸다. 결국 비용을 지불해야 하는 사회가 되어야 한다. 아직까지 우리는 아무런 비용을 지불하지 않았다. 비용을 지불해야 하는 것을 알면서도 외면했다.

이러한 문제의식 속에서 한동안 플라스틱을 비롯한 폐기물의 양을 줄이자는 운동이 펼쳐지기도 했다. 과대 포장을 줄여보자는 목소리도 힘을 얻었다. 2015년 기준으로 주요 국가별 1인당 연간 플라스틱 소비량을 보면 우리나라는 국민 1인당 98.9kg을, 미국이 81.3kg, 서유럽 국가들이 62.2kg, 일본이 54.4kg, 중국이 45.1kg으로 우리나라의 플라스틱 소비량은 압도적이다.[123] 우리가 매일 쓰고 있는 물티슈도 플라스틱이다. 여기에 더해 코로나19가 터지면서 플라스틱 사용은 다시 폭발적으로 증가하였다. 더구나 재활용으로 배출되는 플라스틱 상당 부분에 음식물이 썩은 채로 남아 있는 것들이어서 활용도도 떨어진다.

재활용도를 높이기 위해 깨끗한 배출을 권고하지만 세척은 수자원의 낭비와 수질오염을 야기한다. 근본적인 해결책은 플라스틱의 사용을 줄이는 것이다. 우리는 지금과 같은 플라스틱 사용이 지속 가능하지 않다는 점을 알고 있었다. 시민들은 분리수거만 잘하면 되겠지 하고 위안을 삼았으며, 기업은 이윤 창출에 몰두했고, 정치는 표를 의식했다. 그렇게 우리는 '침묵의 카르텔'의 일원이 되었다. 침묵하지 않는 한 비용을 지불해야 한다는 사실을 잘 알고 있었기 때문이다.

미세 먼지는 해가 갈수록 더욱 심각해지고 있다. 미세 먼지의 원인을 두고 의견이 분분하다. 아직까지도 전 국가적 골칫거리인 미세 먼지의 원인이 무엇인지 논란을 벌이고 있다는 것은 매우 놀라운 일이다. 지금까지는 그 원인을 중국으로 돌리면서 문제 해결에 수동적이었다. 중국이 미세 먼지의 주된 원인인 것은 논란의 여지가 없다. 그러나 중국이 자발적으로 협조하지 않는 한 저감을 강제할 수 없는 것도 현실이다.

중요한 것은 미세 먼지의 원인이 중국에만 있는 것이 아니라는 것이다. 화력발전소와 노후화된 자동차 그리고 오염 방지 시설이 부실한 각종 공장들이 미세 먼지의 원인이라는 보고들이 이어지고 있다. 폐플라스틱 대란과 관련하여 미세 먼지 저감을 위해 이를 주원료로 사용하는 열병합발전소에 대한 규제를 강화시킨 것이 당시 사태의 주범이라는 주장이 있다.

여기에서도 침묵의 카르텔을 찾을 수 있다. 원자력발전소를 줄여가는 정책 기조하에 화력발전소 또한 줄이는 선택을 하게 되면 지금보다 높은 전기요금을 부담해야 한다. 노후화된 자동차의 운행을 제한하거나 도심 진입을 막는다면 불만을 터뜨릴 것이다. 공장의 대기오염 물질 배출 규제를 더욱 강화하면 당장 먹고살기 어렵다는 호소가 이어질 것이다. 표를 의식할 수밖에 없는 정치권의 입장은 적극적인 미세 먼지 방지 법안을 마련하는 데 주저할 수밖에 없다. 국회 차원의 미세 먼지 특위가 구성되었지만 성과가 없는 이유다. 시민들은 매일 미세 먼지의 고통을 호소하고 국회와 정부의 안일함을 비판하지만, 지금보다 높은 비용을 부담할 준비는 되어 있지 않다. 다시 긴 침묵의 시간이 이어진다.

사람의 움직임은 필연적으로 환경을 침해한다. 코로나19 사태 당시 사람들이 집 밖으로 나오지 않자 바닷가에 부화하는 거북

이가 크게 증가했고, 평소에 보이지 않던 야생동물들이 다시 숲으로 돌아왔으며, 하늘이 맑아졌다. 환경법에서는 '무환경침해'가 아니라 '친환경'이라는 말을 사용한다. 환경을 침해하되 가급적 최소화된 상태로 침해하고, 복구에도 노력을 기울인다는 의미이다. 우리 〈헌법〉 제35조는 환경권을 선언하면서 구체적인 것은 법률로 정한다고 하였다. 환경보호와 경제가 균형을 이루는 선에서 법이 만들어진다. 더 나은 환경을 위한 진보는 새로운 환경 기술이 개발되었을 때이거나 시민들이 경제적 이익을 줄이더라도 보다 더 쾌적한 환경을 누리는 것을 선택했을 때이다. 환경의 수준은 시민이 얼마나 불편함을 감수하고 비용을 부담할 수 있느냐에 달려 있다. 우리는 어떤 환경을 원하는가. 이제는 그 긴 침묵의 카르텔을 깨야한다.

잊혀진 바다의 쓰레기

〈플라스틱 바다A Plastic Ocean〉(2016)라는 다큐멘터리 영화가 있다. 서태평양 가운데는 쓰레기 섬이 있다. 섬의 90%가 흘러들어온 플라스틱이다. 대왕고래는 비닐에 기도가 막혀 죽고, 죽은 앨버트로스 새의 배에서는 플라스틱이 나온다. 코로나19 이후 일회용 플라스틱 용기의 사용은 가히 폭발적이다. 연간 세계 사람들이 버리는 1인당 플라스틱 양은 이미 140kg이 넘었다.

우리가 매일 먹는 음식의 반 정도는 바다에서 온 것이다. 그러나 육상 환경에 비해 상대적으로 바다에 대한 관심은 매우 적은 편이다. 바닷가에 사는 사람을 제외하고는 거리적으로 일상에서 바다를 마주하는 경우가 많지 않기 때문이다. 그러다 보니 바다는 단순히 투기의 대상으로만 인식되었지, 관리의 대상으로 주목을 받지는 못했다.

바다 환경에 대한 현실적인 위협은 선박들이나 해양 플랜트, 시추 장비 등에서 발생하는 해양오염이다. 2007년 충남 태안 앞바다에서 유류 운반선과 해양 건설 장비 선박이 충돌해서 기름이 유출된 사건은 아직도 생생하다. 이러한 사고들은 국제적으로도 빈번히 일어난다. 원유 운반선은 원거리 이동이 빈번하게 이루어지기 때문이다. 이에 대한 국제적인 대응은 이미 있어왔다. 그간 수많은 사고들이 있었기 때문이다. 그 대표적인 것이 마폴(MARPOL)이라고 부르는 1978년 '국제해양오염방지협약International Convention for the Prevetion of Pollution from Ship'이다.

해양 유류 오염 사고가 발생할 경우 그 피해 범위는 매우 크다. 오염된 지역의 회복을 위해서는 수십 년의 시간이 필요하며, 그 비용도 만만치 않다. 오염자에게 책임을 묻는 오염자 책임의 원칙이 확립되어 있지만 오염자의 자력이 부족한 경우에는 피해자들에게 상응하는 보상이 주어지기 힘들다. 그래서 관련 사업자에게 미리 부담금을 받아 기금을 조성하기도 한다. 하지만 현실에서는 충분한 피해 보상이 이루어지기 어렵다. 어민들의 경우 지금까지 어획이나 판매 수익을 기록해놓은 증빙 서류가 없는 경우가 많기 때문이다. 바다에서 고기를 잡아 횟집이나 혹은 관광객을 상대로 판매하는데 일일이 장부에 기록하는 것이 관행화되어 있지는 않았을 것이다. 손해배상을 받으려면 손해를 입증해야 하는데 그 입증이 잘 이루어지지 않는다.

유류 오염이나 해양 플랜트 사고가 전통적인 해양오염의 한 형태라고 한다면 새로운 형태의 해양오염은 해양 폐기물이다. 해양 폐기물은 우리가 매일 버리는 음식물 쓰레기를 포함하여 플라스틱류, 심지어 냉장고까지 다양하다. 해양 폐기물이 야기하는 환경문제는 매우 크고 광범위하다. 폐기물이 쌓이게 되면 탁도濁度의 상승으로 일사광 투과와 용존산소가 감소한다. 이는 해저 생물량을 감소시키고, 이로 인해 생태계가 교란된다. 한편, 해저 생물에 미세 플라스틱 및 환경상 위해 성분이 축적되고, 해저 생물을 섭취한 인체로 유입된다.

해양 폐기물 문제가 관심을 받게 된 것은 음식물 쓰레기를 더 이상 바다에 버리지 못하게 되었기 때문이다. 음식물 쓰레기들이 바다로 버려지고 있었다는 사실을 알고 있는 사람은 별로 없었을 것이다. 해양투기를 막기 위해 1972년에 제정된 '런던 협약 Convention on the Prevention of Pollution by Dumping of Wastes and other Matter'은 해양투기에 대해 느슨하게 규율해왔다. 각국이 바다에 버리지 못하면 어디에 버려야 하는가 하는 등 반발이 심했고, 일단 바다에 투기하면 육상에서 쓰레기를 처리해야 할 고민이 손쉽게 사라지기 때문이다. 그런데 해양 생태계가 심각하게 훼손되자 런던 협약이 2006년에 개정되어 열거된 물질을 제외하고는 모든 폐기물을 투기할 수 없도록 바꾸었다. 음식물도 투기 금지 목록에 포함되어 있어 2014년부터 음식물 쓰레기는 다시 땅으로 올라갔다. 가끔 음식점에서 옆 테이블에 남겨진 음식들을 보면 이건 다 어디에 묻어야 하나 하는 생각이 든다. 어떤 사람들은 단순히 개나 돼지들에게 먹이면 되지 않나 하는 생각을 하기도 한다. 사람의 음식은 염분이 너무 많이 있기도 하고 쉽게 상하고 이물질도 많이 들어 있어 개나 돼지들에게도 좋지 않다. 결정적으로 요즘 개나 돼지들은 사료를 먹는다.

여기에서 잠시 확인하고 갈만한 것이 있다. '폐기물과 쓰레기가 어떻게 다르냐'다. 학문적으로 폐기물은 쓰레기를 포함한 더 넓은 개념으로 보고 있지만, 정부의 계획이나 일상의 현실에서는 딱히 폐기물과 쓰레기 양자를 구분하여 사용하고 있지는 않아 여전히 용어적으로 딱 맞아 떨어지지는 않는다. 오히려 일상에서는 폐기물이라는 단어보다 쓰레기라는 단어가 일반적이다.

미세 플라스틱은 해양 폐기물의 또 다른 문제다. 세탁 세제나 세안제의 경우에도 세척력과 세안력을 좋게 하기 위해 미세 플라스틱을 포함하고 있기도 한다. 대부분의 원인은 우리가 사용하고 있는 플라스틱 제품이며, 어업 활동에 필요한 어구들도 그 원인 중 하나다. 이런 플라스틱이 바다로 가는 경로는 무단 투기다. 플라스틱이 분해되어서 나오는 미세 플라스틱의 크기는 5㎜ 미만으로 눈에 잘 보이지도 않으며, 인체에 들어올 경우 잘 배출도 되지 않는다. 이러한 미세 플라스틱이 해양 쓰레기 등으로 해양으로 배출되면서 우리가 섭취하는 생선의 몸에 들어가고, 그 생선을 먹는 악순환이 이루어지고 있다. 미세 플라스틱이 해양 생태계의 먹이사슬 안으로 들어온 것이다. 비단 생선뿐만이 아니다. 굴, 홍합, 심지어 소금에서까지도 미세 플라스틱이 발견되고 있다. 미세 플라스틱 중 작은 단위의 것들은 인체의 각 기관에도 쉽게 침투할 수 있으며, 심지어 뇌까지도 침투가 가능하다.

대응의 방법은 다양하다. 먼저 생각해볼 수 있는 것은 바다에 돌아다니는 플라스틱을 수거해 매립하는 방식이다. 국가 간의 협력이 필요한데, 관심이 없는 국가들이 있어 현실적으로 잘 협조가 되지 않는다. 개별 국가들의 입장에서 보면 파도를 타고 어디론가 흘러가주기를 바랄 뿐이다. 어업 활동에 사용하고 있는 어구 폐기물을 가져오면 일부를 돈으로 보상해주는 어구 폐기물 수매제도도 있다. 마치 빈 병에 대해서 보상금을 주는 것과 같다. 그런데 근본적인 대책은 플라스틱 사용량을 줄여야 하지만 한때 줄었던 일회용품 사용이 감염병 우려로 다시 큰 폭으로 증가하고 있다. 여름이면 매일 쏟아져 나오는 아이스 아메리카노 용기만 생각해도 얼마나 많을지 상상이 될 것이다.

해양 폐기물을 관리하는 법인 〈해양환경관리법〉은 해양 폐기물에 대해서 "해양에 배출되는 경우 그 상태로는 쓸 수 없게 되는 물질로서 해양 환경에 해로운 결과를 미치거나 미칠 우려가 있는 물질"[124]이라고 규정하고 있다. 이 규정에 따르면 음식물 쓰레기나 플라스틱이나 모두 폐기물이다. 플라스틱을 재활용하면 폐기물이 아니라고 할 수도 있으나 사실상 바다에 버려진 플라스틱을 모아다 재활용을 하는 일은 쉬운 일이 아니다. 일도 일이지만 거둬들인 플라스틱을 어디로 옮길 것이며, 어디에 매립할 것인지 난감하다. 온갖 오염 물질이 묻어 있고 부식되어 재활용하기에 플라스틱의 상태도 좋지 않다. 마찬가지로 버려진 어구나 어망도 다시 재활용하기도 쉽지 않다.

바다에 버려진 폐기물의 가장 큰 문제점은 이처럼 재활용이 어렵다는 점이다. 또 하나의 문제는 처리 책임의 소재다. 육상 폐기물은 누가 버렸고 누가 처리할 것인가가 분명하다. 집에서 나오는 생활 쓰레기는 재활용 봉투를 사서 버렸으니까 당연히 공적인 쓰레기 처리 시설로 가게 되는 것이고, 사업장 폐기물의 경우에는 허가나 신고된 폐기물 처리업자에게 처리를 위탁하고 기록을 해두니까 여기에서도 처리 책임을 가르는 데 문제가 없다. 그런데 바다는 누가 버렸는지도 모르거니와 수거도 어려운 이중의 문제를 가지고 있다. 폐기물 관련 법에서의 핵심 원칙이 '재활용 우선의 원칙' 그리고 '오염자 책임의 원칙'인데, 해양 폐기물은 이 두 가지를 모두 빗겨 나간다.

또 다른 문제가 바다에 버려진 폐기물은 해류를 타고 전 세계 곳곳을 돌아다닌다는 것이다. 어느 한 나라만 잘 한다고 되는 것이 아니라 모든 나라들이 협조를 해야 한다. 그런데 각 나라마다 사정이 다르고 특히 저개발국은 물론 중개발국이라고 할지라도 여전히 먹고사는 문제에 집중하다 보니 쓰레기를 버리는 것을 별로 심각하게 생각하지 않는다. 선진국을 중심으로 하여 법들이 만들어지고는 있는데 그 수준은 크게 차이를 보인다. 미국의 경우에는 〈해양보호 및 조사법〉과 〈해양지역관리법〉을 만들어 해양투기를 금지하고 해양 부유물질을 수거하도록 하고 있다. 일본은 〈해양

표착물처리추진법〉이라는 것을 만들었는데, 바다를 표류하여 돌아다니다가 자국의 해안에 표착된 것에 대해서만 이를 처리하는 것을 내용으로 한다.

아직까지는 바다 오염의 심각성을 피부로 느끼기에 바다는 견딜만하다. 당장 나가 보면 파란 바다와 싱싱한 해산물을 즐길 수 있기 때문이다. 하지만 조금만 밑으로 내려가 보면 바다는 병들어가고 있으며, 우리가 모르는 사이 이미 버려진 플라스틱이 부식되면서 미세 플라스틱들이 해산물을 통해 우리의 몸으로 들어오고 있다. 그렇다고 법이 강하게 규제하면 사업자들과 소비자들의 불만이 쏟아져 나올 것이다. 그러다 보니 법도 고민스러운 지점에 서 있다. 한 나라만 잘 해서 되는 일도 아니라는 점에서 답이 명쾌하지 않다. 답은 우리의 인식이 바뀌는 것이다. 법은 많은 일을 할 수 있는 기반이지만, 모든 일을 할 수 있는 것은 아니다. 법은 수단이고 그 내용은 우리의 인식과 사회적 합의다. 우리의 인식은 어떤가. 결국 언젠가 우리 모두 심각해질 때가 되어서야 비로소 움직일 것 같지만, 그때는 이미 늦을 것 같다.

자유롭게
숨 쉴 권리

　방독면을 쓰고 사는 세계가 있다. 인류가 오랜 시간 동안 오염 물질을 방치한 탓으로 사람들은 쓰러져가고 마지막 남은 인류들은 숲에서 불어오는 독성 공기를 막아내기 위해 방독면을 쓴 채 살아가고 있다. 미야자키 하야오의 애니메이션 〈바람계곡의 나우시카風の谷のナウシカ〉(1984)의 한 장면이다. 미세 먼지 때문에 방독면을 써야 할지도 모르는 우리 모습이 오버랩된다.

　미세 먼지의 문제는 나날이 악화되어 가고 있다. 미세 먼지는 이제 국민의 건강을 치명적으로 위협하는 수준까지 발전하였다. WHO 산하 국제암연구소(IARC)는 미세 먼지를 1군 발암물질로 지정하였고, 미세 먼지가 천식 등 호흡기 질환, 심혈관계 질환을 야기한다고 보고한 바 있다. 그럼에도 불구하고 미세 먼지에 대한 대응은 국내외적으로 딱히 드러나 보이지 않는다.

미세 먼지의 주요 원인인 중국의 입장 변화를 사실상 기대하기도 어렵다. 근본적인 중국의 변화는 미세 먼지로 인해 자국 국민들의 건강상 위해가 가시화되고 이것이 정치적 불만으로 표출될 때 비로소 시작될 것이다. 산업구조 면에서 중국은 세계의 제조업 공장으로 불릴 만큼 에너지 소비가 많으며, 화석연료의 사용량도 그만큼 크다. 코로나19로 인해 중국이 멈춰 서자 비로소 우리는 파란 하늘을 볼 수 있었다. 그래서 올 봄은 미세 먼지의 고통에서 잠시 피해 있을 수 있었다. 중국과의 문제는 외교적으로 풀어나가는 방법이 유일한데, 중국은 별로 협조할 생각이 없는 듯하다.

여기에서 국제법의 구조를 짚고 넘어갈 필요가 있다. 국제법이라는 것이 만들어지기 이전, 각 나라들의 관계는 약육강식이라고 표현하는 것이 맞을 것이다. 그러던 와중에 서로가 공멸하지 않고 나름 규칙을 만들어 살아보자는 시도들이 나오기 시작했다. 네덜란드에서 국제법이 발달한 이유는 작은 나라가 유럽의 강대국 사이에서 살아남기 위해서는 폭력의 시대에서 규칙의 시대로 바뀌는 것이 가장 절실했기 때문이다. 그러면서도 아주 힘이 없는 나라가 국가 간의 법을 들고 나왔으면 아마 아무도 신경 쓰지 않았겠지만, 네덜란드는 한때 해상 제해권을 장악했던 나라였기에 그러한 주장에 나름의 무게감이 실렸을 것이다. 국가 간의 관계에 관한 법이지만 그러한 법이 통용되기 위해서는 권리를 주장하는 측의 힘이 있어야 한다. 그래서 아무리 국제법이 있어도 약소국의 주장은 잘 받아들여지지 않는 것도 현실이다.

남는 것은 우리 내부적으로 할 수 있는 일들을 먼저 시작해야 하는 것이다. 한때 미세 먼지의 주범 중 하나로 고등어가 지목되기도 했지만 2018년 환경부가 발표한 〈2014년 기준 초미세 먼지의 배출원별 기여도〉를 보면 전국 기준으로는 1위 사업장(38%), 2위 건설기계·선박(16%), 3위 발전소(15%), 4위 경유차(11%), 5위 냉난방(5%) 등이다. 이를 수도권 기준으로 보면 1위 경유차(26%), 2위 건설기계·선박(16%), 3위 사업장(14%), 4위 냉난방(12%), 5위 유기용제(10%) 등이다.[125] 수도권에는 공장의 신증설이 금지되고 있고, 발전소 시설도 많지 않다는 점을 고려한다면 경유차의 수도권 미세 먼지 기여도는 매우 큰 편이다. 실제로 우리나라의 경유차는 매우 큰 폭으로 늘어났다. 2012년도에 700만 대이었던 경유차는 2018년 기준으로 993만 대까지 늘어났고 자동차 중 경유차 비율도 2018년도에는 42.8%까지 증가했다.

각 나라들 역시 미세 먼지가 피크를 이루는 계절만이라도 특별한 대책을 세워야 한다는 의견이 높아지면서 일종의 '미세 먼지 시즌제'를 운영하고 있다. 주로 환경에 민감한 유럽 국가들이 대부분인데, 벨기에의 경우 11월부터 익년 3월까지 교통 속도를 낮추고 대중교통 무료, 화목연료 난방을 금지하고 있다. 독일 수투트가르트시의 경우 10월부터 익년 4월까지 대중교통을 할인하고 전기차의 주차비를 무료로 하고 있다. 미국의 경우는 환경문제에 가장 선도적인 캘리포니아주가 11월부터 익년 2월 사이에는 화목연료의 사용을 집중 규제한다.

환경문제의 특징 중 하나가 허용되는 지점과, 기준을 초과하여 허용되지 않는 지점의 의미가 매우 다르다는 점이다. 허용되는 점까지는 자연 스스로 정화를 할 수 있거나 인체에 들어와도 견딜 수 있다. 그러나 초과되는 순간 자연 스스로의 정화 매커니즘은 기능을 상실하고 인체에도 부정적 영향을 준다. 따라서 일정 기준점 내에서 물질을 관리하는 것이 환경문제에서는 매우 중요하다.

일단 화석연료의 사용량을 줄여야 하는데 쉽지 않다. 원자력 발전을 억제하고 있는 현실에서 화석연료 없이 신재생에너지로 전력 수요량을 감당하기 쉽지 않기 때문이다. 경유차를 줄이는 것도 문제다. 한때 '클린 디젤'이라는 말이 유행한 적이 있다. 디젤차 생산업자들이 이러한 이미지를 심는 데 일조했으나 배기가스 조작이 후일 드러났다. 하지만 이미 클린의 이미지에 힘입어 이미 수많은 디젤차가 도로를 달리고 있다. 만약 지금 경유차에 대한 적극적 이동 제한 조치가 이루어질 경우 서민의 삶이 어려워질 수도 있다. 국민들 스스로가 전력 사용을 줄이거나 경유차를 억제하기 위해 경유 가격의 인상을 불가피한 것으로 받아들일 수 있어야 하지만 아직은 현실적으로 불만이 나올 수밖에 없는 구조다.

도대체 법은 뭘 하고 있었나. 기존의 〈대기환경보전법〉은 미세 먼지의 대응에 적당하지 않아 특별법이 만들어졌다. 〈미세 먼지 저감 및 관리에 관한 특별법〉은 규제 대상으로 미세 먼지를 '대기 중에 떠다니거나 흩날려 내려오는 입자상 물질 중 입자의 지름이 10㎛ 이하인 먼지 또는 2.5㎛ 이하인 먼지'로 규정하고 있다. 이

중에서 초미세 먼지라고 부르는 것이 2.5㎛ 이하의 것이다. 여기에서 또 중요한 것이 미세 먼지를 만들어내는 물질들을 정하는 것이다. 배출하지 말라고 규제하려면 먼저 법에 규정해야 하기 때문이다. 법이 정하고 있는 미세 먼지 생성물질은 질소산화물, 황산화물, 휘발성 유기화합물 등이다.

법이 정하고 있는 것 중 중요한 것이 미세 먼지 방지를 위해 자동차 운행을 제한하거나 공장의 가동 중지, 건설현장의 공사 제한이다. 그런데 문제가 있다. 이러한 제한을 하면 자동차를 타고 다닐 수 있는 이동의 자유와, 공장을 가동하고 공사를 하는 등의 영업의 자유를 침해하기 때문이다. 그래서 매번 불만이 터져 나온다. 사업자는 사업자대로, 근로자는 근로자대로, 이용자는 이용자대로. 결국 누구의 이익을 우선할 것인가, 그 정도 침해는 괜찮은 것인가 하는 것에 대한 판단을 해야 한다. 자동차 운행 제한의 대상은 노후 자동차에 국한한다는 점, 제한 기간이 상시적인 것이 아닌 미세 먼지가 매우 심할 때로 국한된다는 점, 결정적으로 미세 먼지의 위해성이 인체에 미치는 영향이 크다는 점을 고려하여 이러한 제한은 허용할 수 있는 제한에 해당한다. 미세 먼지로 고민하고 있는 다른 나라들, EU나 독일 등도 이와 유사한 법과 제도를 가지고 있다. 독일에서는 한 단계 더 나아가 미세 먼지의 대응에 국가가 소극적일 때 시민들이 뭔가 더 요구할 수 있는지가 문제되었다. 아직 우리나라에서는 미세 먼지로 인해 시민들이 국가를 상대로 소송을 제기한 적은 없다.

독일의 란트후터 알레Landshuter Allee라는 도시에 살고 있는 주민이 두 개의 소송을 제기했다. 첫 번째 소송에서 '국가가 미세 먼지 대응 계획을 세우지 않은 것에 대해서 개인이 해당 계획을 세우라고 요구할 수 있는 권리가 있는지'가 문제되었다. 결론은 국가가 계획을 세우는 것은 공공의 이익을 위해서 하는 것이므로 개인에게 그러한 요구권을 일일이 인정할 수는 없다고 하였다.[126] 두 번째 소송은 화물차들이 란트후터 알레의 도심을 가로지르며 미세 먼지를 뿜어내고 있는데 〈도로교통법〉상 대기오염 물질 배출 차량 통행금지 조치가 있고, 뿜어내는 미세 먼지가 법이 정하고 있는 한계 수치를 넘어가는데도 불구하고 당국이 아무런 조치를 취하지 않고 있다고 소송을 제기한 것이다. 이때는 주민들의 손을 들어주었다. 빈번한 교통량이 미세 먼지의 주된 원인이 되고 있고, 한계 수치를 넘어간 미세 먼지로 인해 건강이 침해되었다면 피해와 비례적으로 조치가 취해져야 했다고 본 것이다.[127]

수투트가르트에서는 통행 제한 조치를 하자 이에 반대하는 시민이 당국을 상대로 소송을 제기했다. 그런데 이미 수투트가르트에서는 환경 존zone으로 지정된 지역에서 미세 먼지 기준치가 18번이나 넘은 적이 있었다. 법원은 이미 기준치가 넘은 적이 많아서 당국은 대응을 했어야 했고, 어떤 수단을 선택해서 미세 먼지를 줄일 것인가는 당국이 결정할 수 있다고 판단하였다.[128] 당국이 결정할 수 있는 방법의 예로는 단계별로 지역을 설정해서 배기가스 레벨(예컨대 1등급~5등급)을 정해두고 특정 레벨(예컨대 1등급~3등급)에

해당하는 차량만 다니게 하는 방법 또는 특정 레벨의 차량(예컨대 5
등급)은 도시 중심부 통과를 금지하는 방식 등이 있다.

　미세 먼지는 이제 일상화된 문제이며, 단순히 마스크로 버티
어낼 수 있는 문제는 아니다. 미세 먼지를 일으킬 수 있는 물질을
배출하는 배출원을 줄여나가는 노력과 함께 배출이 심한 날만큼
이라도 차량 통행, 공장 가동을 제한하는 일은 이제 자연스러운 일
이 될 것이다. 미세 먼지는 더 이상 불만의 대상에만 머물러 있지
않을 것이며, 시민들의 적극적인 요구가 이어질 것이다. 결국 우리
모두 어느 정도까지 현재 누리는 편익을 양보할 것인지를 결정해
야 할 때가 온 것이다.

2부

법,
시민을
향하다

4장

법의 지배,
법을 통한
지배

법을
짓다

왜 밥과 옷과 집에는 '짓다'라는 동사를 쓸까? 밥을 짓다, 옷을 짓다, 집을 짓다. 국어사전에서 '짓다'의 쓰임새를 찾아보면 의식주에 관한 표현에 주로 사용되고 있음을 알 수 있다. 즉, 인간의 삶을 영위하는 가장 기본적인 것을 만드는 데 '짓다'라는 말이 사용되고 있는 것이다. 한 사회를 지탱해가고 구성원들의 행동 기준과 한계를 정하는 법의 역할을 생각해본다면 법에도 '짓다'라는 동사를 사용하는 것이 어울릴듯하다.

우리는 얼마나 많은 법을 지었을까? 얼마나 많은 법이 우리 삶 속에서 움직이고 있을까? 2020년 12월 12일자 기준, 국가법령정보센터에 등재된 법률은 1475개, 여기에 대통령령 및 부령을 합치면 총 5496개이다. 지방자치단체의 조례와 규칙은 11만 8403개에 달한다.

국회는 얼마나 많은 법률을 만들어내고 있을까. 17대 국회 (2004. 5. 30.~2008. 5. 29.)는 8368건의 법률안 제출에 2546건이 가결되었고, 18대 국회(2008. 5. 30.~2012. 5. 29.)는 1만 4762건 제출에 2931건 가결, 19대 국회(2012. 5. 30.~2016. 5. 29.)는 1만 8735건 제출에 3417건이 가결되었다.[129] 매번의 국회 때마다 그 수는 큰 폭으로 증가하고 있다.

매년 법률이 헌법에 위반되어 무효화되거나 명령이나 조례들이 법률에 위반되어 적용에서 배제되는 등 끊임없이 변화가 이어진다. 그리고 수많은 법령이 실제 사건에 적용되는 과정에서 법원은 법을 해석하고 판례를 형성한다. 해를 넘어 지어가는 법은 한 사회에 축적되어 문화를 만들고 삶을 변화시킨다. 따라서 잘 지어야 한다. 특히 안정성을 중시하는 법은 움직임이 매우 신중하고 느려서 잘못 지어진 법률과 해석을 고치는 것도 오랜 시간이 필요하다. 애초에 법을 형성하거나 해석할 때 숙고가 필요한 이유다.

법을 잘 짓는 것의 핵심은 그 사회의 수요와 변화에 조응하는 것이다. 한 사회가 가지고 있는 문제는 그간 형성되어온 관행과 문화 그리고 역사에 기인한다. 다른 나라들과 비슷한 사회적 문제를 가지고 있더라도 법이 다른 선택을 하는 것은 바로 이런 차이들 때문이다. 독일과 프랑스는 가짜 뉴스(허위 조작 정보)[130]로 인해 골머리를 앓았다. 이들 두 나라는 '가짜 뉴스 대응 법령'을 제정한다.[131] 비슷한 시기에 말레이시아도 가짜 뉴스에 대응하기 위한 법을 만들었지만 가짜 뉴스 대응을 명분으로 한 언론과 표현의 자유에 대한 침해를 우려하여 제정된 지 4개월여 만에 폐지되었다. 이는 그간의 역사를 통해 형성된 정부와 의회에 대한 신뢰의 차이에 기인한다.

다른 예는 코로나19 사태에 따른 감염 의심자의 동선 추적이다. 이들의 추적에 사용된 것은 CCTV의 영상, 스마트폰의 위치정보, 신용카드의 사용 내역, 전자적 수단의 결제 이력 등이다. 그런데 이들 정보는 개인 정보의 핵심을 이룬다. 하지만 코로나19 대응의 국면에서 (과도한 프라이버시 침해라는 일부의 문제 제기에도 불구하고) 개인의 프라이버시보다 감염자를 선제적으로 차단하는 것이 국민 전체의 생명과 안전이라는 더 큰 이익을 보호하는 것이라는 무언의 합의가 이루어졌다. 그렇다고 우리가 과도한 프라이버시 침해를 그대로 용인하는 것은 아니다. 독일은 나치Nazi 시대의 감시와 억압을 경험했던 터라, 시민들에게 이러한 시도 자체가 기본권에 대한 심각한 위협으로 받아들여졌다. 프랑스는 개인의 자유를 보다 중시하는 문화 때문에 역시 동선 추적을 위한 사생활 침해에 반대하는 목소리가 높았다.

우리 사회는 여전히 경제적 이해 또는 사회적 가치와 맞물린 첨예한 이익의 충돌로 진통을 겪고 있다. 대표적인 것이 혁신적인 기술과 소비자 보호다. 사업자 입장에서는 규제의 불편함을 강조하지만 소비자 입장에서는 규제하지 않음으로 야기되는 위험을 두려워한다. 특히 피해의 경험이 있는 경우에는 더욱 그렇다. 한 예로, 개인 정보의 활용이 필요함은 인정하지만 그간 IT 분야를 포함한 기업들의 빈번한 개인 정보 유출 및 남용과 무책임한 대응은 일반 국민들로 하여금 활용 범위의 확대를 선뜻 받아들이기 힘들게 만들었다. 무조건적인 국가 규제의 완화가 아닌 민사적 책임의 범위 확대가 잘 조화된 법을 지어야 하는 부분이다.

법은 '축적의 역사'다. 그 의미는 크게 두 가지로 나누어볼 수 있다. 하나가 시대의 축적이며, 다른 하나가 법 자체의 축적이다. 전자는 무질서에서 질서의 상태로 변해가는 법의 형성사라고도 할 수 있다. 인간은 본능에 기초한 야만의 시대를 살았고 끊임없는 분쟁이 전체 생산력의 저하를 가져온다는 점을 인식하고 내부적인 규칙을 만들었다. 하지만 부족 간 식량과 노동력 확보를 위한 끊임없는 싸움이 이어졌고 한참의 시간이 흐른 뒤에야 외부와의 관계에서도 규칙이 정착되게 되었다.

한편, 후자는 새로운 법과 해석이 해를 거듭하면서 축적됨을 말한다. 물론 잘못된 법과 해석이 있다고 하더라도 축적의 시간 속에서 교정의 시간을 갖고 결국에는 객관적 균형과 시민적 의지가 반영된 형태로 흘러간다. 하지만 그 간극의 시간만큼 누군가는 고통을 겪어야 하며, 사회 전체적으로는 비효율을 감내해야 한다. 누군가의 고통과 한 사회가 감당해야 하는 비효율은 결코 하찮은 것이 아니다. 반면에 좋은 법은 구성원들의 자발적 의지에 따라 생활의 관행으로 자연스럽게 자리 잡게 되고, 긍정적 사회 발전의 기반이 된다. 그래서 매순간 법을 잘 짓는 일은 결코 사소한 일이 아니며, 소홀히 다루어서도 안 된다.

법은 누가 짓는가? 모든 시민이다. 법을 만들고 해석하고 집행하는 사람뿐만 아니라 이를 준수하고 변화시키기 위해 참여하는 시민의 역할이 중요함은 부인할 수 없다. 변화와 발전은 어느 한순간의 기적을 통해서 오는 것이 아니라 매일의 순간이 쌓이는 축적의 시간을 통해서 온다. 법의 발전과 변화도 마찬가지다. 그래서 우리는 매번 좋은 법을 지어야 한다.

좋은 법의 조건

법이 필요한 이유를 가장 간략하면서도 강렬하게 설명한 말을 고른다면 '만인萬人에 대한 만인의 투쟁'의 종식일 것이다. 17세기 영국의 정치철학자이자 최초의 민주적 사회계약론자인 토머스 홉스Thomas Hobbes는 서구 근대 정치철학의 토대를 마련한 그의 책 《리바이어던Leviathan》에서 고대 희극 〈아시나리아Asinaria〉에서 나온 "인간은 인간에게 늑대다lupus est homo homini"라는 말을 차용하여 "자연 그대로의 조건에서 인간은 인간에게 늑대처럼 대한다"고 이야기한다. 자연 그대로의 조건이라는 것은 자신의 이익을 극대화할 수 있는 무규칙의 상태를 의미하고 그러한 상태에서는 약육강식의 모습이 나타날 수 있다는 것이다. 따라서 이러한 투쟁을 종식시키기 위해서는 규칙이 필요했으며 그것이 바로 법이다. 홉스의 이러한 논리는 한때 독재를 정당화하는 데 이용되기도 했지만 적어도 투쟁의 종식 수단으로써 법의 역할은 정확히 지적했다고 볼 수 있다.

'법대로 합시다.' 법치法治주의를 이처럼 간명하게 설명하는 표현을 찾기는 쉽지 않다. 한 가지 의문이 드는 것은, 법대로 하자고 했을 때 사람들은 어떠한 반응을 보일까이다. 법대로 하자는 상황은 크게 세 가지로 나눌 수 있다. 법이 자신을 지켜주고 있다고 믿는 경우, 법을 잘 알아 법을 이용하는 경우 그리고 법을 잘 모르는 경우다. 만약 법이 힘 있는 자의 것이라고 불신한다면 법은 더 이상 행동의 기준이 되지 못한다. 법치주의에서 가장 큰 문제는 이처럼 법이 신뢰를 잃은 경우다.

좋은 입법을 위해서는 각기 다른 다양한 이익을 모두 고려해야 하고 이익 간 치열한 조율의 과정을 거쳐야 한다. 입법을 둘러싼 여러 가지 잡음과 갈등은 당연한 비용이다. 오늘날의 입법은 더 이상 그리스 델포이 신전에서 받아오는 절대적인 신의 언명이 아니기 때문이다. 이질성과 다양성을 기반으로 한 합의는 승자독식주의에 비해 균형에 보다 가깝게 다가설 수 있다. 보다 좋은 법이 될 수 있는 조건이다. 법대로 하자는 상황에서 사람들이 법을 믿고 기꺼이 이를 받아들이는 경우라면 그 법은 이익의 균형을 적절하게 조화시켰을 가능성이 높다. 균형 잡힌 좋은 법은 돌고 돌아 또다시 국가의 운영에 시민이 참여하는 협치協治의 기준이 된다. 그 협치는 또 좋은 법을 만들면서 순환한다.

좋은 법이 만들어졌다고 해서 곧바로 법치가 완성되는 것은 아니다. 오늘날처럼 복잡한 사회에서 법은 모든 상황을 규율할 수 없다. 그러다 보니 법은 추상적 단어로 채워지고 행정부가 만드는 규범들이 오히려 더 중요한 역할을 하기도 한다. 요즘에는 국회가 자세한 법률을 만들기보다는 대통령령이나 부령으로 그 구체적 내용을 미루는 경우가 많아서 균형의 문제는 대통령령이나 부령인 시행규칙 등 행정입법에서도 매우 중요하며, 이에 대한 통제가 중요한 이슈로 부각되고 있다.

법의 해석과 적용에서도 고민이 있기는 마찬가지다. 예컨대 〈부정 청탁 및 금품 등 수수의 금지에 관한 법률〉의 경우, 법이 가지고 있는 좋은 의도와 그간의 잘못된 관행을 개선하는 긍정적 효과에도 불구하고 법을 적용하는 과정에서 〈형법〉처럼 해석하고 운영한다면 그 법은 사람들에게 무거운 짐이 될 것이다. 그것이 아니라면 '청탁 금지 법령'을 해석하고 적용하는 행정기관 역시 법의 준수력과 제재와의 사이에서 〈형법〉과는 다른 균형적 시각을 갖추어야 함은 물론이다.

실제로 현장에서 법령을 해석하여 적용하는 일을 하다 보면 몇 가지 궁금증이 생길 때가 있다. 법을 법에 쓰인 문언에 완벽하게 의존하여 해석을 해야 하는지, 아니면 이 법을 만든 취지나 목적 그리고 당시 법을 만들었을 때 입법자가 무슨 생각을 했을까 하는 것도 생각해서 해석해야 하는지 등이다. 문언에만 충실하다면 법의 일관성을 유지할 수 있는 장점이 있지만, 새로운 사회적 변화 그리고 입법자의 본래 취지를 반영하기 어려운 단점이 있다. 그래서 법률은 일단 공포되고 나면 독자적인 존재감과 생명을 갖는다.

과거의 축적은 현재다. 축적의 시간을 거쳐 법치는 이제 국민들 모두가 당연하게 받아들이는 원칙이 되었다. 그러나 그 내용면에서 국민들의 평가는 후하지 않다. 그렇다면 지금 우리는 미래 세대를 위해 현재의 법치에 무엇을 축적할 것인가? 법치에게 다시 묻는다.

법률가의
법에서
시민의 법으로

　'축적의 시간', 기술 발전의 역사를 한마디로 정의하는 단어다. 이 문구를 제목으로 한 책에서는 과학기술의 완성과 발전을 위해서는 오랜 시간 시행착오와 이를 극복하려는 노력들이 차곡차곡 쌓아 올려져야 한다고 설파하고 있다. 한때 베스트셀러였던 《아웃라이어Outliers》라는 책에서 말콤 글래드웰이 말한 '1만 시간의 법칙'과도 비슷하다. 우리가 하루 중 노동을 하는 시간을 고려했을 때 1만 시간이라는 것은 약 10년의 시간을 의미한다. 전문가라는 입지를 굳히기 위해서는 적어도 10년 동안의 경험과 노력이 기반을 이루고 있어야 한다는 것이다. 법의 시간도 이와 다르지 않다.

　시민들이 법과 판례에 대해 처음 느끼는 것은 위압감과 절대감이다. 법은 지키고 준수해야 하는 것이지만, 법에 대한 수동적 태도는 보다 좋은 법을 축적해나가는 데 부정적 영향을 미칠 수 있다. 소크라테스가 말한 '악법도 법이다'라는 말은 학창 시절부터 교과서를 통해 주입되어왔고, 이에 비해 우리 사회의 주체적 시민으로서 좋은 법을 만들려는 의지는 교육 과정에서 상대적으로 일깨워지지 않았다. 물론 소크라테스의 법에 대한 헌신과 믿음은 오늘날 법적 안정성과 준법 의식의 기초가 되었지만 철학자로서의 죽음을 맞으려 했던 그의 마지막을 둘러싼 여러 가지 고뇌와 혼란을 이해하지 못한 채 악법도 법이니까 따라야 한다는 이야기는 너무 단편적이다. 그 결과, 부지불식간에 순응적 시민으로서 누군가가 만들어준 법에 피동적으로 따라야 하는 것으로 각인되었다. 그러나 법은 절대자가 내려주는 기준이 아닌 우리의 삶 속에서 필요에 의해 형성되고 합의에 의해 준수되는 규범이라고 봐야 한다. 삶이 축적된 모습이 바로 법이며, 그 법의 기초인 합의의 주체는 시민이다.

독일 법에서 점유제도가 발달한 이유는 유목민이었던 초기 게르만의 전통에서 나왔고, 개인 소유권의 강한 불가침성은 미국의 서부 개척을 위한 토지분배제도에 힘입은 바 크다. 유목민이었던 게르만족은 짐을 많이 가지고 다니지 못하기 때문에 배타적 소유의 개념보다는 물건을 함께 사용한다는 의식이 강했다. 하지만 불모지인 서부 개척을 위해서는 열심히 위험 속에서 땅을 일군 자들에게 배타적 소유권을 부여하는 것이 필요했다. 스스로 노력하면 내 땅이 될 수 있다는 믿음은 척박한 날씨, 날짐승의 공격, 원주민과의 갈등을 모두 이겨내게 했다. 국선변호인의 선임은 대등한 조건이어야 승부의 결과를 명예롭게 받아들일 수 있다는 기사들의 결투 원칙인 '무기 평등Waffengleichheit의 원칙'에서 나왔으며, 배심제도 역시 왕 또는 영주가 각 개별 사건에서 마을의 사정을 알 수 없어 마을의 명망 있는 원로들에게 의견을 물었던 것에서 시작한다.

삶 속에서 법이 형성되는 것은 수천 년을 넘어 오늘날에도 마찬가지다. 공유 경제가 효율적이고 앞으로 펼쳐질 새로운 사회의 모습이라는 것은 모두가 알고 있는 사실이다. 하지만 현실적으로 기존 이익과의 조화 과정에서 중간적 선택을 할 수밖에 없고 그것이 법령으로 만들어진다. 예를 들어 우버Uber와 같은 모바일 차량 예약 이용 서비스를 활성화시키지는 못하지만 택시와 경쟁하지 않은 프리미엄 시장에서는 우버 영업이 가능하도록 하거나, 외국인을 상대로 혹은 지역 제한적으로 에어비앤비Airbnb와 같은 숙박 공유 서비스를 허용하는 것을 들 수 있다. 이러한 제도들 역시 훗날 기술 및 사회구조의 변화와 함께 우리가 상상하지 못하는 새로운 모습으로 나타나게 될 것이다. 하지만 여전히 지켜야 할 이해와 이익의 균형은 어느 시대에나 존재한다. 공유 경제에서 이익은 플랫폼platform132에 편향적으로 축적되고 그 체인의 말단에 있는 사람들(우버 운전사, 숙박업소 운영자 등)에게는 이익이 공유되지 못하는 상황은 법이 개입해야 하는 부분이다.

입법에 있어 축적의 시간을 갖는다는 것은 큰 의미가 있다. 그 시간을 거치면서 현재의 법을 평가하고, 국민의 권리를 제대로 보호하지 못하거나 사회 갈등 요소를 제거해내지 못하는 때에는 그 법을 개선하려는 기회와 능동적 노력이 뒤따르기 때문이다. 그리고 과거 입법 과정에 있었던 논쟁과 쟁점들은 현재와 미래의 법을 형성하는 데 지침이 되기도 한다. 우리는 한때 1인당 GDP가 1만 달러를 넘어서면 이익의 투쟁이 줄어들 것으로 생각했다. 정치는 1만 달러 시대의 장밋빛 미래를 메시지로 던졌다. 하지만 우리는 여전히 첨예하게 대립하고 있으며, 갈등의 구조는 더욱 복잡해졌다. 그럼에도 불구하고 입법은 점점 더 기술적이거나 형식적인 것으로 변해가고 있으며, 이익의 대립 구도에서 균형적 정의에 대한 세심한 접근은 이루어지지 않고 있다. 정치적 의지가 법적 원리와 축적되어온 경험의 법칙을 압도하는 상황이다.

법률가들의 참여 역시 활성화되어 있지 않다. 그간 법률가들은 입법의 중요성에도 불구하고 소송 중심적 사고를 가져왔고, 이는 입법 영역에 변호사들의 진출이 활발하지 못한 이유 중 하나가 됐다. 여기에 더해 법적 지식과 도그마를 넘어 개별·전문화된 영역에 대한 연구와 지식의 습득에 대해 관심이 부족한 것도 일조했다. 그 결과 법의 내용은 정책 담당자나 전문 지식을 갖춘 이해관계자들에 의해 만들어지고 법률가들은 그 내용을 법이라는 그릇에 담는 역할에 그치고 있어 정의와 균형의 가치가 제대로 반영되지 못한 법들도 그리 어렵지 않게 찾아볼 수 있다.

판례는 전형적으로 축적의 시간이 필요하다. 오랜 시간 동안 재판을 통해 법리적으로 다듬어진 판례는 추상적 법률이 채우지 못하는 현실과의 간극을 메우는 중요한 역할을 한다. 그리고 한번 형성된 판례는 톱니바퀴처럼 매우 단단하게 앞으로 적용되어 나아가고 좀처럼 뒤로 후진하지 않는다. 그래서 판례는 '톱니 효과 Ratchet effect'를 가졌다고 이야기한다. 그러나 판례가 항상 완벽한 답은 아니다. 그 시대 일반 다수가 받아들이는 답이라고 보는 것이 더 맞을 것이다. 국민의 법 감정 또는 사회적 생활 방식의 변화에 따라 변경의 필요성이 항시 존재한다. 시시각각 변하는 사회현상에 대한 오늘의 정답이 미래에도 변함없이 유지되기는 어렵기 때문이다. 그래서 전원합의체[133]에서는 대법관 2/3이상 출석과 출석 인원의 과반수 찬성으로 판례를 변경한다. 예를 들어, 과거와 달리 국민 전체의 건강 상태가 좋아지면서 근로할 수 있는 연령도 늘어날 수밖에 없다. 손해배상 사건에서는 사고를 입은 사람이 앞으로 얼마나 일을 할 수 있을지에 따라 배상액이 달라지는데 그 최후 연령인 가동 연한을 어디까지로 볼 것인지가 문제되었다. 대법원 전원합의체에서는 다음과 같이 판결했다.

"대법원은 1989. 12. 26. 선고한 88다카16867 전원합의체 판결에서 일반 육체노동을 하는 사람 또는 육체노동을 주로 생계 활동으로 하는 사람의 가동 연한을 경험칙상 만 55세라고 본 기존 견해를 폐기하였다. 그 후부터 현재에 이르기까지 육체노동의 가동 연한을 경험칙상 만 60세로 보아야 한다는 견해를 유지하여왔다. 그런데 우리나라의 사회적·경제적 구조와 생활 여건이 급속하게 향상·발전하고 법제도가 정비·개선됨에 따라 종전 전원합의체 판결 당시 위 경험칙의 기초가 되었던 제반 사정들이 현저히 변하였기 때문에 위와 같은 견해는 더 이상 유지하기 어렵게 되었다. 이제는 특별한 사정이 없는 한 만 60세를 넘어 만 65세까지도 가동할 수 있다고 보는 것이 경험칙에 합당하다."[134]

따라서 법률가가 판례를 대하는 태도는 당시에 상황에 비추어 존중하되 맹목적으로 추종하지 않아야 하며, 새로운 사회 변화를 기반으로 비판하되 신중해야 한다.

한 사회의 규범으로 만들어진 법이 국민들에게 받아들여지고 생활의 기준으로써 기능하기 위해서 전제가 되는 것이 있다. 바로 '신뢰'다. 법과 판례가 하드웨어를 구성한다면 신뢰는 소프트웨어에 해당한다. 법의 마지막은 권리 구제이자 제재이며 이는 사법 시스템을 통해 이루어진다. 2015년 OECD에서 발표한 사법 시스템에 대한 신뢰도 조사에서 우리나라는 조사 대상 총 42개국 중 39위를 차지했다. 우리보다 신뢰도가 낮은 나라는 콜롬비아, 칠레, 우크라이나 정도다. 법원과 검찰의 전관예우 문제는 아직도 해결되지 못하고 법조 비리 사건이 터질 때마다 그 핵심에 있다. 최근에는 법조 일원화로 인해 법관의 후관예우도 문제될 소지가 있다. 변호사에서 법관이 된 경우 본인이 소속되었던 로펌에 호의적일 수 있다는 것이다. 그래서 〈형사소송법〉은 법관이 사건에 관하여 피고인 또는 피해자의 대리인인 로펌에서 퇴직한 날로부터 2년이 지나지 아니한 때에는 해당 법관을 직무집행에서 제척시키는 조항을 추가하기도 하였다.[135]

법원의 관료화와 검찰의 정치화 그리고 패밀리 문화는 신뢰

받는 사법제도를 만들기 위해 개선되어야 할 부분이다. 법원의 정치적 독립도 문제다. 정치는 법원과 재판 거래를 시도하거나 마음에 들지 않는 판결을 내린 판사를 비난하는 등 법원의 독립성을 저해했다. 2019년 세계경제포럼이 발표한 세계국가경쟁력 보고서 중 우리나라의 사법 독립성은 141개국 중 69위에 그쳤다. 우리 사법 시스템은 과거에 비해 진일보한 나름의 전통과 관행을 쌓아왔지만 권력을 부여했던 국민들의 수준에 걸맞은 축적의 시간을 가졌다고는 보기 어렵다.

그렇다면 축적의 시간은 누가 주도할 것인가? 법이 법률가만의 법으로 남을 경우에는 발전을 기대할 수 없다. 시민적 견제가 없는 법은 개선의 동기를 상실하게 되고 법률가들의 이익에만 헌신할 수 있기 때문이며 그러한 법은 지속 가능하지도 않다. 물론 시민의 법 감정이 항상 옳은 것은 아니다. 그렇다고 시민의 법 감정과 유리된 법 역시 좋은 법은 아니다. 법은 그 사회 공통의 건전한 상식이 무엇인지를 늘 살펴야 한다. 따라서 축적의 주체는 시민이어야 하며, 법률가들은 그 과정에서 중요한 역할을 수행하게 된다. 그렇다면 우리 법은 시민이 법을 잘 이해하고 참여할 수 있도록 배려하고 있는가에 대한 진지한 질문을 던져볼 필요가 있다. 6세기에 공법公法과 사법私法을 분리하여 근대법 정신의 원류가 된 《로마법대전》을 편찬하였던 유스티니아누스 황제가 당시의 귀족 언어였던 그리스어가 아닌 라틴어로 이를 작성했고, 16세기에 종교개혁을 이끌었던 신학 교수 마르틴 루터Martin Luther가 성경을 라

턴어가 아닌 독일어로 번역한 것은 귀족만의 법을 시민의 법으로, 성직자만의 신을 모두의 신으로 만들기 위한 것이었다. 시민의 눈높이에 맞는 법을 만드는 일은 법률가들에게 지속적으로 주어진 과제다. 최근 우리나라 법전의 내용 중 한자 및 일본식 표현을 우리말 또는 우리나라식 표현으로 수정하는 작업도 이와 같은 맥락에서 이루어지고 있는 것이다.

법의
질량 법칙

법의
양과 질

교수들에 대한 평가에서 논문의 편수는 여전히 중요한 요소다. 한동안 우리나라 교수들의 연구 업적이 비교 가능한 국가에 비해 높지 않아서였기 때문이다. 그러나 수준이 떨어지는 논문이 양산되는 문제가 발생하자 요즘에는 피인용지수를 비롯한 새로운 평가지표를 도입하는 추세다. 일정한 정도의 양이 채워지고 임계점에 다다르면 질적 성장도 이루게 된다는 것이 일반적인 견해다. 우리나라가 비교적 단순한 경공업과 중공업의 양적 승부에서 시작하여 지금의 최첨단 하이테크 기술로 탈바꿈한 것이 그 예다. 그렇다면 법도 일정한 양이 채워지고 나면 좋은 법이 될 수 있는 것일까. 필요한 법의 양이 있을까. 한 사회가 필요로 하는 법의 양은 얼마나 될까. 법은 우리가 세상을 살아나가면서 지켜야 할 규칙이다. 그런데 경기장에서 지켜야 할 규칙이 너무 많거나 복잡하면 어떨까. 하나의 법이 만들어질 때마다 하나의 벌이 더 늘어나는 상황은 누구든 원치 않을 것이다.

'사회가 있는 곳에 법이 있다.' 우리가 사는 사회는 그 자체로 복잡하고 갈등적이다. 따라서 분쟁을 해결하기 위하여 일정한 규칙이 필요한 것도 맞다. 그리고 이해의 충돌이 더욱 많아질수록 필요한 법이 많아지는 것은 분명하다. 로마가 대제국을 건설했지만 제국을 운영했던 법의 기반은 12개의 조문으로 구성된 (물론 각 조문별로 몇 개의 항이 달리기는 했지만) '12표법'이었다. 고조선의 경우에도 '8조금법'이라고 해서 사회 유지의 기본이 되는 8가지의 기준을 정해두고 있었다. 당시 사회가 오늘날처럼 발달된 사회가 아니라는 것을 보여준다. 그렇다면 오늘의 우리 사회는 5500여 개의 법령과 1만 2천여 개의 자치법규가 다 필요한 것일까. 답을 할 수는 없을 것 같다. 다만 전체 법령 중에서 국가와 시민들 간의 관계를 규율하는 행정법이 약 88% 정도를 차지하는 것을 본다면 지금보다 적어도 된다는 추정이 가능할 뿐이다.

의원들이 법안 제출에 노력을 기울이는 이유는 무엇일까. 입법부라서? 입법의 의미는 순전히 법을 만들어내는 유닛unit, 즉 입법 공장legislation factory을 의미하는 것은 아니다. 초기의 입법부 역할은 왕권을 견제하고 시민의 권리를 보호하기 위한 것으로 (주로 세금의 부과에 대한 견제 등) 그 수단이 법이었다. 그래서 입법부의 역할은 법만 만들고 그치는 것이 아니라 법이 제대로 집행되고 있는지, 목적한 바와 같이 행정부 및 사법부를 견제함으로써 시민의 권리가 잘 보호될 수 있도록 하는 것에 있다. 미국 〈연방 헌법〉을 보면 입법부의 역할이 법의 양산자가 아니라 오히려 법을 통해 국가의 구성을 위한 요소를 정하고, 행정부에 권한을 부여하고 이를 통제하는 역할을 하는 것을 찾아볼 수 있다.

제1조 (입법부)

제8절 (연방의회에 부여된 권한)

[1항]   연방의회는 다음의 권한을 가진다. 합중국의 채무를 지불하고, 공동 방위와 일반 복지를 위하여 조세, 관세, 공과금 및 소비세를 부과·징수한다.

[2항]   합중국의 신용으로 금전을 차입한다.

[5항]   화폐를 주조하고, 미국 화폐 및 외국 화폐의 가치를 규정하며, 도량형의 기준을 정한다.

[9항]   연방대법원 아래에 하급법원을 조직한다.

[12항] 육군을 모집, 편성하고 이를 유지한다.

양산되는 법률의 형태도 일정한 유행의 패턴이 있었다. 한때 특별법이 유행했다. 특별한 목적을 가진 법이지만 사실은 기존의 법을 배제하고 우선적으로 적용하려는 데 목적이 있었다. 대표적인 것이 특별한 국책사업을 추진하는 경우 개발 기간의 단축과 기존에 존재하는 정상적인 규제를 완화시켜주기 위해 '무슨 사업 특별법'을 제정하는 것이 그 예다. 기존 법률에 예외를 부여하는 특별법이 양산되면서 적용 대상의 본질은 같은데 다양한 원칙과 예외를 가진 여러 법들이 섞이는 혼란스러운 상황이 발생하였다. 이에 정리의 필요성이 제기되었다. 그 결과 이들을 모두 묶는 기본법이 만들어진다. 기본법의 시대가 도래한 것이다. 기본법이니만큼 기존의 다른 법률을 지도하는 형태를 갖춘다. 그런데 기본법을 만드는 과정에서 충돌하는 다른 규범들과의 상충을 고려하지 않는 경우가 많아 현장에서는 혼란이 올 수밖에 없었다.

새로운 기술의 발전과 활용은 법 제정의 동기가 될 수 있다. 그런데 먼저 선행해야 할 것이 기존 법률의 체계에서 흡수할 수 있는지, 즉 기존 법률의 해석과 개정을 통해서 새로운 현상을 포섭할 수 있는지를 살피는 것이다. 그렇게 했는데도 기존 법체계와 독립적으로 다룰 필요가 있을 때 비로소 일반법이든 특별법이든 제정하는 것이 바람직하다.

한 사회에서 필요한 법의 양도 중요하지만 그만큼 중요한 것이 법의 질이다. 법의 질이 좋은지 나쁜지는 쉽게 알 수 없다. 다행히 간접적으로 그에 대한 질적 평가를 해볼 수 있는 방법이 있다. 제정되고 혹은 개정되고 얼마나 빨리 다시 개정되는가를 보는 것이다. 제·개정이 된 지 얼마 되지 않아 바뀌는 법은 숙고의 시간이 짧았다고 볼 수 있다. 물론 예외적으로 혁신적인 사항을 다루는 법률은 일단 시행해보고 수정을 거치려는 목적을 갖는 경우가 종종 있다. 가보지 않은 길에 대한 법이니만큼 수정을 거치면서 개선해 가는 것도 나름 합리적이다. 하지만 어느덧 많은 법률들이 행정부의 정책을 구현하기 위한 수단으로써의 역할에 그치고 있음은 안타까운 일이다.

노모스와
코스모스

법의 지배는 법치주의를 가장 간명하게 표현한다. 법의 지배라는 단어가 처음 나왔을 때 여기에서의 법은 단순한 제정법이 아닌 그 사회가 가지고 있는 그리고 시민이 공유하는 근본적인 이념과 사상이 투영된 규범을 의미했다. 이러한 규범은 지극히 정상적인 질서를 의미하는 것으로써 그리스어로는 '노모스nomos', 로마어로는 '이우스Ius'다. 따라서 국회에서 만들어낸 모든 법이 '법의 지배'라는 본래 의미와 부합한 것은 아니다. 법의 이념과 가치가 투영된 법도 있지만 그렇지 않은 법도 있을 것이고 전자의 경우에는 법의 지배이지만 후자의 경우에는 법을 통한 지배라고 할 수 있다. 이러한 법을 통한 지배를 '형식적 법치주의'라고 부른다.

법이 투영하고자 하는 이념과 가치는 무엇일까. 아마도 우리 사회가 공통적으로 공유해온 가치, 일반인의 건전한 상식 정도를 말할 것이며, 구체적으로는 정의·공정·형평·포용·효용 등 다양한 요소로 형성될 수 있다. 이 중에서도 중요한 요소 두 가지를 고르라면 법의 제정 목적으로써 '사회적 효용'과 내용적 요소로써 '공평한 배분'이다.[136] 여기에서의 공평함은 이익 배분의 공평함뿐만 아니라 사회적 부담의 공평함이다. 이러한 가치가 투영된 법에 의한 지배가 '실질적 법치주의'라 할 것이고, 단순히 정치적 혹은 정책적 의지를 담기 위해 법을 사용한 경우라면 형식적 법치주의에 가깝다.

법치주의를 제대로 구현하기 위해서는 법을 준수해야 하는 시민의 수용이 필요하다. 법은 공포되지 않는 한 효력을 발휘할 수 없다. 그리고 공포는 새로운 규범에 대해서 알리는 것을 말한다. 이 이야기는 법을 준수해야 할 사람들이 그 법의 내용을 알아야 한다는 것이다. 미리 알 필요까지는 없더라도 자신의 일이 되었을 때 그 법을 읽고 이해할 수 있어야 한다는 것이다. 그런데 지금의 법은 용어적으로 너무 어렵다. 거기에 수많은 준용규정이 있고 위임규정에 따라 아래로, 아래로 위임을 한다. 그러다 보니 자신에게 적용되는 조항을 찾아내기까지는 상당한 수고를 거듭해야 한다.

법이 새로운 사회적 상황에 맞춰 시의 적절하게 변하는 것도 법치주의의 한 모습이다. 적용 대상의 상황에 부합하지 않는 법은 룰rule이 아닌 허들hurdle이 될 수 있다. 규제 상황을 예로 들 수 있다. 보안기술이 잘 발달되었음에도 불구하고 전자상거래에서 수많은 규제를 두는 것이다. 규제를 만들어내는 주된 이유가 위험이라는 점에서 위험의 예측 가능성과 통제 가능성이 높아질수록 규제의 크기와 무게는 줄어들어야 한다. 스스로 능동적으로 조정을 거치면서 발전과 성장을 거듭하는 것을 '코스모스cosmos'라고 한다.

통상적으로 우리가 알고 있는 조화harmony라는 의미와 일맥상통하다. 끊임없는 변화를 통해 자신을 둘러싼 모든 것들과 최적의 조화를 이루는 것이다. 코스모스적 법이야 말로 좋은 법이다.[137]

양적으로 부족한 법은 사회적 충돌 상황을 제대로 규율하지 못한다는 점에서 바람직하지 않다. 내용면에서 법이 목적하는 사회적 효용을 다하지 못하고, 이익과 부담의 공평한 배분이 이루어지지 않은 법도 역시 바람직하지 않다. 좋은 법은 양과 질이 모두 중요하다. 적어도 양이 질로 승화되는 것을 막연히 기다리는 것은 법에는 적용되지 않는 것 같다.

균형적
정의

최근 우리 사회의 일상을 전하는 매스미디어의 뉴스 및 드라마가 전하는 화두는 '정의와 공평의 가치'다. 일상에서도 실제로 정의를 상실한 사회를 안타까워하고 공정하지 않은 관행들을 깰것을 요구한다. 아마 길에서 마주치는 모든 사람에게 묻는다고 해도 대부분 대답은 '우리 사회는 아직 정의롭지 못하다' 혹은 '더 공정해져야 한다' 등일 것이다. 그런데 한 가지 아이러니한 것은 이러한 질문과 답은 수년간 지속적으로 변하지 않고 제기되어왔던 것이고 모두가 정의와 공평을 갈구함에도 불구하고 아직 그 갈구에 비해 변화가 느리다는 점이다. 물론 이러한 현상을 모두 사람들의 집단 의지의 약화로 보기는 어렵다.

오히려 우리 사회 구성원 대부분이 정의를 외치면서도 그다지 정의롭지 않은 사회가 지속되는 이유는 정의 관념이 약화되어서가 아니라 각자가 각기 다른 주관적 정의 관념을 가지고 있기 때문이다. 주관적 정의 관념은 먼저 사실의 인식에서부터 달라진다. 바로 '내로남불'이다. 내가 하면 로맨스이고 남이 하면 불륜이다. 똑같은 행위를 해도 내가 하는 일은 정당한 일이라고 생각하고, 불편함을 겪으면 자신이 야기한 원인에 관계없이 자신은 무고한 피해자라고 생각하는 것 때문이다. 요즘 많이 문제되는 층간 소음 문제에 빗대어보면 밖에서는 정의를 이야기하지만, 정작 집에 와서는 새벽 내내 떠들고 돌아다니거나 세탁기를 돌리면서도 아랫집에서 항의를 하면 뭐 그 정도도 못 참아주느냐고 도리어 역정을 내고 상대방을 부정의한 사람으로 몰아 부친다. 아마도 모두가 객관화된 정의 관념을 가지고 이를 자기의 삶 속에서 구현해왔다면 우리 사회는 이미 공정해졌어야 한다. 자신을 제외한 타인에 대한 엄격한 비판의 자세에 대해서 미국의 통계학자 한스 로슬링Hans Rosling은 그의 책《팩트풀니스Factfulness》에서 이를 비난 본능으로 설명한다. 잘못한 쪽을 찾아내려는 본능과 그 비난 대상에 대한 집착은 진실과 사실을 이해하는 능력을 방해한다고 한다.[138]

두 번째가 정의를 보는 시각의 차이다. 특히 진영 논리 혹은 이데올로기 논리 그리고 지역 논리가 강한 우리나라에서는 각자의 입장에 따라 정의 관념이 새롭게 정립된다. 보수 지지자들은 보수가 하는 일은 모두 정의롭다고 보지만, 진보 지지자들은 진보가 하는 일은 모두 정의롭다고 보는 경우다. 하지만 현실에서는 보수도 부패할 수 있고, 진보도 부패할 수 있다.

무엇이 정의인가에 대해 입장이 갈리는 것은 전형적인 정의론적 개념에서도 차이가 있기 때문이다. 하나의 사실을 가정해보자. 배가 난파되어 승객들 모두가 바다에 빠졌다. 서너 명의 승객이 작은 널빤지에 겨우 몸을 기댄 채 구조선을 기다리고 있는데 거기에 다른 한 사람이 나타나 그 널빤지에 같이 매달리려고 한다. 현재 매달려 있는 사람들은 새로운 사람이 매달릴 경우 모두 죽는다고 생각하고 다가오는 사람을 밀어냈고 그 사람은 물에 빠져 죽었다.

고대 그리스 철학자 카르네아데스Carneades의 화두다. 독일 철학자 칸트Immanuel Kant의 '의무론적 윤리론'에 따르면 인간은 결코 수단으로 대해서는 안 되므로 다수의 생명을 위한다고 하더라도 개인의 생명을 희생시킬 수는 없다. 즉, 인간의 생명은 다수이든 소수이든 질적인 차이가 없다고 보는 것이다. 반면, 영국 철학자 제러미 벤담이나 존 스튜어트 밀John Stuart Mill과 같은 '목적론적 윤리론'의 입장에 따르면 결과론적으로 다수의 생명을 위해서는 어쩔 수 없이 소수의 생명을 희생할 수밖에 없다고 보는 것이다. 우리 사회에서 정의를 두고 아직까지도 끊임없는 논쟁을 하는 이유 중 하나가 바로 이러한 근본적인 철학적 관점의 차이 때문이다.

오늘날에는 우리가 알고 있던 권선징악으로 표방되는 자연법적인 정의가 아닌 균형적 정의가 법의 새로운 임무로 등장했다. 자연법사상의 대표자인 영국의 철학자 존 로크John Locke는 자연 상태에서 인간은 자유롭고 평등하며 재산을 향유하고 타인으로부터의 침해를 막기 위해 자기 방위를 할 수 있는 자유를 갖는다고 보았으며, 반대로 타인의 자유 역시 침해해서도 안 된다고 보았다.[139] 하지만 새로운 기술혁명 사회는 어디까지가 자연법상의 자유인가를 모호하게 만들었다. 극명하게 내 것과 타인의 것으로 구분될 수 없는 복잡한 이해관계가 형성되었다. 즉, 어느 한편이 선과 악의 역할을 담당하는 것이 아닌 모두가 나름의 정당화 근거를 가진 이익과 이익의 충돌 상황이 나타나게 된 것이다. 예를 들어 단순히 대형마트는 악이고 전통시장은 선으로 구분할 수 없다는 것이다. 대형마트에도 수많은 물품을 납품하는 농부와 어부 및 상공인 그리고 유통 및 판매근로자 등 다양한 사람들이 일을 하고 있다. 전통시장의 소상공인 보호에 국가의 적극적 역할이 필요한 것은 물론이다. 그들은 새로운 사회 변화에서 취약하거니와 종사자들의 연령 역시 고연령대로 이행하고 있기 때문이다. 반드시 고려해야 할 또 다른 사항이 있다. 대형마트와 전통시장의 영역이 매우 빠른 속도로 인터넷쇼핑몰과 플랫폼에 의해 잠식되고 있다는 점이다. 온라인쇼핑몰의 매출 추이는 2013년 48.6조 원에서 2016년 73.8조 원 그리고 2019년에는 135.3조 원으로 큰 폭으로 증가하였다. 이러한 증가 속도는 계속 유지될 가능성이 높다. 2019년 정보통신정책연구원의 전자상거래 경험률 조사에 따르면 20대 84%, 30대 85%, 40대 75%, 50대 57%, 60대 27%로 나타났다. 가장 소비성향이 큰 연령대에서 전자상거래 경험률이 높고 나이가 들어감에도 그러한 경험이 유지될 것이라고 본다면 인터넷쇼핑의 성장은 충분히 예상할 수 있다.

그렇다면 방법은 두 가지이다. 새로운 사이버 시장과 기존의 오프라인 시장과의 균형을 위해 어떻게 규제할 것인지 그리고 상호 공존할 수는 없는 것이지 여부이다. 예를 들어 후자의 경우에는 포털이 운영하는 쇼핑 사이트를 전통시장에 연결하거나 배달 플랫폼을 통해 전통시장의 상품을 소비자에게 전달할 수 있는 방안을 생각해볼 수 있다. 따라서 법이 담당해야 할 영역과 법률가의 역할은 과거에 비해 훨씬 복잡하고 다양한 지식과 전문화 그리고 넓은 시각이 강조된다.

법이 한 사회에서 정의와 균형을 달성하는 주요한 수단으로 작동하기 위해서는 시민의 수용성이 중요하다. 시민의 수용성은 법에 대한 신뢰를 의미하며, 이는 법이 살아서 숨쉬기 위한 전제 요건, 즉 법의 생존 조건이다.

법을 구성하는 요소들의 변화도 필요하다. 법에 대해서 접근하는 방식은 다양하지만 대체로 입법과 행정 그리고 사법으로 나누는 것에 대해서는 크게 이견이 없을 것이다. 룰rule을 세우는 것은 법의 시작이다. 그간 우리나라에서는 법률가의 역할이 소송과 법원을 중심으로 강조되어왔으며 상대적으로 입법의 역할은 경시되어 있었으며 단순히 정치의 영역으로 여겨왔다. 매년 수많은 입법이 이루어지지만 입법의 이유에서부터 이해관계의 조절 그리고 집행 과정에서의 문제점, 사법적 판단에서의 쟁점들에 대한 검토는 제대로 이루어지고 있다고 보기는 어렵다. 매우 간단한 '입법 이유서'와 '전문위원 검토 보고서' 정도로 만족해야 한다. 입법이 학교에서 가르쳐져야 하며, 변호사들이 입법의 영역에서 보다 적극적인 역할을 해야 하는 이유다. 개인적으로 해보고 싶은 것은, 초·중등 교육에서 분야를 하나 정해주고 자신이 생각하는 바람직한 법을 만들어보라는 과제를 주는 것이다. 아마도 과제를 받은 학생은 제1조에서부터 마지막 조항까지 자신이 생각하는 정의롭고 사회 공동체 모두를 위하는 내용으로 빼곡하게 채워 넣을 것이다. 이것이 바로 시민의 공부다.

법적 창의성은 현재의 법을 어떻게 해석해야 하고 어떻게 해서 소송에서 이길 것인가의 문제가 아니라 우리 사회가 가지고 있는 노령화, 인구 절벽, 세대 간 소통, 자유와 규제의 균형 등 제반 문제에 대해 법이 이를 어떻게 규율할 것인가에 대한 담론이다. 옛날에는 딱히 법적 창의성이 필요하지 않았다. 그때는 우리가 다른 나라의 법을 배워야 하는 때여서 우리가 고민하기보다는 다른 나라의 법을 번역해왔고 다른 나라의 이론을 전수하면 되었기 때문이다. 이제는 상황이 다르다. 법을 수출하기도 하고, IT와 같은 특정 분야에서는 선도적인 국가가 되었다. 실제로 독일이나 일본의 일부 학자들은 한국의 IT 관련 판례를 번역해서 보기도 한다. 우리가 다른 나라의 법을 베낄 필요가 점점 더 없어지고 있다. 우리 스스로 우리의 문제에 천착해서 해결 방안을 찾고 동의를 얻어 규범화해야 하는 단계에 이르렀다. 그래서 지금은 법적 창의성을 길러야 한다.

법은 절대적인 것이라거나 사상적 고뇌의 결정체라는 생각도 바꿀 필요가 있다. 법의 역사는 권력자의 의지와 시민의 힘 그리고 현실의 필요에 의해서 탄생되었다고 보는 것이 맞다. 삶이 법의 배경이고 역사 그 자체이기 때문이다.

관행과
부정의

법은 제대로 집행되고 있는가? 법의 첫 번째 해석은 행정에서 시작한다. 법은 복잡한 현실에 추상화된 조문을 적용할 수 있도록 일정한 재량을 부여한다. 그런데 그 재량을 과소하게 행사하면 소극행위 또는 복지부동이 되는 것이며, 과도하게 행사하면 남용이 된다. 한편, 네트워크로 강하게 연결되어 있는 우리 사회에서 행정 관행은 신속하게 공유되며 한 곳에서의 잘못된 관행은 모든 곳에서의 부정의의 단초가 될 수 있다.

법이 잘 지켜지지 않은 이유는 무엇일까? 사소한 일상에서 그 답을 찾아볼 수 있다. 공원이나 놀이터에서 견주는 동반한 개에게 반드시 목줄을 착용시켜야 한다. 개가 목줄을 하지 않은 채 공원을 다닐 경우, 〈동물보호법〉에 따라 견주는 20만 원의 과태료를 내야 한다. 하지만 여전히 목줄 없이 개와 다니는 사람들이 많은 반면,

단속은 제대로 이루어지지 않고 있다. 도로에서의 끼어들기, 쓰레기 무단 투기 등 다양한 위법행위가 있지만, 이에 대한 제재가 제대로 이루어지고 있다고 믿는 사람은 그리 많지 않다. 그러다 보니 걸리는 것을 재수 없는 일로 생각한다. 대신 무리한 단속도 있다. 심각한 주차난을 겪는 주택가에서 새벽 3시에 주차 단속을 나와 과태료를 부과하기도 한다. 지금처럼 자동차가 필수품으로 보급될지 몰랐던 시절에 만들어진 구도심 주택가에서는 소방차 등 긴급 차량을 포함하여 통행에 지장이 없다면 주차 단속도 현실 상황을 고려할 필요가 있다.

사법 작용은 잘 이루어지고 있는가? 검찰에 대해서는 거악과 맞서 싸운 헌신에도 불구하고 정치 검찰의 오명과 함께 검찰 내부의 폐쇄적 패밀리 문화와 민주적 통제의 미흡이라는 지적이 계속되고 있다. 법원은 선출되지 않은 권력임에도 불구하고 믿을만한 정의의 보루로 남아 있었다. 그러나 '사법 농단'을 계기로 드러난 사법부의 모습은 실망스러웠다. 사법부는 성을 쌓았고, 그 안에서 스스로 국민이 부여한 권력 이상의 더 큰 권력이 되었다. 사법부의 독립이라는 헌법적 가치는 사법 권력의 방패로 오용되기도 하였다. 한때 논의되었던 법원의 개혁도 자세히 뜯어보면 결과적으로 과거에 비해 크게 달라졌다고 보기 어렵다. 사법 농단 이후 사법 개혁의 기치가 높게 솟아올랐지만 뚜렷한 변화는 보이지 않았다.

프랑스의 철학자 루이 알튀세르Louis Althusser는 '히말라야의 토끼'라는 재미있는 심리적 현상을 설명한다. 히말라야에 사는 토끼는 평지에 사는 코끼리보다 자신이 우월하다고 생각한다는 것이다. 높은 곳에서 사는 토끼의 눈에는 상대적으로 낮은 곳에 있는 코끼리가 작아 보이는 착시가 나타나기 때문이다. 위에서 내려다볼 때 실제의 크기가 작아 보이게 시각이 왜곡되는 것은 본능적인 것인데, 한스 로슬링은 이를 '간극 본능'으로 설명한다.[140]

국민들이 재판부에 존경심을 표하는 이유는 판사들의 총명함에 대한 것이 아니라 법정의 권위에 대한 경의 때문이다. 법대가 높아 그 아래에서 재판을 받는 사람들이 순종하는 것이 결코 아니다. 적어도 사법부만큼은 공정하게 외압에 치우치지 않고 자신의 이야기를 들어줄 것이라고 믿기 때문이다. 그래서 사법부의 권위를 인정하는 것이다. 법원의 권위가 무너지면 재판의 결과에 대한 불복과 부정이 표출될 수 있다. 그래서 지금 법원에게 중요한 것은 법원의 폐쇄적 문화와 위계적 거버넌스governance, 즉 '자기가 속한 질서에서 독립'[141]하는 것이다.

정치적 의미가 큰 사법부의 독립을 일반 시민들의 입장에서는 크게 중요한 문제로 생각하지 않기도 한다. 전체 사건 중에서 75% 정도가 개인의 이익 여부를 결정하는 민사재판이기 때문이다. 오직 나의 재판이 공정하게 이루어지기만을 바라는 것이다. 여기에서의 핵심은 '전관예우'의 문제다. 많은 사람들이 과거에 비해 전관예우가 없어지고 있다고 믿지만, 특히 형사사건에서 검찰과 법원 출신 전관의 영향력은 여전히 크게 작용한다고 보고 있다. 그러다 보니 소송의 전 과정에서 신뢰성과 투명성 확보를 위한 노력은 더욱 필요하다.

　한 가지 간과해서는 안 되는 것이 있다. 소송의 신속한 진행이다. 법을 다루는 입장에서도 소송은 여전히 곤혹스러운 일 중 하나다. 대부분의 사람들이 살면서 억울한 일을 당하게 되지만 그대로 참고 넘어가는 이유는 소송이 무서운 것이 아니라 소송 과정에서 겪게 되는 시간적·정신적 고통 때문이다. 그래서 진짜 나쁜 사람들은 자신이 잘못해놓고도 상대방을 괴롭히기 위해 소송을 제기하기도 한다. 자신이 가해자이면서도 '법적 대응'을 운운하는 것이 그것이다. 결국 소송에서 이기기 어려운 상대는 진실의 편에 선 사람이 아니라는 자조적인 이야기가 나오는 것이다. 진짜 나쁜 놈이 억울한 사람에게 하는 말이 있다. "나 돈 많고 시간도 많은데 소송할 테면 해봐." 이런 말이 권리 구제를 원하는 사람에게 스스로 재판받을 기회를 포기하게 만든다면 사법은 스스로를 돌아봐야 한다.

사법부의 권위와
법관의 양심

권위는 사법부의 위치와 역할에서 빠질 수 없는 요소이다. 법원은 갈등 해결의 마지막 단계다. 그래서 국민들이 법원에 거는 기대는 매우 큰 편이다. 그러나 상고법원의 설치를 대가로 한 대법원의 재판 거래 의혹이 언론을 통해 보도되면서 사법부가 공정한 판단을 하지 않을 수도 있겠다는 생각을 하기 시작했다. 법원에 대한 불만은 자신의 사건과 관련하여 만족할만한 판단이 나오지 않았을 때 주로 표출되었다. 그러한 불만은 늘 있어왔던 것으로 사실 재판 결과에 대한 개인의 불편한 감정 정도로 받아들여졌고 사법 시스템 자체의 문제라고 보기는 어려웠다. 그런데 사법 시스템의 불공정을 둘러싸고 불편함과 질문들이 나오기 시작한 것이다.

〈슈츠〉(2018), 〈미스 함무라비〉(2018), 〈무법 변호사〉(2018), 〈검법남녀 1, 2〉(2018, 2019), 〈검사내전〉(2019), 〈비밀의 숲 1, 2〉(2017,

2020), 〈빈센트〉(2021) 등 법을 다룬 드라마들이 인기를 끌었다. 법을 주제로 한 드라마는 조금씩 늘고 있지만, 최근에는 각 방송사의 주요 시간대를 장악했으며 마니아층도 크게 확대되고 있다. 그 원인에 대해서는 소재의 현실성, 권선징악 등 의견이 분분하다. 갑작스러운 관심 증가에 대한 설득력 있는 설명은 국민들이 자신들의 권리에 눈을 뜨게 되면서 권리 실현의 주요 수단인 사법 시스템에도 관심을 가지기 시작했고, 정의와 부정의가 혼재된 복잡한 세상에서 권선징악을 확인하고 싶어 한다는 것이다. 일종의 카타르시스 작용이다.

그렇다고 법원의 판결이 소위 '국민정서법'에 따라야 하는 것은 아니다. 법관의 역할은 적극적으로 정의를 실현하기보다는 법을 현실의 사건에 적용하는 것이다. 이상하게 들릴 수 있다. 법관이 정의를 실현하지 않는다고? 법의 역할이 정의의 실현이지, 법관이 적극적 정의를 실현하기 위해 마음대로 법을 해석해서 적용해서는 안 된다는 의미이다. 적극적인 정의의 실현이 과도할 경우 무고한 피해가 발생할 수 있기 때문이며, 법관의 개인적 성향 또는 당시의 지배적 이념에 휩쓸릴 경우 부작용이 발생하기 때문이다.

나치 시대 피의 재판관이라고 불렸던 롤란트 프라이슬러 Roland Freisler는 자의적 재판관의 대표적 예이다. 나치의 열렬한 지지자였던 그는 건전한 국민감정을 따른다는 이유로 법정에서의 인격 모독은 물론이며, 나치에 반대하는 수많은 정치범들에게 사형선고를 내렸다. 당시 독일의 분위기는 제1차 세계대전 이후 엄청난 전쟁배상금, 하이퍼인플레이션, 프랑스군의 루르 지역 기습 점령 등의 일련 사태로 인해 국민들의 분노가 매우 컸었고 전체주의적 집단 사고가 '건전한 국민감정'으로 착각될 수 있었던 상황이었다. 1945년 미 육군 항공대의 폭격에 의해 법원에서 사망할 때까지 수많은 사람들이 그에 의해 법의 이름으로 희생당했다.

우리 〈헌법〉 제103조는 '법관은 헌법과 법률에 의하여 그 양심에 따라 독립하여 심판한다'고 규정하고 있다. 외부로부터의 압력이나 시류에 휩쓸린 재판을 하지 않도록 하기 위함이다. 대법원 규칙인 '법관 윤리 강령'의 첫 줄 역시 "법관은 국민의 기본적 인권과 정당한 권리 행사를 보장함으로써 자유·평등·정의를 실현하고, 국민으로부터 부여받은 사법권을 법과 양심에 따라 엄정하게 행사하여 민주적 기본 질서와 법치주의를 확립하여야 한다"고 규정하고 있다. 일본 〈헌법〉 제76조 제3항도 우리와 비슷하다. "모든 재판관은 그 양심에 따라 독립하여 그 직권을 행사하고, 이 헌법과 법률에만 구속된다"고 규정하고 있다. 그런데 여기에서 의문이 드는 것이 해당 법관의 양심이 항상 올바른 것이라고 확신할 수 있는가이다. 물론 우리 헌법이나 일본 헌법에서 양심에 따른 재판을 규정할 때 전제로 했던 것은 법관의 양심이 일반인의 보편적 양심과 다르지 않거나 더 고양된 형태라는 것일 것이다. 그럼에도 불구하고 만약 그 법관이 가지고 있는 양심이 독특한 것이라면 어떻게 할 것인가.

양심은 양날의 칼이 될 수도 있다는 말이다. 건전하지 않은 양심 혹은 편향된 방향으로 양심이 형성된 경우 (스스로 옳은 양심을 가지고 있다고 믿지만 편향된 신념을 가지고 있다면) 양심에 의한 재판은 자칫 기대하지 않았던 결과를 초래할 수 있다. 미국 〈연방 헌법〉 제3조(사법부) 제1절에서는 양심이 나오지 않는다. "연방대법원 및 하급법원의 판사는 직무를 성실히 수행하는 한 그 직을 보유하고, 그 직무에 대해서 정기적으로 보수를 받으며, 재임 중 그 보수는 삭감되지 않는다"고 규정하고 있다. 법관의 신분 보장에 중심을 두고 있다.[142] 독일의 경우 역시 〈독일기본법(GG)〉 제97조 제1항은 "법관은 독립적이며 오직 법에만 따른다"고 정하고 있다.

물론 우리, 일본, 미국, 독일의 것 중 어떤 입법례가 옳다고 볼 수 없다. 법관의 양심은 개인적 양심과 달리 법관이라는 직업 수행상의 양심으로서 공정성과 합리성을 그 요소로 한다. 그러나 현실적으로 사람으로서의 양심과 직업상 양심이 명확히 구별될 수 있을지 의문이다. 법관들이 보통 사람의 선량한 법 감정을 가지고 있는 경우가 대부분이라는 점에서 양심의 문제에 대해서는 큰 걱정은 덜 수 있겠지만, 이러한 선과 악의 기준이 아닌 정치적 성향, 사회적 시각 등은 다를 수 있는 여지가 있다. 따라서 가끔은 우리가 법관의 양심에 지나치게 의존하고 있지 않나 하는 생각이 들기도 한다. 그래서 강조되는 것이 '법관 스스로부터의 독립'이다.

이전에 출간한 책인 《법의 지도》에서 올리버 웬들 홈스Oliver Wendell Holmes 판사의 일화를 소개한 적이 있다. 미 연방대법원의 대법관인 홈스 판사를 퇴근길에서 만난 한 판사가 위트 넘치는 말로

"Justice! do justice(대법관님! 정의를 실현하세요)."라고 말했는데, 이 때 홈스 판사가 "나는 정의를 실현하는 사람이 아니라 법을 해석하고 적용하는 사람입니다."라고 했던 것도 같은 맥락이라고 할 수 있다. 이와 유사한 사례로 전 미 연방대법원장 존 로버츠John Glover Roberts, Jr.는 다음과 같은 이야기를 한다. "판사는 심판과 같습니다. 심판은 규칙을 만들지 않지요. 규칙을 적용할 뿐입니다. 심판과 판사의 역할은 중요합니다. 그들은 모든 사람들이 규칙에 따라 경기하도록 감독합니다. 그러나 그 역할은 제한적입니다. 누구도 야구경기에 심판을 보러 가진 않습니다."[143]

　　프랑스의 정치철학자 몽테스키외Charles Louis de Secondat Montesqieu는 입법, 행정, 사법이 분리되어 상호 견제를 해야 하는 이유가 자유를 지키기 위해서라고 했다. 그는 권력을 가진 자는 반드시 그것을 남용한다고 보았고 3개의 권력이 서로 견제할 수 있는 구조를 고안했다. 민주주의 원리에 비추어보면 국민들은 스스로의 결정에 의해 선출된 자에게 자신의 권력을 이관한다. 따라서 대통령은 국가 전체의, 국회의원은 지역구 주민의 권력을 기반으로 스스로 민주적 정당성을 갖는다. 그럼에도 불구하고 그들이 가지는 권력의 남용을 우려해 끊임없이 견제 장치를 만드는 것이다. 사법부는 선출된 권력이 아니면서도 독립성을 핵심 요소로 한다. 이론적으로 민주적 정당성에서 다소 약한 구조다. 그래서 미국과 같은 일부 국가에서는 법관을 선거로 뽑기도 하며, 시민이 참여하는 방안을 혼합시키기도 한다. 그렇다고 사법부를 선거로 구성하지 않는 것이 잘못되었다고 할 수도 없다. 선거를 통해 사법부를 구성하지 않는 것은 적어도 일관된 법적 안정성의 확보와 다수에 의한 선택이 가질 수 있는 오류를 극복할 수 있는 장점이 있기 때문이다.

권위는 상대방이 스스로의 이성에 의해 자발적으로 따르는 것이며, 권위주의는 그 이성에 반하여 강요하는 것을 말한다. 사법부가 지켜야 하는 것은 권위주의가 아니라 권위다. 앞으로도 사법부는 국민 스스로가 그 권위를 인정할 수 있도록 개혁 의지를 보여야 한다.

"이 옷은 주권자인 국민이 사법부에 위임한 임무를 상징하는 것입니다." 드라마 〈미스 함무라비〉에서 부장판사가 초임 판사에게 법복을 입혀주면서 한 말이다. 여기에서 국민이 위임한 임무는 바로 공정한 재판이며, 이는 사법부의 존재 가치이며 그 권위의 기반이다.

권력의
균형과 견제

'절대 권력은 절대적으로 부패한다.' 영국의 역사학자 액튼 경 Lord Acton의 말이다. 권력의 속성을 그대로 보여준다. 권력이 쉽게 부패하는 이유는 강력한 권한을 가질 수 있으며 그 권한을 통해 다른 사람들을 통제할 수 있되 그 스스로는 누구에게도 통제받지 않기 때문이다. 마치 영화 〈반지의 제왕The lord of the rings〉(2001)에서 나오는 '절대 반지'를 끼고 있는 것과 같다. 모든 사람들에게 그 반지는 거역할 수 없는 유혹이었고 죽음과 삶을 뛰어넘으면서 반지를 탐한다. 절대 권력을 위해 모든 것을 바치는 인간의 모습과 닮아 있다. 절대 반지를 차지하는 순간 아무리 성정이 굳고 착한 사람이라도 유혹에서 쉽게 빠져나오지 못한다. 그래서 인간의 천성인 자유를 열망하는 사람들이 이를 막기 위해 반대편에 선다.

우리나라에서는 군사독재 시절 군의 일부를 중심으로 권력의 공유가 이루어졌고, 이에 부수하여 군 정보 및 수사기관 그리고 정보 당국을 중심으로 사찰을 통해 권력이 유지되어왔다. 그러나 이러한 비정상적 권력 구조는 민주화 과정을 통해 재편되었다. 군사독재 시대가 가고 군과 정보 당국이 힘을 잃자 그 자리에 검찰 권력이 자리한다. 수많은 일선 검사들의 노고에도 불구하고 일부 검사들에 의해 정치화되거나 내부적인 비리에 둔감해진 검찰에 대하여 국민들은 견제와 균형을 요구하게 된다.

시스템의 문제인가,
개인의 문제인가

권력을 둘러싸고 벌어지는 권한의 남용과 이익 추구 행위 등이 조직의 문제인가, 개인의 일탈인가를 따져볼 필요가 있다. 정치 지향성과 이익의 추구는 본질적으로 개인의 문제다. 우리의 검찰 제도와 유사한 독일에서는 같은 문제를 찾아보기 힘들다. 독일 검찰이 우리보다 훨씬 건전해서가 아니라 독일이라는 사회가 겪어온 문화적 차이 때문이다. 독일의 정치체제는 한 사람에게 권한이 집중되어 있지 않으며, 여러 정당들이 상호 견제하는 구조다. 따라서 권력의 독단적 사용이 어려우며, 이에 대한 사회적 기준 및 평가 또한 매우 엄격하다. 특히 정치·사회 전반에서 걸친 시민 참여는 권한의 남용을 방지하는 데 기여하고 있다. 이러한 문화는 독일의 제후국諸侯國 시기의 경험에서 나온다. 황제가 있지만 여전히 각 지역의 제후들이 견제하고, 또 선제후라고 부르는 힘 있는 제후들이 황제를 추대할 권한을 갖기 때문이다. 나치 시대를 제외하고는 그들의 역사는 대체로 권력의 분산과 견제를 기반으로 하였다. 여기에 더해 독일은 판·검사가 되면 정년퇴직 때까지 직을 다하다가 공익 활동을 하는 연금 생활자로 남는 경우가 많다. 이와 반대로 우리는 판·검사의 직이 변호사 활동의 강력한 발판이 된다.

검찰 개혁의 중요한 한 축은 독립성이다. 독립성에 대해서는 정치로부터의 독립만을 생각하기 쉽다. 물론 정치로부터의 독립이 개혁에서 가장 중요한 사항이다. 그러나 또 하나의 중요한 독립은 '내부로부터의 독립'이다. 현직과 전직을 포함하여 검찰 패밀리라는 개념은 전관예우를 용인하였으며, 내부적 투명성마저 가려 전·현직 검찰 간부가 물의를 빚는 일이 잇달아 발생했지만 수사가 지체되거나 또는 불기소되거나 낮은 처벌을 받는 등 일반인의 법적 기준과는 맞지 않는 결과들을 쉽게 찾아볼 수 있다. 한때 떠들썩했던 라임 사건과 관련하여 검사들이 룸살롱에서 접대를 받은 것이 문제되었다. 1명의 검사가 〈청탁금지법〉 위반으로 기소되었지만 다른 검사들은 접대 받은 금액이 형사처벌의 기준이 되는 100만 원을 간신히 넘지 않아 기소되지 않았다. 접대를 뇌물로 볼 수 있지 않느냐라는 문제 제기가 있었지만 해당 접대가 뇌물로 연결되기에는 여러 가지 사실관계의 확정이 뒤따라야 하는 부분이 있었다. 하지만 일반인들의 시각에서는 검찰의 제식구 감싸기로 비추어졌다. 검찰이 그간 전관과 현관에 대한 사건에서 신뢰를 주지 못한 탓이다. 따라서 개혁의 주된 방향은 정치적·내부적 독립성 및 투명성의 회복이 되어야 한다.

정치적 독립성의 핵심은 '지시로부터의 자유'다. 정치권력의 개입은 검찰을 권력의 칼로 만든 원인이다. 역대 정부의 검찰개혁은 성공하지 못했다. 근본적인 이유는 날이 선 칼을 다른 사람이 가지고 있을 때는 개혁을 외치지만, 정작 정치적 승리를 거머쥐었을 때는 자신을 지키는 든든한 무기로 사용했기 때문이다. 모두가 검찰을 잘 쓰겠다고 하지만 번번이 공염불에 그치고 만다. 어떻게 보면 칼로써 기능하는 조직의 숙명일 수도 있다. 때때로 검찰 스스로도 그 역할을 자처하기도 한다. 그러다 외부의 통제가 시작되면 독립성을 내세운다. 선택적 독립성으로 결코 독립을 지킬 수 없으며 독립성을 지키기 위해서는 일관성이 전제가 되어야 한다.

독립성에는 동전의 양면과 같은 존재가 있다. 바로 민주적 정당성이다. 많은 사람들이 독립을 외치지만 쉽게 간과하는 부분이다. 최근에는 모든 건에서 정치적 충돌이 잦아지면서 새로운 기구가 만들어지거나 기존 기구의 개편 필요성이 제기될 때 어김없이 등장하는 것이 독립성이다. 관련 전문가들도 관성적으로 제도적 개선 방향으로 독립성을 이야기한다. 하지만 이에 비해 민주적 정당성을 확보하기 위한 논의는 눈에 띄지 않는다. 견제와 균형이 작동하는 민주주의하에서 독립성을 주는 것은 예외적 지위를 인정하는 것이다. 견제받지 않은 독립은 민주주의 헌법하에서는 존재할 수 없으며, 존재해서도 안 된다. 따라서 독립성이 부여된 경우

법은 민주적 정당성이라는 의무를 함께 부과해야 한다. 민주적 정당성은 자신의 활동에 대해 낱낱이 밝히는 석명의무와 함께 책임성, 투명성으로 구성된다.

한편, 현실적으로 정부를 구성하는 모든 조직이 모두 독립적이라면 정책의 추진에서 협력적 행정은 난망하다. 특히 오늘날과 같이 하나의 행정에 여러 부처가 당사자로 참여하고 협력이 필수적인 상황에서는 횡적 거버넌스가 중요한데 여기에서도 문제가 발생할 수 있다. 따라서 업무의 특성상 태생적으로 독립성이 필요한 조직인지 아닌지를 따져 생각해볼 필요가 있다. 예를 들어 법원·선거관리위원회·중앙은행·검찰·감사원과 같은 조직은 독립성이 필요하다.

독립성과 함께 이야기되는 것이 중립성이다. 문언에 따라서 또는 문맥에 따라서 독립성이 중립성과 같은 의미로 쓰이는 경우가 있다. 그러나 독립성이 외부의 개입으로부터 자주적 의사결정권을 지키려 하는 것이라면, 중립성은 내부적으로 어타 편향된 이익에 치우치지 않는 것으로 조직 스스로 확보해야 하는 것이다. 따라서 독립성과 중립성은 권력기관이 가져야 할 핵심적 요건이다.

권력의 재편과 관련하여 또 다른 화두가 있다. '고위공직자비리수사처'다. 공수처에서 중요한 것은 정치적 독립성과 투명성을 어떻게 지킬 것인가이다. 선한 정부에서 공수처는 선한 칼이 될 수 있지만, 선하지 않은 정부에서는 선하게 쓰이지 않을 수 있기 때문이다. 권력의 속성은 그들 스스로가 성직자가 아닌 이상 선의 편에서 고결하게 남아 있기 어려운 것이 현실이다. 결국에는 권력을 가진 기관들끼리 서로 견제하게 하고 힘의 균형을 이루게 해주어야 한다. 민주주의의 가장 중요한 요소인 견제와 균형의 의미는 여기에서 더욱 명확해진다.

권력은
어떻게 나누어졌는가

초기 원시사회에서 사람들이 모여 살기 시작하면서 규칙이란 것들이 만들어지기 시작한다. 사람은 자신의 이익을 극대화하려는 본능적 욕구가 있고, 필연적으로 그 욕구들이 충돌할 수밖에 없기 때문이다. 그리고 누군가가 규칙을 깨고 이익을 추구하려는 시도가 나타나면 이를 통제하기 위해 물리력이 작동한다. 경찰의 탄생이다. 16세기 절대주의 시대를 거치며 경찰은 커다란 권력으로 성장한다.

공동체에서는 구성원 간 이익의 충돌이 생겼을 때 조사하여 서로의 잘잘못을 가려주는 역할이 필요했다. 씨족사회에서는 마을의 장로들이 그러한 역할을 맡았다. 씨족사회가 왕국의 형태로 발전하면서 그 권한은 왕과 영주가 행사하고 마을의 장로들은 조언자의 역할로 내려 앉는다. 12세기 영국의 커먼로common law(보통법)를 기초한 헨리 2세 때는 관료로 구성된 전문 재판관들이 양성되고, 각 영지에 파견되어 왕의 이름으로 재판권을 행사한다.

비대해진 두 권력인 경찰과 법관들은 본연의 임무를 벗어나 이권에 개입하거나 시민을 억압하기 시작했다. 재산을 뺏기 위해 누명을 씌우기도 하고 소추하고 감금하기도 하였다. 반면, 그즈음 시민들은 근대 계몽주의에 의해 눈을 뜨기 시작한다.

18세기 프랑스 시민혁명 이후 권력분립주의의 영향으로 행정권과 사법권이 분리되기 시작했다. 경찰은 질서유지 및 치안을, 법원은 형사 절차와 수사, 재판 및 형의 집행을 담당하였다. 그러나 경찰의 권한은 실제로 법원을 압도해 남용의 문제가 발생하였으며, 법원의 역할도 너무 컸다. 따라서 이를 견제하고 조정하기 위해 경찰 및 법원의 권한 일부를 떼어 합친 검찰이 탄생한다. 그러나 집중된 권력을 견제하고 인권을 보호하기 위해 탄생한 검찰은 아이러니하게도 오늘날 권력의 아이콘으로 자리 잡았으며, 오히려 견제의 대상이 되었다.

경찰과 검찰 간 관계에서 핵심적인 사항은 수사권이다. 검찰이 수사지휘권을 가지는 것이 좋은 것인지, 경찰이 수사종결권을 가지는 것이 좋은지를 두고 오랜 시간 동안 논란이 있었다. 독일을 비롯한 대륙법계에서는 우리처럼 검사의 수사지휘권을 인정하고 있고, 미국을 비롯한 영미법계에서 검사의 역할은 기소 및 공소의 유지에 보다 더 주안이 두어져 있다. 독일의 검찰권은 제국주의 시대 강력했던 경찰권을 견제하기 위한 것이었으며, 미국의 검찰권은 공판중심주의라는 역사에서 기인한 것이다.

2020년 1월, '형사소송법 개정안'이 통과되면서 일부 사건을 제외하고는 검찰의 수사지휘권이 폐지되었고, 경찰의 1차 수사종결권이 보장되었다. 범죄 혐의가 없다고 판단되거나 경미 사건의 경우 검찰의 수사 지휘 없이도 사건을 종결할 수 있다. 검찰이 직접 관할하는 수사 대상은 일정 금액 이상의 부패 범죄와 경제 범죄, 공직자 범죄, 선거 범죄, 방위사업 범죄, 대형 참사 범죄 6가지에 경찰공무원의 범죄 그리고 경찰이 송치한 범죄와 직접 관련된 인지 범죄까지이다.

같은 해 12월에는 '경찰법 개정안' 그리고 '국정원법 개정안'이 통과되었다. 그 결과 경찰은 국가수사본부, 국가경찰, 시도자치경찰로 나뉘고 국가정보원이 담당하던 대공수사권도 경찰로 이관되었다. 그러나 자치경찰제는 본래적 의미의 자치경찰제로 정착되지 못하고 절반의 형태로 남아 있다.

중요한 과제가 있다. 새로운 경찰 조직과 권한에 대한 민주적 통제이다. 우리 국민들은 일제강점기부터 시작하여 독재 시대를 거치면서 형성된 경찰에 대한 트라우마trauma가 있다. 우려의 핵심은 네 가지이다. 첫째, 인권침해의 가능성은 없는가. 둘째, 외부의 청탁과 압력으로부터 얼마나 자유로울 수 있는가. 셋째, 권한 행사의 투명성은 확보되어 있는가. 넷째, 내부 통제는 잘 이루어지고 있는가.

경찰의 수사 과정에서 인권침해의 가능성이 없는지에 대한 우려는 영화 〈1987〉(2017)에서 그려진 과거 독재 시대 수사의 어두운 기억들이 남아 있기 때문이다. 따라서 경찰 스스로의 인권 의식의 제고도 필요하겠지만 권한의 남용 가능성은 시스템적 통제가 반드시 필요하다는 점에서 인권 보호의 성과를 봐가면서 꾸준히 제도적 정비를 할 필요가 있다.

또 한 가지는 수사종결권을 가지고 있는 경찰이 영향력 있는 인사들의 사건을 그냥 덮지는 않을까 하는 의구심이다. 검찰보다 시민에 대한 접점이 훨씬 넓은 경찰의 경우 외부적 압력에 노출될 가능성이 더 크다. 빈번히 발생하는 경찰 비리에도 불구하고 이를 개인적 일탈로 치부할 것인가 아니면 시스템적 문제로 볼 것인가는 매우 중요하다. 단순히 개인적 일탈의 문제로만 본다면 제도 개선의 여지는 크지 않다. 그러나 이러한 비리 사건은 계속될 것이고 강해진 경찰권은 검찰의 경우처럼 언젠가 다시 쪼개지거나 회수될 것이다. 하지만 만약 이를 시스템적인 문제로 인식한다면 비리의 문제는 현저히 줄어들 수 있다. 조직의 존망과 직결된 리스크로 보고·관리하고 제거해나갈 것이기 때문이다. 아울러 경찰 업무 전반에서 투명성을 확보할 장치 역시 꾸준히 확충해나가야 한다. 자치경찰제가 시행되지만 지역 정치인 및 권력자들과의 결탁 가능성을 어떻게 통제할 것인가는 자치경찰제의 성공 요소 중 하나이다. 자치경찰과 지역 권력과의 물리적 거리가 매우 가깝기 때문이다.

경찰력이 필요한 곳에 적절하게 경찰이 개입하는지도 관건이다. 아동 학대 사건인 '정인이 사건'에서 해당 경찰서는 학대 신고를 받고도 적절하게 대응하지 못했다. 만약 언론이 보도하지 않았다면 아동 학대 사건은 경찰의 수사 실패 속에 그대로 묻힐 수도 있었다. 경찰의 업무 수행을 외부에서 감시하는 조직이 점검해야 한다.

　　역사를 통해서 보건데, 강해진 권력은 통제하기 어려우며 통제되지 않은 권력은 남용되었다. 어느 순간에도 힘은 투명하게 행사되어야 하며, 서로를 견제할 수 있는 힘 간 균형이 필요하다. 권력은 서로 견제할 수 있는 구조로 나누어져야 하며, 그 권력의 통제과정에서는 반드시 의회뿐만 아니라 시민도 직접 참여할 수 있어야 한다. 새로 출범한 공수처를 포함하여 검찰-경찰-공수처가 상호 견제할 수 있어야 하며, 이들 세 기관 모두 시민이 감시할 수 있어야 한다. 그래야 시민의 안전이 지켜지고, 정의로운 결과를 얻을 수 있다.

여론의
법정

배우 해리슨 포드Harrison Ford와 토미 리 존스Tommy Lee Jones라는 두 명의 묵직한 배우가 열연한 명작이 있다. 바로 〈도망자The Fugitive〉(1993)이다. 원래 드라마였는데 영화화되었고 해리슨 포드의 영화 인생에서 기억에 남을 성공작이자, 토미 리 존스를 아카데미 남우조연상 반열에 올린 작품이다. 이 작품은 실제 사건을 모티브로 하였다.

'샘 셰퍼드Sam Sheppard 사건'이다. 1954년 의사인 샘 셰퍼드가 임신한 아내를 살해한 것으로 유죄 판결을 받는다. 그는 범행을 극구 부인했는데, 당시 언론에서는 그가 '아내를 폭행하고 살해했다', '간호사와 불륜 관계였다'는 등의 확인되지 않은 보도를 쏟아냈다. 여론은 적대적이었고 그 영향은 배심원의 판단에도 미쳤다. 그러나 10년 뒤 법원은 당시 재판이 광적으로 편향된 분위기에서 진행되었다는 것을 인정하여 그는 석방된다. DNA 분석 기술이 발달한 1997년에 DNA 분석을 한 결과 사건 현장에 있던 혈흔에서 다른 사람의 DNA가 발견된다.

여론의 법정은 아주 오래되었다. 정적을 제거하기 위해 로마의 명문장가들을 앞세운 귀족들은 당시의 언론의 역할에 해당한 광장에서의 연설에 기대었다. 여론을 통해 정당성을 인정받기 위함이었다. 유명한 연설 중 하나가 시저Caesar를 살해하고 난 뒤 그의 양자인 부르투스Brutus가 광장에서 한 연설이다. "나는 시저를 죽였습니다. 내가 시저를 덜 사랑한 것이 아니라, 로마를 더 사랑했기 때문입니다."

독배를 마시고 죽은 소크라테스 역시 여론 재판의 피해자다. 소피스트들은 자신들의 의견에 반하는 주장을 설파하고 다닌 소크라테스를, 젊은이를 선동하여 민주주의를 위험에 빠뜨린 무도한 선동가로 몰았다. 그의 죄목은 신을 믿지 않은 불경죄와 청소년의 정신을 타락시킨 죄다. 물론 유무죄를 가르는 투표에서 유죄 280표, 무죄 220표로 그의 무죄를 믿는 사람도 많았으나 결국 재판에서 사형이 선고되고 독배를 마신다.[144]

통상 광장의 연설은 시민의 감정에 호소하는 것이었고, 불리한 세부적인 사실들은 감추어지는 것이 일반적이었다. 물론 오늘날의 정보통신 사회에서는 불리한 사실을 감추기가 어려워졌지만 광장의 정치는 과거나 지금이나 혼란스럽기는 마찬가지다. 사람들은 객관적 진실보다 보고 싶은 것을 보기 때문이다.

다수의 의견이 국가나 사회의 방향성을 결정하는 민주주의에서 여론은 정치의 핵심적 역할을 한다. 정치와 여론은 배와 바다의 관계와 같다. 정치가 여론의 바다 위에서 항해하지만, 여론을 따르지 못하는 경우에는 배가 뒤집힐 수 있다. 여론을 따른 정치는 때때로 진리와 합리의 옷을 입은 것처럼 보이기도 하지만, 그 여론 역시도 그때의 합리일 뿐 시간이 흘러 또 다른 정보가 결합될 경우에는 달라지기도 한다.

여론과 재판은 본질적으로 다르다. 특정 개인에 대한 구체적 사실은 변할 수 없는 것이고, 당시 적용되어야 하는 법령 역시도 명확하기 때문이다. 언론을 통한 피의 사실 공표는 여론의 법정을 확대하는 역할을 한다. 사회적으로 알 필요가 있고 국민의 알 권리를 충족하기 위해서는 일정 부분 피의 사실의 공표는 허용되어야 한다. 하지만 지금처럼 피의 사실 공표를 명문으로 금지하고 있지만 아무도 지키지 않고, 법원에서조차도 피의 사실 공표에 대한 사법적 판단을 내린 적도 없다는 점은 혼란스럽다. 이런 상황이다 보니 무차별적으로 기준도 없이 피의 사실이 공표되며, 현실의 법정에 나서기 전에 여론의 법정을 통해 미리 죄를 단죄한다.

여론의 법정이 낳은 부작용 중 대표적인 것 하나가 '드레퓌스 Dreyfus 사건'[145]이다. 이 사건에서 프랑스 정부와 검찰은 교묘하게 여론의 법정을 이용했다. 드레퓌스는 언론과 여론에 의해 이미 유죄였다. 당시 에밀 졸라는 그의 책 《나는 고발한다》에서 여론의 심판을 다음과 같이 표현한다. '더할 나위 없이 가혹한 군중의 저주,

그런데 만일 그가 무고하다면…. 오, 하느님 맙소사!'[146]

어떤 전문가는 피의사실공표죄의 규정은 이미 사문화되었다고 말하기도 한다. 피의사실공표죄를 규정했지만 수사 당국도 이를 지키지 않고, 법원이 판단하지 않았다고 해서 이를 사문화되었다고 해서는 안 된다. '무죄 추정의 원칙'은 어떠한 순간까지도 버려서는 안 될 중요한 가치이기 때문이다. 국민의 알 권리를 이유로 무죄 추정의 원칙을 갈아치우는 일은 허용되어서는 안 된다. 다만 사회적 합의가 있고, 법령에 근거를 마련한다면 피의 사실이 분명하거나 사회적으로 중요한 영향력이 있는 사건 혹은 국민 전체에게 충격을 준 사건인 경우에는 이를 공표할 수 있을 것이다. 국가와 사회적으로 국민의 알 권리가 충족될 필요가 있다면 피의 사실을 공표할 수 있다는 것이다.

수사기관의 자의적 기준에 따른 공표가 통제되어야 하는 이유는 수사기관은 죄를 밝혀야 하는 입장이며, 특히 검찰은 법정에서 피고인의 반대편에 선 원고이기 때문이다. 그러한 수사기관이 법정이라는 경기장에 들어서기 전에 여론을 조성하는 것 자체가 공정한 재판을 저해할 수 있다. 피의 사실을 공표하는 데 당사자로부터 이의가 제기되는 경우 이를 심사할 수 있는 기구를 운영하는 것도 필요하다.

여론을 이용한 변호 전략은 아주 오래전부터 사용되어왔다. TV 카메라나 신문사 기자들 앞에서 뉘우치는 모습으로 꾸며 여론의 반전을 받아내고 재판의 결과에까지 영향을 미치려 하는 것이다. 때로는 정적의 치부를 드러내는 것도 여론의 법정에서 자주 사용되었던 방법이다. 이러한 방식은 오늘날에도 자주 이용되고 있다. 주요 피의자들이 조사를 받으러 가거나 법정에 출두하는 장면에서 휠체어를 타거나 병원 침대에 실려 들어가는 것은 상당한 동정심을 일으킬 수 있어 자주 활용되기도 한다. 미디어는 그 자체로 메시지다. 따라서 미디어에서 보이는 모습이 어떠한가에 따라서 여론이 달라진다. 물론 법관은 공정한 심판의 주재자이자 일반인의 건전한 상식을 대표하는 객관적 존재임을 믿고 싶지만 현실에서 어떠한 영향도 받지 않았는지는 알 수 없다.

여론에 의한 재판이 극명하게 드러난 대표적인 예가 'O. J. 심슨 사건'[147]이다. 당시 미국의 거의 모든 언론들이 각자의 입장에서 이 사건을 조명하고 그를 옹호하거나 비난했다. 그 자체가 관심거리이면서 독자들을 자신들의 매체에 매어둘 수 있었기 때문이다. 이러한 구도는 책의 제목이 되기도 했다. '자유로운 언론 대 자유로운 재판Free Press vs. Free Trials'이다.[148] 물론 심슨 측 변호인 역시도 여론을 통해 이 사건을 인종차별 문제로 끌고 갔다. 미국에서는 여론에 의한 재판이 훨씬 더 민감한 문제로 취급된다. 배심제가 발달된 국가로서 여론은 배심원들에게 영향을 줄 수 있기 때문이다.

여론이 부정의와 정의를 가르고 부정의를 비난하는 일을 가리키는 또 하나의 표현이 '국민정서법'이다. 국민들의 분노가 유무죄를 결정하는 것이다. 모두가 다 알 정도로 죄가 명백하고 증거도 차고 넘치는 상황에서조차 국민정서법을 부인하고 싶지는 않다.

그 정도로 나쁜 사람은 국민들의 분노 대상이 되어야 하기 때문이다. 하지만 그렇지 않은 경우에 작동하는 국민정서법은 위험하다. 억울하게 죄를 뒤집어썼을 수도 있고, 여론에 의해 한곳으로 몰아진 상황일 수도 있기 때문이다. 재심으로 그 무고함을 증명한 사람들 역시 당시에는 여론의 돌팔매를 맞았다.

많은 사건은 피상적으로 보이는 모습 이면에 다른 이유와 상황들을 간직하고 있다. 그래서 법관에 의해 꼼꼼히 하나씩 살펴보는 재판의 과정이 필요한 것이다. 물론 반대의 경우도 있다. 실제로 죄를 졌음에도 불구하고 여론을 호도하여 무죄의 취지로 분위기를 만들어가는 경우도 있다. 이를 구별해내는 것도 수사기관과 판사의 역할이다.

유튜브 등 새로운 플랫폼과 소셜 미디어의 발달은 오늘날 여론의 법정을 더욱 확대시켰다. 과거에는 전통적 언론에 해당하는 방송 채널과 신문만 잡으면 되었으나, 오늘날은 어디까지 여론 형성의 수단이 확장될 수 있는지 알 수 없을 정도로 그 범위는 더욱 넓어졌다. 그러다 보니 각각의 정치적 성향에 따라 혹은 이해에 따라 가짜 뉴스 등을 통해 여론을 조작하거나 유도하는 일이 발생하고 있다. 이러한 새로운 매체의 보도가 얼마나 재판의 결과에 영향을 주는지는 알 수 없으며, 역시 배심원들에게 어떠한 영향을 주는지도 알 수 없다. 판사들은 오랜 시간 법을 공부하고 훈련을 받고, 재판의 경험을 통해 사실을 객관화시키는 것에 뛰어나다. 그러나 여전히 여론이 형량에 영향을 미칠 수 있다는 점을 배제할 수는 없다. 특히

나 사회적 관심이 높은 사건일수록 그 가능성은 더 높아진다.[149]

여론의 법정은 형사재판에 국한되지 않는다. 민사일 수도 있고 행정일 수도 있다. '타다' 서비스가 법정으로 갔을 때 우리는 여론의 재판을 경험했다. 언론은 두 편으로 나뉘어 서로를 옹호하였고 당사자들은 각자의 입장에 따라 여론몰이를 하였다. 현실의 법정은 타다가 〈여객자동차법〉을 위반한 것으로 결론을 내렸다.

여론의 속성은 일관되지 않다는 것이다. 사안에 따라 어제는 방어를 했지만 오늘은 여론을 통해 공격을 하고, 그 다음 날은 이익에 따라 여론의 법정 대신 현실의 법정에서의 결과를 차분히 기다리자고 한다. 여론이 형성되는 것은 자연스럽다. 핵심적 역할은 언론이 한다. 따라서 언론이 중립성을 잃는 순간 여론은 객관적이지 않다. 그냥 편향적 분노 자체일 뿐이다. 여론이 현실의 법정에 영향을 미치는 것은 결코 바람직하지 않다. 재판부 역시도 여론의 법정에 휘둘리지 않아야 함은 역시 당연하다.

사람이 사는 세상에서 여론의 법정은 사라지지 않는다. 오히려 여론의 법정이 사라지는 것이 건강하지 않은 사회일 수 있다. 언론 역시 표현의 자유를 통해 여론의 법정을 이끌 것이다. 그러나 여론의 법정이 너무 큰 영향력을 가질 경우 이성이 아닌 감성에 의한 재판이 이루어질 수 있다. 정의의 여신 디케Dike가 눈을 가린 이유도 바로 이런 이유일 것이다. 감성에 흔들린 규범은 지속 가능하지 않으며, 지금의 감성적 정의가 언젠가는 감성적 부정의를 만들어낼 수 있음을 잊지 않아야 한다.

정치의 사법화,
사법의 정치화

인류 역사에서 씨족이 형성되고 하나의 부족 체제를 갖추어 나가게 되면서 공식적인 권력이 발생하게 되었다. 초창기 왕은 종교적인 제사장의 역할을 하는 신권과 세속에서 조세 징수, 질서유지, 외부 침략으로부터의 방어를 중심으로 한 권력이 하나로 통합되어 있었다. 신권과 세속의 권리가 자연스럽게 결합되었던 것은 부족의 어른이 맨 앞에서 제사를 주관하게 되는데, 부족장 또는 왕이 자연스럽게 집단의 맨 앞에서 제사장의 역할을 수행했기 때문이다.

권력을 유지하기 위해서는 세속의 권리를 통한 강압적 복종을 요구하기보다는 자발적인 순응을 유도하는 것이 훨씬 좋다. 그런데 제사장으로서의 지위를 가질 경우 종교적 신성함을 함께 덧입힐 수 있어 자발적인 순응의 유도가 가능했다. 초기 국가의 대부분에서 찾아볼 수 있는 모습이다. 그러다가 부족이 국가의 모습으로 팽창하고 국가적 영토 확장이 이루어지면서 세속의 왕으로서의 역할은 더욱 강대해졌고 종교적 제사장의 역할을 함께 영위해야 할 필요성은 점차 줄어든다. 종교의 옷을 입지 않아도 이미 충분히 힘을 가졌기 때문이다.

이 시기에 왕이 권력을 유지하는 데 가장 필요한 것은 사법권이다. 여기에서의 사법권은 치안을 담당하는 경찰권과 벌을 부과하는 재판권이다. 중세를 거쳐 르네상스 시절 이전까지도 왕의 법정은 이 두 가지 권한을 쥔 채 강력한 힘을 발휘하였다.

행정권과 입법권 그리고 사법권의 분리는 몽테스키외의 '삼권분립론'이 확산되면서 분화되기 시작한다. 근대국가의 형성과 제1, 2차 세계대전 이후 민주공화국이 성립되면서 오늘날의 모습을 갖추게 되었다. 물론 세계 모든 나라가 행정권과 입법권 그리고 사법권이 명확히 분리되었다고 보기는 어렵다. 의원내각제 국가인 경우에는 자연스럽게 행정권과 입법권이 결합되기도 한다. 다만 의원내각제든 대통령제든 사법권의 독립은 공통적이다.

오늘날 '정치의 사법화와 사법의 정치화'라는 이슈가 자주 등장하고 있다. 사법권의 독립은 헌법적 가치에 해당하는 것으로 민주주의의 안전판이라고 할 수 있다. 독립적이면서 중립적인 기관에 의해 재판을 받는 것은 인권의 보장뿐만 아니라 시민 스스로가 자유롭게 권리를 주장할 수 있는 기반이 된다는 점에서 민주주의의 핵심적인 요소다.

여기에서 주의해야 할 것이 정치와 법의 관계를 정치와 사법司法의 관계로 혼돈해서는 안 된다는 점이다. 정치와 법은 서로 분리할 수 없는 밀접한 관계이지만, 정치와 사법은 항상 일정한 거리를 두어야 하는 관계다. 법의 내용은 이익이다. 크게는 공익과 공익, 공익과 사익 그리고 민사법의 경우에는 사익과 사익의 관계다. 정치는 충돌되는 이해를 조정하는 것을 본질로 한다. 이익은 이해의 한 형태이며 항상 충돌할 수밖에 없다. 따라서 법의 내용은 정치다. 의회 역시 가장 정치적인 조직이지만 법을 만드는 이유는 충돌하는 이해를 조정하여 그것을 사회적 규범으로 삼기 때문이다.

정치는 광범위한 판단과 선택의 여지를 가지고 있다. 정치적 합의를 통해 일단 규칙이 만들어지면 그 규칙을 적용하고 해석하는 데는 정치가 개입해서는 안 된다. 바로 사법의 영역이다. 사법은 정치가 만들어낸 규칙을 해석함으로써 실제의 삶과 연결한다. 이런 의미에서 사법은 실질적으로 정치 영역의 일부분을 구성한다고 본다. 본래적 의미의 사법의 정치화다.[150] 오늘날 문제되고 있는 사법의 정치화는 정치가 사법부의 판단에 스스로 직접 개입하거나 사법부가 정치의 힘을 불러들이는 부정적인 의미로 사용된다. 지금은 이러한 부정적 의미의 사법의 정치화가 일반적 의미로 사용되고 있다.

사법의 영역에 정치가 개입할 경우 재판의 신뢰가 상실된다. 사법부가 신뢰를 잃게 되면 사람들은 재판 대신 스스로 분쟁 해결에 나서게 된다. 따라서 이러한 만인에 대한 만인의 투쟁을 종식하기 위해서 법원은 국민들 스스로 따를 수 있도록 신뢰를 유지해야 한다. 그래서 사법의 정치화는 허용될 수 없다.

정치적 분쟁이 법에 정해진 요건과 절차를 갖추어 법원에 오게 될 경우 가장 중요한 것이 사법부의 독립이다. 정치적 분쟁은 아예 다루지 않는 사법소극주의도 있겠지만, 이는 사법의 기능을 회피하는 것이며 법령에서 정한 바에 따른 요건과 절차를 갖추었다면 법원은 개입해야 하고 이해관계자 누구로부터도 영향을 받지 않고 독립적으로 판단해야 한다. 여기에는 정치화된 여론으로부터 독립도 포함된다.

"정치의 사법화Judicalization of Politics는 국가의 중요한 정책 결정이 정치 과정이 아닌 사법 과정으로 해소되는 현상"151을 말한다. 정치가 사법화되는 원인 중 하나는 의회의 협의 기능의 상실이다. 여야 간 정치적 충돌을 국회 내에서 해소하지 못하고 검찰 수사와 소송으로 가는 일이 관행화되었다. 의회의 장점인 토론과 입법을 통해 해결 방안을 찾지 못하고, 수사와 판결을 통해서 해결을 보는 구조가 되면서 자연스럽게 검찰이 정치에 중요한 역할을 할 수 있는 경로를 의회 스스로 만들어냈다. 또 다른 이유는 의회와 정부의 의사결정에 대한 불신과 불복이다. 의회와 정부의 의사결정에 반대하여 이에 불복하는 방식으로 소송을 제기하면서 정치적 사항에 대해 사법부가 개입하게 되었다.152 헌법소원 및 위헌 법령에 대한 사법심사가 한 예다. 후자의 측면에서 보았을 때 국민의 권리의식 향상과 정치의 사법화는 사실 밀접하게 관련되어 있어 일면 거스를 수 없는 흐름이다. 중요한 정치적 사건이 사법적 결론을 맺는 일이 많아지면서 각 정당들은 의원의 구성에서 법조인의 비율을 늘리는 데 관심을 가질 수밖에 없다.

21대 국회의원선거에서 각 정당들이 내놓은 후보자들의 구성 중 변호사 출신은 99명으로 전체 후보자의 10.59%를 차지한다. 국회의원이 아닌 후보자의 구성에 주목하는 것은, 국회의원은 지역구민 그리고 국민이 뽑는 것이지만 후보자는 각 정당이 정하는 것으로 각 정당의 선호를 알 수 있는 부분이기 때문이다. 후보자들 중에서 검찰 출신은 40명이며, 경찰 출신은 14명이다. 정치인 개인의 비리는 당연히 수사 대상이지만, 국회 스스로가 정치적 충돌을 형사사건화 한다는 점에서 일종의 방어막을 형성하려는 전략으로 볼 수 있다. 한편 검경수사권이 문제되면서 검찰 및 경찰 출신의 후보자가 증가했을 수 있다. 법조인의 잇단 영입이 입법의 완성도와 의회를 통한 법치주의의 구현이라는 과제를 수행하는 데 있다면 다행이지만, 정치의 사법화에서 창과 방패의 역할을 요구한다면 바람직하다고 할 수 없다.

여기에서 잠시 생각해보고 갈 부분이 있다. 국회는 어떤 사람들도 구성되는 것이 바람직할까. 이는 누가 법을 잘 만들까의 문제와 직결된다. 오늘날은 세상살이가 복잡해져서 각 분야의 전문적 지식을 가진 입법자들이 필요하다. 질병이면 의료인이, 항공이면 항공 및 기술 종사자가, 식품이면 영양사 또는 조리사가 전문가다. 따라서 의회의 구성을 다양화할 필요가 있다. 과거 비례대표제가 직역, 장애인, 사회적 소수 및 약자의 몫을 두었지만 오늘날의 비례대표제가 그러한 구성을 하고 있는지는 의문이다.

물론 법률가는 법 전문가로서 위헌 및 법기술적 문제의 존재 여부 등 법안의 흠결을 찾아내 법의 완성도를 높여주는 역할을 해야 한다. 그만큼 입법의 영역에서 법률가들의 자리는 중요하다. 그러나 그 수가 지속적으로 늘어간다면 구성의 비율을 고려해볼 필요가 있다.

정치의 사법화는 현대 국가에서 불가피한 상황인가 아니면 허용해서는 안 되는 개선의 대상인가. 앞서 언급한 바와 같이 한편에서는 정치의 사법화를 민주주의의 자연스러운 현상으로 보기도 한다. 과거 같았으면 정치가 막후 정치라고 부르는 비공식적 루트를 통해 문제를 해결하려고 했을 텐데 이를 공개적으로 해결하려고 하는 과정에서 자연스럽게 사법부의 판단 영역으로 넘어오는 것으로 보는 것이다.

이에 대해 정치적 이해 충돌을 법적 기준으로 재단하는 것도 바람직하지 않다는 견해가 있다. 이해의 극단에서 적절한 균형을 찾아내는 것이 정치의 역할이며, 기존의 법과 법 해석이 새로운 형태의 이해 충돌을 모두 포섭하고 있는 것은 아니기 때문이다. 이 입장에 따르면 해당 사건을 법원이 판단하더라도 실체적 내용이 아닌 절차적 흠결이 있는지를 위주로 검토하고 판단해야 한다.

정치의 사법화가 갖는 또 다른 단점은 국민이 직접 선출한 대표자의 역할 위축과 정치의 사법에 대한 책임 전가다. 더 이상 의회가 민의를 대표하지 않으며, 책임마저도 회피하게 되는 것이다. 그렇다면 정치의 사법화를 지양하고 정치가 모든 것을 결정해야 하는 것인가라는 반문이 나올 수 있다. 물론 그렇지 않다. 정치의 과잉 역시 민주주의에서 경계해야 할 대상이며, 균형이 중요하다. 민주주의에서 자칫 오해할 수 있는 부분이 '다수가 항상 옳다'는 것이다. 모든 것을 다수가 결정하는 것도 문제다. 다수의 결정이 오류일 수도 있기 때문이다. 국회는 다수결의 원리에 의해 작동한다. 그래서 다수결에 의한 오류를 걸러내기 어렵고 소수자의 권리가 보호되기도 어렵다. 따라서 사안에 따라서는 객관적 입장에서 사법부의 역할이 필요하다.

사법의 정치화는 허용되어서는 안 된다. 그러나 정치의 사법화를 허용할 것인가의 문제는 여전히 논쟁적이다. 정치적 분쟁을 정치적으로 해결하지 못하는 상황도 있다. 〈국회선진화법〉을 두고 여야가 보여준 극단의 대치를 생각해보면 된다. 따라서 정치의 사법화에 대한 명확한 답은 없으며, 어느 것도 과해서는 안 된다는 것이 지금까지의 최선의 답이다.

5장

느린
전진

약속은
지켜져야 한다

'Pacta Sunt Servanda(약속은 지켜져야 한다).'

현대 민법의 기반이 되고 있는 로마의 격언이다. 제국 건설기의 로마는 매일 전쟁을 치렀다. 시민의 권리는 병역 의무를 전제로 하였다. 수년간 전쟁에 나가는 가장은 재산의 관리를 믿을만한 사람에 부탁했다. 부탁을 받은 사람이 약속을 어기고 재산을 빼돌리는 일 등은 엄격한 처벌을 받았다. 국가가 유지되기 위해서는 그들이 전장에서 돌아왔을 때 재산을 돌려받을 수 있다는 믿음이 지켜져야 했다. 그렇지 않다면 아무도 전쟁터에 나가려 하지 않을 것이기 때문이다.

연금의

약속

국민연금을 둘러싸고 논란이 계속되고 있다. 조기 정년에 노후 보장이 미흡한 현실에서 연금은 생명줄과 같기 때문이다. 핵심은 준다는 약속을 지키라는 것이다. 다른 것보다 연금에서 신뢰가 중요한 이유는 낸 시점과 받는 시점 간 시차가 크기 때문이다. 국민연금의 신뢰는 출발부터 취약한 기반을 가지고 있었다. 전두환 정부 시절, 최초 보험료율은 3%에 불과했지만 소득 대체율은 70%에 이르렀다. 정권의 약한 정통성 보완, 국민연금 가입 유인 등의 이유가 제시되고 있지만, 결론적으로 잘못된 설계였다. 이후 역대 정부들 역시 다양한 형태로 연금을 흔들어놓았다. 정치적 목적이 의심되는 기금의 이용도 빈번했다. 과거 4대강 사업에 참여한 건설사의 채권을 국민연금이 매입하였으며, 삼성물산과 제일모직의 합병에 국민연금이 동원되어 3천여억 원의 손실이 발생한 것도 그 예다. 기금 운용의 독립성이 신뢰 문제의 핵심적 과제 중 하나인 이유다.

기금 운용의 전문성에 대한 의심도 있다. 낮은 수익률 때문이다. 이에 대해서는 찬반이 엇갈린다. 적극적 투자를 하면 수익률은 높겠지만, 위험성 역시 높아진다. 미국 최대의 연금인 캘퍼스(CalPERS, 캘리포니아 공무원연금)가 지난 수년간 공격적 투자에 나섰다가 대규모 손실을 본 것이 그 예다. 전문성이 영향을 주겠지만,

낮은 수익률의 원인을 전문성 부재로 바로 연결시키기는 어렵다. 중앙은행이 운용하는 외환 보유고 수익률이 민간의 투자회사보다 낮지만 전문성이 없어서가 아니라 외화 자산의 마지막 보루로서 보수적으로 투자하고 관리하기 때문이다.

보험료를 인상하고 소득 대체율을 바꾸겠다는 것은 다른 결의 문제다. 예측보다 노령화가 빠르게 진행되고 있는 반면, 출산율 하락 역시 가파르기 때문이다. 그래서 5년 주기로 돌아오는 재정 계산 과정에서 이를 들여다보겠다는 것이다.[153] 여기에서의 문제는 '상황 변화에 따른 최적의 선택과 이를 뒷받침할 사회적 합의를 어떻게 이끌어내느냐'이다. 그 전제로 국민연금을 둘러싼 다양한 주장들의 진위도 가려야 하며, 보험료 인상 시 감당해야 할 각 당사자들의 부담도 밝혀야 한다. 사회적 합의를 통해 변화에 대한 신뢰를 형성하는 것이다.

극단적인 신뢰 부재의 이유는 지급 불능에 대한 불안감이다. 그러다 보니 갈라진 신뢰를 메우는 방법으로 법에서 지급 보증을 명문화하자는 주장이 나온다. 법으로 지급 보증을 명문화한다면 궁극적인 청구권은 국가에게 향할 것이며, 반대로 국가는 지급 의무를 진다. 만약 국민연금이 지급 능력을 상실한 경우라면, 국가가 유지되기 위해서는 어차피 재정으로 지급을 해야 한다는 점에서 지급 보증을 명문화하는 것이 큰 문제가 되리라고 보지는 않는다.

신뢰 문제의 마지막은 미래 세대가 현재 세대에 기대하는 신뢰다. 국민연금제도개선위원회가 제시한 안에 따르면 가장 큰 부담을 져야 하는 세대는 현재의 청장년도 아닌, 어린아이 그리고 아직 태어나지 않은 이들이다. 이는 민주주의가 가지고 있는 맹점을 그대로 보여준다. 지금의 다수가 모여 적게 내고 많이 받는 것을 선택한다면 부담은 다음 세대들이 고스란히 부담해야 하기 때문이다. 민주주의는 투표권을 가진 사람들에게 혜택이 집중되며, 미래 세대에 대한 배려는 소홀하다. 적게 내면서 많이 받는 구조를 고치는 대원칙을 미래까지 생각하는 솔직하고 건전한 합의로 도출해야 하는 이유다.

국민연금으로 얼마를 내고 어느 정도를 받을 것인가는 노령화와 출산율에 따라 달라질 수 있다. 꼭 연금 정책뿐만 아니라 다양한 사회 정책적 보완이 필요한 이유다. 지지층을 의식한 정치적 의도를 배제하고, 세대 간 균형 부담을 고려한 정책 선택 과정을 거친다는 약속은 어떠한 경우에도 반드시 지켜져야 한다. 신뢰를 쌓는 곳은 결과가 아니라 바로 그 과정이기 때문이다.

선거의 약속:
참정의 권리와 공약의 재구성

선거철에 사람들 사이에서 오르내리는 주제 중 하나가 투표 참여다. 한정된 자리로 인해 정치권력의 한 부분을 담임하지 못한 사람들은 다른 이들을 선출·감시하는 역할을 하게 된다. 고대 그리스 시민의 참정권은 국방·조세 등 일정한 의무의 이행을 전제로 했다. 이런 시민의 권리 개념은 로마에서도 마찬가지였다. 여성이 참정권을 획득하게 된 것은 채 100년이 못 된다. 특히 그 과정은 기존 기득권 세력과의 투쟁의 역사였다. 여성의 역할을 제한했던 과거와 달리 남성과 동등하게 사회 구성원으로서 역할을 수행하는 여성의 위치를 고려한다면 여성 참정권은 당연한 귀결이다.

참정권은 투표일에만 행사되고 끝나는 것이 아니다. 국민은 주권자이며, 주권자를 영어로는 'Sovereign'이라 한다. 이 단어는 '높은 곳'이라는 의미를 가진 'Super'를 뜻하는 라틴어 'Sover'와, '다스리다'의 'Rule'을 뜻하는 'reign'의 합성어다. 즉 주권자로서의 국민은 '높은 곳에서 다스리는 존재'로 대통령과 지방자치단체장 등은 그를 대리해 봉사하는 자리일 뿐이다. 따라서 주권자인 국민은 지도자 선출뿐만 아니라 그가 위임받은 일을 잘 수행하고 있는지도 감시·견제해야 한다.

참정권의 또 하나의 의미는 공적으로 약속한 것을 지키라는 일종의 청구권이다. 문제는 '그 공약이 과연 제대로 만들어진 것인가'이다. 적어도 공약이 의미를 가지기 위해서는 긴 시간 동안 당의 정책적 기능이 살아 움직여야 한다. 엄밀히 따지자면 공약은 단순한 약속이 아니다. 한정된 자원을 두고 벌이는 이익의 재배분 과정이다. 파이를 새로 키워서 한정된 자원의 벽을 넘어서면 모두가 불만이 없는 배분이 되겠지만 현실에서는 쉽지 않은 일이며, 오늘날과 같은 경제 전쟁의 와중에서는 그러한 기대는 접는 것이 상식에 가까울 수 있다. 그러다 보니 준비되지 않은 과도한 공약은 선거에서 지지하지 않는 상대방의 소외를 불러올 수 있다. '다수의 결과라면 승복해야 되지 않는가'라는 반론이 있지만 사실 선거의 결과는 소수와 다수의 대결이 아니라 조금 덜 얻은 다수와 조금 더 얻은 다수의 경쟁이기 때문에 각자의 지지 기반에 따라 사회적 분열 가능성이 있다.

이때 문제되는 것이 '공약을 꼭 지켜야 하는 것인가'이다. 다른 편에 섰던 절반의 국민이 거부하는 공약을 승자라고 해서 그리고 지지자들에 대한 약속이라는 이유로 이를 반드시 가감 없이 관철해내야 하는가? 우리 정치사 속에서 대통령에 당선되고도 임기 내내 시끄럽고 힘들었던 사례는 '공약 이행'이란 명목으로 일부 무리한 정책을 추진했던 것에서 쉽게 찾아볼 수 있다. 또한 현실적인 문제로 선거에 나와 있는 공약 자체가 아주 오랜 시간 연구·검증된 것이 아니라 표를 의식한 설익은 것들이 섞여 있다는 것이다. 따라서 실제로 수행하기에는 많은 부담이 따른다. 반드시 우리가 지켜야 할 공동체의 가치에 관한 것이라면 다소 무리이더라도 추진해 나가야 한다. 하지만 그렇지 않은 것이라면 찬성하지 않은 나머지 반의 이야기도 들어볼 필요가 있다.

그리스나 로마 시민의 개념은 오늘날 국민으로 대체됐다. 시민이나 국민이 갖는 권리와 의무의 본질은 다르지 않다. 국가가 올바르지 않은 길로 갈 때는 우리 모두 함께 책임져야 하기 때문이다. 이것이 우리가 주권자로서 참정권의 의미를 다시 새겨봐야 하는 이유다.

정의와
현실의 부정의

모든 곳의 정의? 법으로만 정해두면 모든 곳에서 정의가 강물처럼 넘쳐흐를까? 좋은 법은 법이 다루고 있는 사안과 이해관계를 가지고 있는 모든 사람들의 이익을 적절히 반영한 것이다. 법이라는 규칙을 만들어낸 이유는 미리 이해를 조절하여 분쟁을 막고 궁극적으로 평화를 일구어낼 수 있기 때문이다. 그러나 좋은 법을 만들어내는 것만으로는 법이 이루고자 하는 목표를 달성했다고 할 수 없다. 법에 규정된 대로 제대로 집행하는 것이 필요하고, 집행된 결과에 대해서 불복하는 경우에는 해당 당사자가 법원을 통해 이를 다툴 수 있도록 해주어야 한다.

법 집행의 단계에서는 수많은 변수들이 있다. 우리나라도 법이 잘 만들어져 있는 나라이지만 막상 일반인들이 법적인 어려움에 닥쳤을 때 실제로 의지할 곳은 그리 많지 않다. 큰 사고가 나거나 큰 재산상 손실을 입었을 때야 변호사에게 찾아가는 것이 당연하지만, 그렇지 않은 자잘한 불편함은 어떤 절차에 의해서 어떻게 호소해야 하는 건지 막막하기도 하다.

기후변화로 인해 비가 많이 오기도 하거니와 한창 개발붐이 일어났을 때 지어진 아파트들은 상태가 좋지 않아 비가 새는 경우들이 종종 발생한다. 아마 대부분은 한번쯤 윗집과 이런 분쟁을 경험한 적이 있을 것이다. 그런데 생각보다 많은 사람들이 난관에 부딪힌다. 윗집이 문을 열어주지 않는다. 문제가 밝혀지면 그 비용을 부담해야 한다는 점이 고려되었다고 하지만, 요즘에는 그런 경우보다 자신의 사생활에 귀찮은 일이 생기는 것 자체를 싫어하기 때문이다. 여기에 아파트 관리사무소는 주민들에 의한 불평불만을 가급적 피하고자 이러한 분쟁에 관련되는 것 자체를 의식적으로 회피하려고 한다. 물론 사법적 절차를 통해서 해결한다고 하지만 긴 시간의 법적 절차를 밟는 것도 부담이다.

법에서 제일 무서운 것이 일명 '배 째라' 스타일이다. 건전한 상식을 가진 시민이 많아질수록 법의 준수력은 높아진다. 시장이 건전할 때 정책이 효과를 발휘하는 것과 같다. 사람들의 생각이 자기중심적일 때도 법이 제대로 작동하기 어렵다. 내가 하는 일은 다 잘하는 것이고 나에 대한 비난은 다른 사람들이 나쁘기 때문이라고 생각한다. 최근 공동체에서 가장 심각한 문제 중 하나인 층간 소음의 문제를 들어보면, 층간 소음을 일으키는 사람들은 '좀 뛸 수도, 떠들 수도 있지. 뭐가 잘못이야?'라고 이야기하며, 아랫집의 예민함을 탓한다. 2020년 한 해 환경부 산하 '층간 소음 이웃사이 센터'에 접수된 층간 소음 상담 건수는 무려 4만 2천여 건에 달한다. 통상적으로 기관에 도움을 호소하는 경우는 매우 오랜 시간을 참다가 마지막 수단으로 찾는다는 점에서 층간 소음으로 고통받고 있는 사람들은 그보다 훨씬 많을 것이다. 여기에 현실을 모르는 홈 트레이닝 권장 정책이 가세하면 문제는 더욱 커진다. 윗집의 홈 트레이닝에 아랫집은 원격 수업과 재택근무에 어려움을 겪는다. 더 부정의한 것은 애초에 얇은 합판 천정으로 부실한 아파트를 지은 건설사와 제대로 된 건축법령조차 마련하지 못했던 국회와 정부(국토부)는 어디에도 보이지 않는다는 것이다.

　부정의한 상황은 다른 부정의한 상황이 발생하는 것을 허용한다. 추석 귀성 길에 승용차가 버스 전용 차선을 시원스럽게 달리다가 카메라가 있는 곳에서만 쏙 다른 차선으로 바꿨다가 다시 전용 차선 달리기를 반복해서 빨리 간다고 하자. 그리고 단속도 되지 않았다. 아마도 많은 다른 차량들도 함께 시도할 가능성이 높아진다. 램프에서 순서를 기다리는 차량들 사이로 억지로 끼어들어 달리는 차량이 많아지면 점점 더 질서 있게 기다리는 차량은 줄어들기 마련이다. 아주 사소한 예를 들었지만, 만약 사회적으로 크게 지탄을 받을만한 뇌물이나 폭행 또는 횡령 등의 사건인데도 불구하고 아무런 처벌을 받지 않고 오히려 승승장구한다면 법에 대한 신뢰는 무너질 수밖에 없고, 법이 작동하는 경로는 붕괴된다.

　아주 오래전 역사 속에서도 제대로 집행되지 못한 법이 얼마나 사회적으로 부정의한 것인지 보여주는 사례가 있다. 중국 전한의 역사가 사마천司馬遷의 《사기史記》를 보면 "백이伯夷, 숙제叔齊와 같은 착한 이가 곤경에 빠지고, 공자孔子의 제자인 안연顏淵과 같은 인과 덕을 이룬 이가 굶어죽는 것이 하늘의 도인가. 그리고 도척盜跖과 같이 천하의 나쁜 이가 천수天壽를 누리는 것을 보면 어떠한 덕을 따르라는 것인가." 하고 탄식하는 내용이 나온다. 당시나 지금이나 사회의 불완전함, 정의를 추구하지만 결코 이르지 못하는 부조리함은 마찬가지다.

위법한 행위에 대해서 반드시 적발하여 제재한다는 믿음이 있으면 사람들은 모두 불편함을 감수하더라도 정해진 규칙을 지킨다. 독일의 법철학자 루드비히 포이어바흐Ludwig Feuerbach가 이야기한 '일반예방 효과'다. 과거에는, 지금처럼 법이 잘 발달되지 않았을 때는 도덕이 그 사회질서 유지의 중심적 역할을 했다. 그때는 도덕심을 일깨워주던 설화 속 권선징악도 사회질서 유지에 중요한 역할을 했으며, 종교적 계율과 법이 중첩된 영역에서는 종교적 계율의 위반 시 지옥에 간다는 믿음도 같은 역할을 수행했다.

현실에서 법이 제대로 집행되지 못하는 이유로 먼저 서류 중심의 실적주의를 그 원인으로 들 수 있다. 그 다음으로는 인력의 비효율적 배치를 들 수 있다. 항상 사고가 터지고 나면 그 조사 결과는 현장 기반의 행정이 부족했음을 질타한다. 그때마다 나오는 이야기가 인력 부족이다. 우리나라 공공 부문 인력은 지속적으로 증가해왔다. 여기에 더해 민간 위탁, 행정의 자동화 등이 더해졌다. 물론 행정 수요도 증가해왔다. 이에 비해 인력의 효율적 배치와 운영은 상대적으로 더디었다고 볼 수 있다. 새로운 조직의 출범도 단골 메뉴이다. 아동 학대와 같은 사회적 공분이 큰 사건이 일어나면 전담 기구를 만들자고 한다. 그러나 조직이 없어서 못했다기보다는 기존 조직에서 문제가 되는 업무가 1순위 업무 혹은 승진에 유리한 업무가 아니기 때문에 아무도 관심을 갖지 않았다고 보는 것이 보다 현실적인 지적일 것이다.

기술을 통해 부정의를 극복할 수도 있다. 기술은 사람의 공백을 메워줄 수 있기 때문이다. 사람의 동작을 감지할 수 있는 AI센서를 독거노인들의 집에 설치하고 일정 시간 동안 움직임이 없으면 복지공무원이 현장 확인을 하는 것이다. 산사태의 위험이 있는 곳에 센서를 묻어두고 토양의 움직임을 분석하여 미리 보강공사를 할 수도 있다.

여기에서 기술과 국가와의 관계를 잠시 생각해보면, 기술의 발전은 민간만의 몫이 아니다. 위험이 크고, 사고의 발생 가능성이 높은 생산 시설이 있다고 하자. 당연히 사전에 진입 규제를 하고, 사고가 발생하면 민형사상 책임도 물어야 한다. 그런데 이렇게 10년, 20년 가고 나면 우리나라의 산업 경쟁력은 떨어질 것이다. 앞서 다룬 바와 같이, 당연히 국가는 R&D 예산을 이런 시설의 위험 저감을 위한 연구에 투입하고 그 성과를 기반으로 규제 체제를 개선해야 한다. 기술은 민간에서 부가가치를 생산하는 데만 쓰이는 것이 아니라 국가의 효율적 권한 행사를 위해서도 활용되어야 한다.

좋은 법이 살아가기 위한 조건은 현실의 건강함이다. 우리 사회가 보다 건강해질 때 나쁜 법과 싸울 수 있음은 물론이며, 좋은 법이 우리 모두의 권리를 지켜줄 수 있기 때문이다.

던져진 공과
여러 개의 눈

'이보다 더 좋을 수는 없다.' 이런 상황이 존재할까? 이 정도의 완벽한 만족은 영화에서조차 찾아보기 어렵다. 혼자만의 삶이라면 스스로의 의지에 의해 이상을 달성할 수 있겠지만, 타인과의 관계를 전제로 한다면 여러 관련 요소들이 고려될 수밖에 없으며 이상과 현실의 중간에서 결론이 나는 것이 일반적이다. 어찌 보면 미지근한 정도에 그치지만 해결책이 필요한 상황에서는 그것 역시 최선이다. 민주주의 사회에서는 늘 찬성과 반대가 있으며, 어느 한편을 무시하거나 반대로 지지하는 것은 오히려 불합리한 결과를 가져올 수 있다.

2019년 최저임금 8350원에서 2020년 최저임금은 8590원으로 결정되었다. 고용 사정을 고려하여 절충적인 선택을 한 것이다. 결과를 두고 중소기업과 소상공인들은 경영의 어려움을 호소하고, 근로자 측은 생존권을 이야기한다. 최저임금을 두고 노사가 대립하는 모습을 보면서 연상되는 것이 '공놀이'다. 사람들이 모여 있는 한가운데 누군가가 공을 한쪽으로 던지면 사람들의 시선은 공을 따른다. 다른 흥미로운 것들도 여전히 많지만 순간 잘 보이지 않는다.

최저임금은 경영상 이윤을 어느 정도 얻을 수 있을 것인가의 문제로 귀결된다. 비용을 결정하는 것은 임금만이 아니다. 편의점의 경우 가맹비, 카드 수수료, 임대료, 불공정거래 관행 등이 있다. 카드 회사나 리테일retail 회사들이 얼마나 많은 이익을 얻는지에 대한 점검도 함께 필요하다. 다른 요소의 검토 없이 임금수준 자체만의 조정은 한계를 가지고 있다.

현상을 파악하고 문제를 해결하는 데 있어 공 이외에 함께 시선을 두어야 하는 것은 도처에 있다. 도시 정비 사업이 지방자치단체의 역점 사업으로 꼽히고 있다. 막대한 세금이 투입되어 재래시장과 오래된 거리를 정비한다. 깨끗하게 채비된 시설과 도로를 통해 상권을 살리고 주거 여건을 개선하겠다는 것이다. 그런데 기대와 달리 부작용이 나타났다. 임대료를 큰 폭으로 올리거나 건물주가 직접 장사를 하겠다고 한다. 수십 년간 그곳에서 장사를 해오던 사람들은 결국 뿔뿔이 흩어져 떠난다. 해당 지구를 정비하는 조건으로 건물주와 임대인 간 장기 임대계약을 맺는 등의 방안이 필요했다.

신재생에너지의 활용은 착한 선택이다. 그러나 환경을 보호하기 위해 장려했던 신재생에너지가 야기하는 환경문제 역시 만만치 않다. 산 위에 솟은 풍력 시설들이 경관을 훼손하거나 저수지나 논 한가운데 자리 잡은 태양광 시설이 경관은 물론이며 인근 생태계에 악영향을 주기도 한다. 그래서 전국 곳곳에서 주민들과의 충돌이 빚어지고 있다. 경관 훼손을 상쇄할만한 주민들과의 이익 공유 그리고 생태계 유해 저감 방안을 외면했거나 놓친 것이다. 산업적인 측면에서도 관련 기업들은 아직까지는 정부 보조금이 없이는 제대로 꾸려가기 어려운 상황이다. 시장이 작동되고, 보조금 없이도 이익이 창출되는 신재생에너지 기업이 많아질 때 비로소 신재생에너지 사회가 정착될 수 있다.

코로나19로 인해 경기가 침체되었고, 방역 때문에 영업을 못하게 된 자영업자들에 대해 특단의 대책이 필요했다. 우리나라의 자영업자 비중은 2018년도 기준으로 전체 취업자 수의 25.1%, 약 560만 명 정도에 달한다. OECD 회원국 기준 5위이다. 현재는 비공식적으로 약 700만 명 정도로 예상하고 있다. 따라서 자영업자의 붕괴는 사회 공동체의 극심한 혼란으로 이어질 수 있다. 재난지원금의 선별적 지급 이외에도 임차인인 자영업자들이 임대료를 6개월간 내지 못하더라도 임대인이 퇴거시키지 못하도록 법을 바꾸었다. 그런데 여기에 한 가지 문제가 있다. 자영업자의 구제에만 목표를 맞추다 보니 임대차시장의 구조가 고려되지 못하였다. 돈이 아주 많은 임대인도 있지만 그렇지 않은 사람들도 많다는 점이다. 노후 자금으로 혹은 빚을 내어 상가를 분양받아 임대를 놓은 사람들의 경우 은행 이자 그리고 세금, 더 나아가 크고 작은 다양한 부담금은 변함없이 그대로 부과되는 것이다. 임대료가 들어오지 않으면 임대인 역시 어려움을 겪기는 마찬가지다. 따라서 임대인이 어려움을 입증하는 경우 은행 이자도, 세금과 공적 부담금도 6개월 의 여유를 주는 것이 맞다. 은행이야 사기업이니까 그러한 여유를 주는 것이 제한적일지 몰라도, 국가는 세수입과 세외수입을 변함없 이 온전히 걷으면서도 임대인들에게만 모든 책임을 전가하는 것은 합리적이지 않다. 착한 임대인이 많아지기 위해서는 임대인이 착해 질 수 있도록 이를 지원하는 제도적 변화도 필요하다.

　한때 재벌 기업 오너 일가의 갑질과 상식에서 벗어난 경영 행 태에 대한 비판이 쏟아진 적이 있다. 미국·중국·유럽 간 무역 전쟁 이 벌어지고, 글로벌 경쟁이 심화되고 있는 상황에서 오너 리스크 로 인해 기업 가치가 급락하였다. 이러한 분위기 속에서 '스튜어 드십 코드Stewardship Code'154의 도입이 큰 힘을 얻고 있다. 국민연금 이 나서서 국민 재산이 투자된 기업의 가치가 떨어지지 않도록 조 정자의 역할을 하는 것이다. 시장 질서를 교란하고 오너 리스크를 유발하며, 투자자의 이익을 저해하는 기업의 견제 수단으로 국민 연금의 주주로서의 역할과 취지는 바람직하다. 다만 우려되는 것 은 국민연금이 정책 및 정치적 목적에 활용될 수 있는 가능성이다. 역대 정부들에서 국민연금이 쌈짓돈처럼 정책에 동원되고 손실을 입는 경우가 빈번히 발생했기 때문이다. 따라서 제도 도입의 핵심 중 하나는 '국민연금의 독립성과 조정자로서의 역할 수행에서의 투명성을 어떻게 확보할 것인가'이다.

불교에서 천 개의 손과 눈을 가진 천수관음보살千手觀音菩薩圖처럼 종교나 신화에서 현명함을 상징하는 존재는 여러 개의 눈 또는 손으로 곧잘 표현된다. 빠짐없이 중생과 세상을 살피라는 것이다. 사회는 다수의 다양한 의지가 매시간 서로 충돌하는 곳이다. 갈등하는 이익들이 제대로 조율되지 않으면 또 다른 충돌이 시작된다. 마땅히 그러하리라는 조건의 획일화 그리고 마땅히 그러하리라는 일반화된 결과의 기대 이면에는 마땅히 그러하지 않은 조건과 결과가 있다. 사회적 논의에 있어서 던져진 공 말고도 다른 것들에 대해 여전히 깊이 생각해야 하는 이유다. 공만 바라보는 결정은 또 다른 공을 던지는 것이다.

여러 개의 눈을 갖는 것은 정책과 법에서도 필요하다. 당연하겠지만, 각 부처들은 자신들의 소관 사무에 올인all-in한다. 그러다 보니 해당 부처에서 내놓은 정책과 법안들이 다른 부처에서의 정책과 법안들과 충돌하기도 한다. 당장 충돌이 눈에 보이는 것이라면 차라리 낫다. 왜냐하면 부처 협의가 시작되기 때문이다. 그러나 그림자 속에 있는 것들은 간과하기 쉽다. 시장의 활성화를 기대하면 규제를 완화하자고 하겠지만, 소비자 보호 수준은 약화되기 쉽다. 개발을 하면 일자리가 창출되고 좋지만, 개발의 이면에서 소외된 사람들과 파괴된 환경이 있다. 언택트 시대에 원격의료가 강조되지만 대학 병원과 동네 병원 간의 양극화와 의료 말단을 담당했던 동네 병원의 고사를 부를 수 있어 동네 병원 보호를 위한 기초적 인프라를 먼저 쌓아가면서 추진해야 할 필요가 있다. 이처럼 던져진 공만이 아닌 다른 것들도 함께 보는 과정이 법의 제·개정 과정에서 필요한 것이다.

가치 판단이 잘 안 되는 것이 있다. 어떻게 해야 할지 모호하고 어렵다. '법원의 판결에서도 던져진 공이 아닌 다른 것들도 봐야 하는 것인가'이다. 예를 들어, 난치병 환자를 위한 고가의 약에 대해 의료보험의 혜택을 받을 수 있게 해달라는 소송이 제기되었다면 법원은 어떤 판단을 내려야 할까. 환자의 생명과 건강이라는 매우 중요한 이익을 위해 원고 승소 판결을 내려야 하는 것인가, 아니면 전체 건강보험 재정을 고려한 판결을 내려야 할 것인가. 최근에는 바이오산업을 육성하기 위해 비교적 가격이 비싼 의약품에 대해서도 건강보험이 이를 보조해주어야 한다는 제안들이 제약 관련 분야에서 나오고 있다. 이 역시 단순히 한 면만을 바라보고 결정하기 어려운 사안이다. 다른 누군가가 비용을 부담해야 하고, 다른 약에 대한 건강보험 혜택을 줄여야 할지도 모르기 때문이다.

다양한 개별적인 사건이 이미 제정되어 있는 법령에 딱 맞아떨어지지는 않는다. 그러다 보니 법을 사건에 적용하는 과정에서 새로운 해석이 나오게 된다. 그 해석은 결국 법관의 판단에 달려 있는 것이고 법관은 그 시대 일반인의 상식적 기준에 의해 판단할 수밖에 없다. 추상적인 이야기지만 법관은 그 시대의 정신과 일반인의 건전한 상식을 찾는 과정을 거쳐 결론을 내리게 된다. 원고가 승소하였다면 건강보험 재정을 사실상 떠받치고 있는 사람들의 입장에서는 불만이 터져 나올 수 있다. 사실 건강보험 재정의 중추인 근로자들은 근무시간 중 병원에 갈 시간이 없으며, 몸이 아파 움직이기 어려운 지경까지 되어야 비로소 병원에 가게 되는 것이 다반사다. 불만이 나오는 것은 당연하다.

딜레마의 상황에서 비교적 다행스러운 것은 절충적 방안 또는 조화적 방안을 찾을 기회가 있다는 점이다. 사법부는 국민의 생명과 건강을 보호해야 할 국가의 의무에 비춰보았을 때 고가의 치료제에 대한 접근권을 확보하지 못한 것이 위법하다는 판단만을 한다. 구체적으로 무엇을 하라고 행정부에 의무를 부과하는 것이 아니다. 법원이 행정부가 해야 할 일까지 다 구체적으로 정해주는 것은 입법, 행정, 사법을 분리해놓은 삼권분립을 위반하는 문제이면서 동시에 비전문가인 법관에 의한 행정이 이루어지는 결과를 가져오기 때문이다. 따라서 행정부는 법원이 위법한지 여부에 대해서 위법하다고 선언하면, 전면적으로 의료보험에 포섭하든지 아니면 같은 성분의 단가가 낮은 약의 투여 등과 같은 대안을 통해 위법 사항을 시정하게 된다. 구체적으로 위법 상황을 시정하는 역할은 행정부에게 맡겨져 있다.

세상의 모든 일은 연결되어 있다. 따라서 한 곳에서의 작은 움직임은 다른 곳에서의 큰 바람을 만들어내기도 한다. 나비효과다. 아주 미세한 나비효과에서부터 아주 큰 나비효과까지 다양하다. 그래서 여러 개의 눈이 필요한 것이고, 특히 법은 모두를 규율하는 게임의 규칙이라는 점에서 그 필요성이 더욱 크다고 할 수 있다.

민주주의의
비용

재러드 다이아몬드는 그의 책《대변동Upheaval》에서 민주주의가 치러야 할 비용을 이야기한다. 주요한 내용은 민주주의국가에서는 견제와 균형의 원리가 작동해야 하기 때문에 그렇지 않은 국가에서보다 결정과 시행에 더 오랜 시간이 걸린다는 것이다. 그 예로 중국 등 사회주의국가에서 무연휘발유를 채택하는 데 불과 1년 남짓밖에 시간이 걸리지 않았으나, 미국에서는 10년이라는 시간이 걸렸다는 점이다. 그럼에도 불구하고 우리가 민주주의를 채택하고 있는 것은 시민의 자유와 참여라는 핵심적이고 소중한 가치가 있기 때문이라고 지적한다. [155]

민주주의가 유지될 수 있는 배경에는 가장 중요한 가치인 균형이 있다. 균형은 본성에 가깝다. 사람들은 어느 한쪽으로 힘이 치우치고 그 힘이 남용된다고 생각하면 그 반대의 힘을 작동시켜

균형을 이루고자 한다. 그래서 민주주의 사회에서는 끊임없이 작용과 반작용이 나타난다. 물론 일정한 밴드 내에서의 작동이며, 그 범위 내에서 천정과 바닥을 왔다 갔다 하면서 파동을 그린다. 그리고 일정한 균형으로 수렴한다. 밴드는 민주주의 체계다. 밴드를 벗어나는 순간 더 이상 민주주의라고 할 수 없다. 그 밴드 내에서 천정과 바닥을 오가는 선택 자체가 민주주의가 주는 가치를 향유하기 위해 지불해야 하는 비용이다.

민주주의는 본질적으로 느리다. 의사결정이 느린 이유에는 다양성이 자리 잡고 있다. 그러기에 민주주의는 우리 개개인의 자유를 보장하고 타의에 의한 억압을 배척할 수 있다. 민주주의가 느리고 복잡한 배경에는 개인의 다양성과 각자의 취향이 있다.

"영원한 경계는 자유의 대가다(Eternal vigilance is the price of liberty)." 미국의 노예폐지론자 웬들 필립스Wendell Philips가 말한 것으로 알려져 있다.[156] 쉽게 말해 자유를 누리는 대가로 끊임없이 위험을 살피는 비용을 지불해야 한다는 것이다. 포퓰리즘은 민주주의에서 가장 경계해야 한다. 그러나 포퓰리즘은 메시지가 매우 강렬하고 명료하기 때문에 사람들을 쉽게 설득시킨다. 예를 들어 규제가 너무 많다고 주장하면 규제를 철폐한다고 한다. 등록금이 너무 높다고 하면 반값으로 낮춘다고 한다. 국제 경쟁력이 떨어지면 문을 걸어 잠그거나 보조금을 지급한다고 한다. 임금이 낮으면 올린다고 한다. 외국인 노동자가 늘어나면 입국을 금지시킨다고 한다. 이 얼마나 간명한가. 열광할 수밖에 없다. 하지만 포퓰리즘이 숨기고 있는 것은, 세상 모든 일이 얽혀 있고 수많은 이해관계자들이 있다는 것이다.

교정 작용은 민주주의에서 가장 중요하다. 민의에 의한 정치를 하지만 민의가 항상 옳은 것은 아니다. 민의는 미래 세대의 이익을 간과하거나 혹은 다수의 이익만을 추구할 수 있다. 시간이 흐른 후 잘못된 것이 발견되었을 때 이를 바로잡는 것은 민주주의의 지속 가능성을 위해 필요하다. 하지만 포퓰리즘이 한 번 작동된 것은 다시 되돌리기 어렵다. 대의제 민주주의에서 어느 누구도 뜨거운 감자에 손을 데이고 싶지 않기 때문이다.

2011년 당시 여당인 한나라당(지금 국민의힘)에서 '반값 등록금'을 꺼내들었다. 대학들이 대학 등록금을 경쟁적으로 올리던 시절에 나온 것으로 취지는 이해하지만 면밀한 정책 설계가 아닌 정치적 아젠다였다. '반값'이 주는 정치적 메시지는 강력하다. 20%, 35%도 아닌 갑자기 그냥 반값이 툭 던져졌다. 당시 대학의 꾸준한 등록금 인상과 느슨한 경영은 분명히 문제였다. 하지만 다양한 통제 수단이 있었다. 반값 등록금은 대학생 자녀를 두고 있거나 진학 예정인 국민들의 지지를 받았다. 그 이후 10년 이상이 흐르고 정부도 두 차례 바뀌었지만 아무도 등록금 인상을 꺼내지 못한다. 꺼내는 순간 지지율 폭락이 눈에 보이기 때문이다. 그 사이 물가와 공과금은 한 번도 쉬지 않고 꾸준히 올랐다. 대학은 서서히 고사되고 있다.

가끔 대학을 모두 국립대학으로 바꾸자는 주장과 국립대 무상교육이라는 공약들이 나온다. 대학의 국립화와 무상교육은 그 사회의 합의에 달려 있다. 대학에 진학하지 않은 사람들도 대학을 가는 사람들을 위해 돈을 내야 하기 때문이다. 애초에 우리 대학 시스템은 미국식 시스템을 받아들였고 그렇게 성장해왔는데 학부모가 감당해야 할 재정적 부담이 커지면서 어려움에 봉착한 것이다. 그 대안으로 독일을 따른 국립대와 무상교육을 이야기한다. 하지만 대부분 빠뜨리는 것이 있다. 국립대와 무상교육을 받아들이는 만큼 대학과 교수 그리고 학생이 지켜야 할 의무를 빠뜨린 채 달콤함만을 준다면 포퓰리즘이다.

국민의 세금으로 대학을 운영하는 만큼 철저한 운영 관리와 투명성이 필요하다. 지금 적용되는 관리 수준은 더 이상 허용되지 않으며, 국립대가 누리던 그간의 수많은 혜택 또한 사라질 것이다. 특히 철저한 학사 관리는 학생들에게 엄청난 부담으로 다가온다. 독일은 대학에 들어가기는 쉽지만 졸업하기는 매우 어렵다. 특히 선호하는 의대, 법대, 상대 등의 학부 과정은 입학 정원도 관리하지만 학사 관리가 철저해서 졸업하기가 어렵다. 그래서 석·박사 과정이 아닌 학부에서는 한 학기가 끝나면 수많은 학생들이 성적 미달로 퇴학을 당한다. 국민들의 입장에서는 '내 세금으로 너희들 공부를 시켜봤는데 실력이 안 되는 것 같아. 그만 다녀.' 하는 것이다. 세금 낭비 안 하겠다는 것이다.

미국 대학에서 학생은 고객으로 졸업까지 학교를 다니게 하는 것이 중요하지만, 독일 대학에서 학생은 고객이 아니라 국가가 제공하는 급부의 수혜자일 뿐이다. 그래서 독일 학부 대학생들의 아침 등굣길은 낭만적이지 않다. 특히 NC(Numerus Clausus) 학과라고 부르는 학부 정원 제한 학과(대부분은 의대, 법대 등과 같은 선호학과) 학생들의 삶은 더욱 힘들다. 시간을 아끼기 위해 복도와 계단에 앉아 바게트와 물로 저녁을 때우는 것은 일상이며, 매 학기 말마다 퇴학의 공포를 벗어나기 위해 사투를 벌인다. 떨어진 과목이 있으면 다음 학기 개강 일주일 전에 있는 마지막 기회인 재시험 준비를 위해 방학 내내 책과 씨름한다.

포퓰리즘은 대중이 원하는 것을 잘 안다는 장점이 있다. 따라서 일을 제대로 처리할 수도 있다. 과거 권위주의 시절의 정치적 메시지는 내가 어떤 세상을 만들기 원하는지를 국민에게 알렸지만, 대중이 무엇을 듣고 싶어 하는지에는 관심이 없었다. 포퓰리즘의 장점에도 불구하고 세상은 늘 예기치 못한 일들로 가득 차 있다. 여당의 포퓰리즘은 수많은 정치적 위험을 야기하지만, 야당의 포퓰리즘은 자연스럽게 국민의 분노를 자극한다. 포퓰리즘의 메시지는 간단하고 명료하다고 말한 바 있다. '그렇게 간단히 일을 해결할 수 있는데 지금 정부는 뭘 하는 거야?' 하는 분노가 표출되는 것이다.[157] 물론 야당이 여당이 되면 다시 공방의 입장이 바뀐다.

민주주의는 느리다. 수많은 위원회와 공청회, 설명회를 거쳐야 한다. 이러한 절차를 거치지 않으면 빠르게 일을 처리할 수 있다. 다만 좋은 일일 때다. 모든 사람이 선이라고 생각하는 일. 만약 모든 사람에게 해가 되는 일을 순식간에 해치운다면 최악이다. 따라서 우리는 비용을 지불해야 한다. 물론 모든 절차는 사안의 중요성에 따라 간소화하거나 생략할 수도 있다.

　민주주의는 끊임없이 감시와 경계의 비용을 지불해야 한다. 국민들을 교육시켜야 하고 올바르게 투표할 수 있도록 안내하고, 용기 있게 견제할 수 있도록 언론을 지원하고 시민사회를 조직해야 한다. 감시하지 않고 경계하지 않으면 선한 권력도 타성에 젖어 쉽게 배려해야 할 권리를 무시할 수 있다. 또한 스스로 권력에 추종하는 세력들이 시민사회와 언론을 장악하면 다수의 우리가 소리 없는 소수로 살아가야 한다. 그래서 우리는 기꺼이 비용을 지불하는 것이다.

네트워크
프리즘

세상은 광장과 타워로 이루어져왔다. 《광장과 타워Square and the Tower》의 저자인 역사학자 니얼 퍼거슨Niall Ferguson의 말이다. 그는 타워라는 권력을 중심으로 한 위계적 네트워크와 광장이라는 평등을 전제로 한 수평적 네트워크가 서로의 역할을 바꾸어가며 오늘의 우리 역사와 사회를 구성했다고 보았다.

역사도 그렇다. 인류의 역사는 연결에서 시작되었다. 혼자서 작은 동물을 사냥하다 큰 동물을 만나서 죽기도 하고, 이를 물리치거나 사냥하기 위해서 더 많은 사람들이 모였다. 한겨울에 지낼만한 동굴은 모든 사람들이 선호할만하다. 한곳에서 만난 사람들 사이에서는 전쟁보다는 협력이 훨씬 이익이 될 것이라는 점은 명확했다. 그래서 함께 규칙을 만들고 모여 사는 동안 지속적으로 관계가 잘 유지될 수 있도록 하였다. 국가가 형성되고 난 후에는 평화의 유지와 교역을 위해 국가 간 네트워크가 발달한다. 중세 시대 영국과 스페인 혹은 영국과 프랑스 등 간의 혼인 동맹은 국가 간 네트워트의 전형적인 예다.

타워 네트워크가 한 시대를 풍미하지만 근대에 들어서면서 종교개혁과 계몽주의라는 수평적 네트워크와 충돌한다. 새로운 네트워크가 주도하는 광장의 운동은 인류사적 변화를 이끌어낸다. 그렇다고 해서 광장과 타워로 대변되는 네트워크들이 항상 대립만 했던 것은 아니다. 대영제국의 성장에는 산업혁명 이후 급부상한 신진 산업 세력들의 지원이 있었다. 이들은 위계적 질서 속에서도 국가의 불개입을 선호했고 국가 역시 적절한 선에서 타협을 한다.

현대 국가는 과거 왕을 중심으로 한 제도의 형성에서 벗어나 이제는 시민이 주도하고, 시민의 권리가 중시되는 법과 제도를 형성하고 있다. 오늘날 네트워크와 규범이 만나는 지점은 전제와 독재가 지배했던 타워가 아닌 개별 시민이 하나의 힘을 형성해가는 광장에 맞닿아 있으며, 결국은 수평적 네트워크 간의 공정과 정의를 그 대상으로 하고 있다.

사람들과의 관계는 그리 평등하지 않다. 누군가는 힘이 세었을 것이고, 누군가는 더 많이 가질 수 있었을 것이다. 오히려 완전한 평등함을 꿈꾸는 것은 이상에 불과하다. 집단이 커지면서 불균등한 조건은 제도화되기 시작했고 네트워크도 이를 반영하기 시작하였다. 우리 대다수의 삶의 모습은 비슷하다. 하루 온종일 직장에서 상사의 지시를 받아 일을 하고, 저녁에 친구들을 만나 소주 잔을 기울이기도 한다. 여기에서 직장은 사장을 정점으로 말단 직원까지 이어지는 위계적 네트워크, 타워를 의미한다. 반면 소주잔을 함께 기울이는 친구들은 수평적 네트워크, 광장이다.

광장으로 표현되는 수평적 네트워크는 규범의 형성에도 긍정적으로 또는 부정적으로 영향을 미치고 있다. 네트워크는 각자의 가치를 가지는 기능들을 한데 모아 시스템화된 보다 강력한 에너지를 만든다. 바로 시너지synergy이다. 그러나 자칫 잘못하면 네트워크는 폐쇄된 이익의 공유체로 변질될 수 있다. 공공의 이익을 위해 네트워크의 힘을 발휘하는 입법이 있지만, 특정 기득권을 유지하기 위해 동업자 집단이 중심이 된 입법이 있는 것도 하나의 예이다. 전문직을 중심으로 한 네트워크는 다른 네트워크보다 더욱 공고하다. 그러나 요즘에는 의사, 변호사, 회계사 등 전문직에서도 자격증을 가진 사람들의 수가 증가하면서 공고함은 점점 느슨해지고 있다. 때때로 네트워크들 간 이익의 충돌이 발생하기도 한다. 가장 일반적인 것이 직역별 영역이 겹치는 경우다. 각자가 나름의 정당화 근거를 내세우지만 결국에는 누가 더 큰 영향력을 가지고 있느냐에 따라 결론이 정해진다.

사회적 동물로서 네트워크는 숙명이기에 학연, 지연, 동종 업역별로 결합되는 것은 당연하다. 이러한 네트워크가 더욱 단단해지는 데는 이익의 공유가 중심에 있다는 것을 부인할 수 없다. 서로 협력할 수 있는 동기 중 이익의 공유는 매우 효과적이고 견고하다. 고등학생이 박사학위를 가진 전공자도 힘들어 하는 논문에 저자로 이름을 올렸던 것도 이러한 네트워크가 작용했다. 따라서 중요한 것은 네트워크가 야기할 수 있는 불공정한 게임을 차단하는 것이다.

새로운 기술 사회의 특징은 느슨한 네트워크다. 노동시장에서조차도 한 직장에 소속되지 않고 전문적 지식과 노동력을 제공하는 클라우드형 시장이 생겨나기도 한다. 물론 이러한 네트워크적 구조의 변화 이전에라도 새로운 세대가 만들어내는 관계는 기성세대의 관계와는 다르다. 기본적으로 새로운 세대는 개인의 자유를 중시 여긴다. 기성세대는 친구들과의 약속을 어기고라도 상사들과의 저녁식사 자리에 빠지지 않으려 했지만 새로운 세대는 선약이 중요하다. 기성세대는 네트워크를 통해 승진과 좋은 보직에 도움을 얻으려 하지만, 새로운 세대는 공정한 평가와 보상을 중시한다. 이러한 네트워크를 특질로 하는 젊은 세대들이 기존의 단단한 네트워크를 통한 이익 공유체가 야기하는 불공정한 구조를 겨냥하여 공정을 외치는 것은 어쩌면 당연한 것일지도 모른다.

네트워크의 문제는 국제적인 이슈이기도 하다. 공권력은 국경을 넘지 못해도 이익은 국경을 넘나들게 한다. 국가 간 교역은 인류에게 많은 이익을 가져다주었으며, 지구상 모든 국가들이 이런저런 일로 연결되는 데 일등 공신이다. 그러나 때때로 이러한 네트워크가 왜곡되어 활용되기도 한다. 특정 원재료를 생산하는 기업들이 담합하여 가격을 올리는 행위들 말이다. 과거 일본과 독일 회사들이 중심이 된 '흑연 전극봉' 사건이 그 예다. 흑연 전극봉은 제철회사의 용광로에서 철을 녹이는 용도로 사용된다. 당시 이들 회사들은 해외에서 가격 담합을 한 후 높은 가격으로 우리나라에 흑연 전극봉을 공급했다가 적발되었다. 대법원은 "외국 사업자가 외국에서 다른 사업자와 공동으로 경쟁을 제한하는 합의를 하였더라도, 그 합의의 대상에 국내 시장이 포함되어 있어서 그로 인한 영향이 국내 시장에 미쳤다면 그 합의가 국내 시장에 영향을 미친 한도 내에서 〈공정거래법〉이 적용된다고 할 것이다."[158]라고 판시하고 해외에서의 부당한 공동행위에 대해서도 국내법을 적용하여 처벌하였다. 다른 나라의 경우도 이와 유사한 입장으로 각국은 〈공정거래법〉의 역외 적용을 통해 불법적인 이익의 공유를 차단하고 있다.

2000년대에 들어서서 국제적 네트워크는 국제적 공중 보건의 최대 이슈로 뛰어올랐다. 촘촘할수록 위험 역시 커졌다. 각 단위들의 상호 의존은 동시에 모두 붕괴될 수 있는 위험도 함께 가지고 있었다. 신종 플루, 메르스 그리고 코로나19와 같은 질병의 급속한 확산이 그러한 예다. 중국 우한에서 코로나19가 발병되고 한달여 만에 전 세계가 코로나19의 공포에 사로잡혔다. 전 세계가 방역을 위해 문을 걸어 닫으면서 국제적인 무역 질서도 무너지기 시작했다. 세계의 공장이었던 중국이 멈춰서면서 자동차를 비롯한 국내 제조업의 생산라인이 멈춰 섰으며, 이러한 새로운 경험은 하나의 네트워크인 '글로벌 가치 사슬global value chain'을 끊어내는 리쇼

어링re-shoring(국내 회귀)으로 나타났다.

정보사회의 시작은 사람들 간 네트워크를 더욱 확대시켜가고 있다. 인터넷은 수평적 네트워크의 전격적인 확대를 가져왔다. 그로 인해 위계적 네트워크의 힘은 약화되고 시민적 자유는 그만큼 성장했다. 특히 SNS를 통한 네트워크 형성의 용이성과 확장성은 오늘날 민주주의의 핵심적 기반이라고 할 수 있다. SNS는 인간의 본성을 가장 잘 간파한 발명품이다. 사회적 동물로서 인간은 타인과 교류하고 소통하고자 하는 본능을 가지고 있다. 사람뿐만 아니라 세상의 모든 생물체는 자신의 아름다움을 드러내려는 욕망 또한 갖고 있다. SNS는 이 두 가지 모두를 충족시키는 매력이 있다. 물론 동시에 네트워크에 매몰된 또 다른 부작용과 가짜 뉴스의 확산과 같은 새로운 과제들을 제시하고 있다.

시간과 공간을 넘어선 수많은 네트워크가 지금 이 시간에도 형성되고 있다. 4G보다 100배 빠른 5G는 그 결합을 더욱 가속화시키고 있다. 재미있는 특징은 사이버 공간을 통해 형성되는 네트워크들은 이익의 공유에서 취향 또는 감정의 공유로 이동하고 있으며, 이익의 공유는 여전히 기존 네트워크의 전통적 방식에 기반을 두고 있다. 그래서 새롭게 형성되는 네트워크에서 규제의 대상은 불공정한 이익의 공유가 아니라 불공정한 정보의 이용과 잘못된 정보의 의도적 유통이다. 수많은 노드node에서 형성되는 개인정보는 네트워크를 통해 순식간에 공유된다. 그러나 각 개별 개인의 동의 없이 유통된 정보가 야기시킬 수 있는 위험은 매우 크다.

하지만 미래의 오일이라고 부르는 정보의 유통을 차단하는 것만이 능사가 아니다. 그래서 정보의 비식별화를 넘어서 〈민법〉상 물권과 지적재산권의 중간 지점에서 데이터 소유권을 논하기 시작하고 있다.

가짜 뉴스의 유통은 네트워크 사회의 가장 큰 골칫거리다. 다수가 형성하는 집단 지성에 믿음이 있는 상태에서 순식간에 공유되어 다수가 되어버리는 가짜 뉴스는 네트워크에서 가장 경계해야 할 부분이다. 그러나 법이 적극적으로 개입하는 데는 주저함이 있다. 바로 오늘날의 시민사회를 만들어낸 일등 공신인 표현의 자유 때문이다. 자칫 잘못하면 표현의 억압이 될 수 있기 때문이다. 법은 표현의 자유를 지키고 가짜 뉴스를 제재하는 묘수를 찾아내야 하는 정말 중요한 과제를 안고 있다.

오늘날 정보사회에서 법 역시 네트워크이다. 규율의 대상도 그렇지만 개별 법 역시도 하나의 노드가 되어 다른 법들과, 그리고 국제적인 약속 내지는 규범들과 끊임없이 네트워크를 형성하고 상호 반응하기 때문이다. 그래서 법을 이해하고 다룰 때는 네트워크적 사고를 가질 필요가 있다. 하나만 보기에는 서로 너무 많이 연결되어 있기 때문이다.

옳음과 그름의
딜레마

〈오리엔탈 특급 살인Murder on the Orient Express〉(2017)이라는 영화가 있다. 포와르Poirot라는 당대의 명탐정이 특급열차 안에서 일어난 살인 사건을 해결하는 이야기다. 일등석에서 사업가가 살해되는데 그의 실체는 소녀를 살해한 살인범이다. 사건의 결말은 소녀를 자식처럼 너무 아끼고 사랑했던 사람들 그리고 소녀의 부모가 베풀었던 따스함으로 다시 삶을 살아가는 사람들이 안타까움에 모두 살인에 가담한 것이다.

영화에서 포와르는 그들을 향해 이런 이야기를 한다. "옳음이 있었고 그름이 있었다. 여러분들은 그 사이에 있었다." 응징할 수밖에 없었던 절절한 사연과 정의의 사이에서 고뇌한다. 사실 우리의 일상에서 일어나는 일은 거의 대부분 우연적으로 발생하는 것이지, 의도하는 일들은 아니다. 포와르는 그런 이야기를 한다. "사람들은 이성적이라고 생각하고 정교한 논리와 해박한 지식에 의존했다. 그런데 현실에서 내가 맞딱뜨린 것은 그런 것들이 적용되지 않는 것들이다. 여기에는 살인자가 있다기보다는 치유받아야 할 사람들이 있다." 세상에서 벌어지는 여러 가지 형사적인 제재를 받아야 하는 사건에는 진짜로 악한 행위로 응징받아야 하는 경우가 대부분이겠지만, 그렇지 않은 딱한 사정이 존재하는 것도 사실이다.

때때로 과연 무엇이 정의인지 혼란스럽다. 그러다 보니 영국 철학자 칼 포퍼Karl Popper가 그의 저서 《열린 사회와 그 적들The open society and its enemies》에서 이야기한 것처럼 현실적인 악을 제거하는 것이 추상적 정의를 추구하는 것보다 더 중요하다는 말이 나오는 것이다. 즉 '선언에 그친 정의가 아닌 구체적인 부정의의 제거가 바로 정의의 본질'이라는 것이다.[159] 그러나 추상적 정의와 구체적 정의 모두가 필요하다. 우리가 막연하게 생각하고 있더라도 공통적으로 공감하고 있는 정의의 개념이 없다면, 개별적이고 구체적인 정의의 실현 과정에서 부정의가 정의로 둔갑하거나 정의를 실현하면서 오히려 정의가 해쳐지는 결과를 낳게 될 것이다. 반대로 구체적 정의의 실현 노력 없이 막연하고 추상적인 개념만을 이야기한다면 우리는 말의 향연으로 겉으로는 정의가 충만한 곳에 정의롭지 않은 현실을 살아야 하는 신세가 되고 말기 때문이다.

한편, 우리가 정의라고 생각하는 것들이 정말 정의로운가도 돌아볼 필요가 있다. 우리 사회에서 승자독식의 구조는 여전하다. 좋은 교육 환경 속에서 좋은 대학을 나오면 확률적으로 비교적 괜찮은 삶을 살 가능성이 높아진다. 그러나 그 반대의 경우에는 아무리 노력해도 좀처럼 나은 삶을 살 가능성은 그리 높지 않다. 보다 깊게 들어가 보면, 대학을 기점으로 대학 이전에 열심히 산 삶을 더욱 가치 있게 평가할까 아니면 대학 이후에 열심히 살았던 삶을 더 평가할 것인가의 문제로도 볼 수 있다. 둘 다 모두 소중한 가치를 가지고 있으며, 모두 존중되어야 한다. 그리고 평가 대상은 양쪽의 삶을 모두 합친 열심히 살아온 삶의 축적물이다. 바로 현재의 객관적 능력일 것이다. 만약 우리 사회에서 정말로 능력에 대한 공정한 평가가 이루어진다면 이런 논의를 할 필요도 없겠지만 안타깝게 현실은 그렇지 않다. 이는 형식적 공정과도 맞닿아 있다.

로스쿨제도에 대한 논란이 많다. 합격자 발표 시기가 되면 모든 언론에서 로스쿨별로 표를 만들어 경쟁적으로 합격률을 보도한다. 그리고 합격률이 높으면 좋은 로스쿨이라고 한다. 법학 교육의 선진국인 미국이나 독일에서는 매우 보기 어려운 현상이다. 그러다 보니 로스쿨들은 자연스럽게 좋은 대학을 나오고 나이가 어린 학생들은 선호하게 된다. 결국 입시가 변호사 합격률을 좌우한다는 이야기가 나오는 것이 틀리지 않다. 반면, 어느 로스쿨이 직장 경력을 가진 신입생을 뽑았는지, 어느 로스쿨이 지역과 학교의 다양성이 더 좋았는지, 어느 로스쿨이 연령이 다양하게 분포되어 있는지, 어느 로스쿨이 사회적 배려자와 장애인을 포용하고 있는지는 전혀 관심이 없다. 보수 성향이든 진보 성향이든 어떠한 언론에서도 다루지 않는다. 안타깝게도 로스쿨이 원래 목적으로 했던 취지가 점점 더 옅어져가고 있는 이유다. 제도적 문제에 대한 사회적 비난의 이면에는 비난의 원인을 그 사회 스스로가 제공하고 있다는 점을 간과한 경우이다.

때때로 옳음을 목적으로 시작된 것들이 나쁜 결과를 가져오는 경우도 있다. '시간강사법'으로 부르는 〈고등교육법〉 개정법률의 부작용을 들 수 있다. 시간강사의 처우를 개선하기 위해서 4대 보험, 퇴직금, 방학 중 임금 지급을 하도록 하였다. 그러나 대학의 입장에서는 한정된 재원에서 추가적인 부담을 해야 하는 터라 활용할 수 있는 강사 수를 줄이거나 본래 직장에서 4대 보험이 확보되는 겸임교수 등의 확대 쪽으로 방향을 잡았다. 10년을 훌쩍 넘은 등록금 동결, 재료비 및 인건비 증가, 전기·수도사용료 인상, 대학에 대한 조세 강화 등으로 사실상 예산의 상당 부분이 고정비용화되어 적립금이 많은 일부 소수의 대학을 제외하고는 재정적 압박 상태에 있었기 때문이다. 대학이 처해 있는 상황에 대한 인식이 부족한 상태에서 선의만이 강조된 법이 만들어지면서 의도하지 않았던 강사들의 해고라는 결과를 낳게 되었다. 국가의 재정지원예산의 마련, 단계적 확대, 대학 간 비용을 분담하는 공동강사제도의 모색 등과 같은 대안과 함께 법 개정이 이루어졌다면 부작용은 지금보다 훨씬 줄었을 것이다.

좋은 의도로 만들어진 제도가 악용되는 경우도 부정의하다. 균형적 정의를 위한 수단에 부정의가 숨어 있는 경우다. 예를 들어, 〈유아교육법〉은 유아교육을 위해 유치원에 보조금을 지급하고 있다. 미래 세대를 위한 현세대의 투자이다. 그런데 그 돈으로 유치원 원장이 명품백을 사거나 자신의 가정에서 필요한 물품을 샀던 사례가 언론을 통해 보도되었다. 비단 유치원뿐만 아니라 벤처 육성, 소상공인 지원, 여성 중소기업인 지원 등 수많은 지원제도에는 사각지대가 존재하고 이러한 지원금만을 챙기는 사냥꾼도 빈번히 발견된다. 벤처라는 타이틀만 있고 벤처가 아닌 경우, 소상공인인데 사업을 하지 않는 경우, 실제로 경영은 남자가 하는데 여성의 이름만 걸어둔 중소기업 등이다. 그래서 2019년에는 〈공공재정환수법〉이라는 법이 제정되기도 하였다. 부정하게 얻은 이익을 환수하겠다는 것이다.

오늘날 정의의 문제에서 혼란스러운 것들이 있다. 소위 이데올로기에서의 정의의 문제다. 사실 이데올로기는 정의와 무관한 것들이다. 모든 이데올로기가 부정의를 추구하지는 않기 때문이다. 다만 그 이데올로기를 구현하는 수단에서 무엇이 보다 더 부정의에 취약한지만이 문제될 뿐이다. 그럼에도 불구하고 우리 사회에서는 보수와 진보라는 이분화된 이데올로기로 정의를 재단하기도 한다. 서로가 서로를 부정의하다고 비판한다. 그러나 우리 모두 정의로울 수도 있고 정의롭지 않을 수도 있다. 정의는 누군가의 진영 논리에서 선점될 수 있는 것도 아니고 누군가가 독점할 수 있는 것도 아니기 때문이다.

상처
보듬기

영화 〈다이 하드Die Hard〉 시리즈(1988, 1990, 1995, 2007, 2013) 이후 액션 스릴러 시리즈로 획을 그은 작품이 있다. 바로 2014년에 나온 〈존 윅John Wick〉 시리즈(2014, 2017, 2019)다. 영화 〈매트릭스The Matrix〉 시리즈(1999, 2003) 이후 휴지기에 있던 키아누 리브스Keanu Reeves에게는 그의 존재감을 다시 알리는 영화다. 영화는 의외로 단순하며, 중요한 것은 화려한 액션으로 복수를 해나가는 주인공을 통해 관객들은 카타르시스를 느낀다는 것이다. 은퇴한 전직 킬러 존 윅의 집에 러시아 마피아들이 침입하여 존 윅을 폭행하고, 그들이 낮에 주유소에서 눈독을 들였던 존의 머스탱 차량을 빼앗는다. 이 과정에서 죽은 아내가 선물한 반려견이자 동반자인 데이지가 죽는다. 이에 존은 러시아 마피아 전체를 쓸어버리는 처절한 복수를 한다. 제1편의 줄거리다.

존 웍처럼 시원하게 복수하고 나름의 삶을 어렵지 않게 살아나갈 수 있다면 나쁘지 않다. 그런데 악을 응징하고 선을 세웠지만 살아갈 기반이 사라지고 비참한 상황에 빠지게 되었다면 어떻게 할까? 함무라비의 '눈에는 눈, 이에는 이'의 방식처럼 동일한 고통에 빠지게 하면 정의롭다고 생각한 것인가? 아니면 충분히 경제적으로 보상을 받아 피해자들이 어렵지 않게 살아나갈 수 있도록 하는 것은 어떨까? 너무 통속적이고 신성한 정의를 더럽히는 것은 아닐까? 쉽게 말해 문제는 나쁜 놈을 벌주어봐야 여전히 피해자가 그 범죄 피해로 어렵게 살고 있다면 나쁜 놈에게 벌주어 정의를 세운 의미가 반감된다는 것이다.

타인의 권리침해에 분노해서 타인에게 그만큼의 고통을 주는 것 이외에 오히려 피해자가 그 피해를 잊고 어려움 없이 살도록 하되 '가해자에게는 피해자에게 주는 만큼의 경제적 손실을 감수하게 하는 것은 어떤가'라는 범죄 피해자에 대한 구제제도는 이러한 상황 인식 속에서 나왔다. 이른바 '회복적 사법'이라고 부르는 제도다.

회복적 사법은 사실 전통적인 법 개념에서는 매우 생소한 개념이다. 범죄를 통해 개인의 생명 또는 권리를 침해한 자에 대한 징벌은 함무라비 시대 이후 이어져온 정의를 구현하는 방식이다. 우리가 응보應報형이라고 부르는 것들이다. 가해자에게 국가가 대신 나서서 벌을 주는 것은 정의롭다. 그런데 항상 남는 것이 있다. 국가가 가해자를 교도소에 가두더라도 피해자가 입은 경제적·정신적 손해는 그대로 남는다. 우리의 경우도 가장이 범죄 피해를 입은 경우 나머지 가족들이 경제적으로 곤궁함 속에서 살아야 하는 사례는 비일비재하다. 가해자의 재산을 뺏어서 그 재산으로 피해자들이 보다 풍족하게 살게 해주면 피해자들의 피해가 조금이나마 보상받지 않을까? 물론 현실에서는 벌도 받지 않고, 피해를 보상하지도 않은 사례도 많다.

최근 학교 폭력이 다시 문제되고 있다. 스포츠 스타 또는 연예인이 학교 폭력의 가해자였던 것이 알려졌던 것이다. 대부분의 학교 폭력이 그렇듯이 피해자는 평생 가슴에 응어리가 진 채 트라우마로 고통을 받고 있지만, 가해자는 아무런 벌도 받지 않고 보상도 하지 않은 채 아무런 일이 없었듯이 살아간다. 학교에서는 가해 학생의 미래를 이유로 학교 폭력을 조용히 처리하거나 처벌을 해도 그 수위가 높지 않다. 학교를 졸업하고서라도 가해자에게 벌을 주고 싶지만 폭행·모욕죄의 공소시효는 5년에 불과하며, 손해배상을 청구하려고 해도 가해자를 안 날로부터 3년이 지나 구제받기가 어렵다. 그러다 보니 한참의 시간이 흐른 후에라도 학교 폭력의 가해 사실을 폭로하는 것이다. 구제 수단이 없는 상태에서의 고육지책이었을 것이다. 차라리 지금처럼 솜방망이 처벌을 할 거라면 훈육의 책임이 있는 부모의 상당한 재산으로라도 제대로 보상할 수 있도록 해 그 책임을 지도록 하는 것이 맞지 않는가.

회복적 사법은 전통적 법체계와는 다른 새로운 시도다. 가해자를 벌하면서도 피해자의 피해 복구에 초점을 맞추는 것이다. 가해자는 국가로부터 벌을 받지만, 동시에 피해자의 피해 복구에 책임을 져야 한다. 이 경우 국가 형벌권도 피해 복구에 용이한 형태로 집행된다. 최근에는 경찰 업무에서도 가해자가 피해자의 피해를 복구하도록 하고 그 과정에서 피해자의 피해를 공감하도록 하는'회복적 경찰 작용'이라는 용어도 나왔다.

민·상사 분쟁에서 회복적 사법은 중재를 통해서 주로 나타나는데, 여전히 의문이 있다. 누군가가 거짓을 말하더라도 중재를 하게 되면 정당한 권리나 이익을 가진 사람도 한발 물러서야 한다. 진실이 후퇴하고 분쟁이 해결되는 구조라서 우리는 이를 '2급의 정의'라고 부른다. 당연히 재판을 통해 징벌을 하고 시시비비를 가리는 것을 '1급의 정의'라고 한다. 그런데 1급의 정의는 시간이 오래 걸린다. 지체된 정의는 정의가 아니다. 우리가 원하는 것은 필요할 때 존재하는 재화와 서비스다. 여기에서 우리는 복합적 딜레마에 빠진다.

형사사건을 민사적 방식으로 전환하려는 회복적 사법의 시도는 생소하다. 형사사건에서 회복적 사법이 가지는 큰 의미는 피해자의 구제다. 범죄에 피해를 입었고 이로 인해 노동력이 상실되거나 제한되는 경우 당사자를 포함한 가족의 생활이 곤궁해지는 것은 필연적이다. 국가에서 범인을 잡아 벌을 줌으로써 사회 전체적인 정의와 선을 세우는 데에 그리고 다른 범죄를 억제하는 일반예방적 효과가 있다는 점은 누구도 부인할 수 없다. 그런데 피해자는 여전히 힘든 삶을 살게 된다면 이것 역시 바람직한 것은 아니다.

그간 국가 공권력은 징벌에 관심이 있지 피해자의 회복에는 큰 관심이 없었다. 징벌이 회복이라고 생각하던 사고에서 범죄 피해자 구호제도 등이 갖추어져 있지만 회복적 사법과 같은 것이 아닌 사후적인 보완 수단이다. 그래서 범죄를 저지른 가해자를 징벌하되, 그가 가지고 있는 재산을 처분하여 피해자 구제에 기여한다면 형사적 처벌에서 이를 고려하도록 하는 것을 회복적 사법의 입장에서 고려해볼 수 있다. 물론 현재 그러한 요소가 전혀 없는 것은 아니다. 양형의 과정에서 피해자와의 합의에 노력했고 배상에도 최선을 다한다면 고려된다. 그러나 회복적 사법은 이를 본격적으로 형량과 연결시키려는 시도이며, 피해자에 대한 금전적 배상이 보다 적극적으로 고려되는 것이다. 가해자에게 형사적 처벌은 낮추어 조정되지만 재산적 처벌은 강하게 작용하면서 전체적으로 보았을 때 징벌의 효과는 저지른 죄에 적합한 수준을 유지하는 것이다.

물질적·정신적 피해에 대해서는 회복적 사법 적용이 가능하겠지만 신체적 침해 행위인 경우에는 회복적 사법의 적용이 가능할 것인지에 대해서는 의문이다. 따라서 회복적 사법의 순수 모델에서도 적용 대상은 경범죄이나, 확장 모델에서는 경범죄 이외에도 가능하다고 하는데 과연 가능할지 다소 의문이 들기도 한다. 만약 가능하다고 하더라도 범죄행위 중에서 개인적 법익의 침해에 적용하는 것이 적합하다. 사회적 법익에 대해 회복적 조치가 있다고 하더라도 침해되는 공공의 이익을 회복시키기에 턱없이 부족하며, 미래의 침해 가능성에 대해서는 일반예방이 강조된다는 점에서 적합하지 않다.

개인적 법익의 침해에 대해서도 모두 다 가능한 것은 아니다. 돈이 많은 사람은 푼돈으로 보상하고 벌을 받지 않는 것도 정상적이지 않은 사회이기 때문이다. '나 돈 많아, 벌금 내면 돼'라고 생각하는 사람들은 우리 사회에 생각보다 많다. 이런 경우의 사람들에게는 단순히 금전적 부담 내지는 변상의 기회를 준다고 해결되는 것은 아니다. 오히려 구속형을 선고하는 것이 훨씬 더 효과적일 수 있다. 그러다 보니 회복적 사법이 활성화된 브라질의 경우에도 비판이 많다. 돈으로 벌을 가볍게 할 수 있다는 점은 회복적 사법의 가장 치명적인 약점이다. 브라질에서는 청소년 범죄나 가사사건, 경범죄가 회복적 사법의 주된 대상이 되고 있다. 특히 유소년 사건이다. 범죄를 저지른 유소년들의 사회 복귀를 조속히 하되, 피해자는 금전적으로 충분히 보상을 받는 것이다. 유소년들을 교정시설에 둘 경우 오히려 범죄를 더 배울 가능성이 있다는 점도 고려 요소였다.

회복적 사법은 사회구조의 건전화 정도에 따라 효과가 달라지며, 사회적 수용성의 정도에 따라 허용 범위도 달라질 수 있다. 회복적 사법은 아직 갈 길이 멀다. 죄를 짓고 돈으로 해결할 수 있다는 생각을 심어줄 수 있기 때문이다. 다만 이러한 생각이 유전무죄, 무전유죄의 풍조를 만들어낼 수 있다는 우려에도 불구하고 여전히 논쟁의 필요성이 있는 것은 범죄로 피해를 입은 가족과 개인의 삶을 국가가 부조해주지 못하는 현실에서 피해자들의 삶의 곤궁함을 해결해주는 것도 큰 의미가 있는 일이기 때문이다.

6장

시민의
법

시민의
조건

우리나라는 잘사는 나라 중 하나다. 아직도 우리나라가 못사는 나라라고 생각하는 사람들은 많지 않다. 사실 국내적으로는 여러 가지 어려운 사회문제들이 줄지어 있지만 이는 거의 모든 나라들이 마찬가지다. 집안에 어려운 일 하나도 없는 집이 없듯이 말이다. 우리의 경제적 성장은 1960년대부터 지금까지 불과 약 60여 년에 걸쳐 매우 빠르게 일어난 일이다. 경제적 성장은 시민의 성장이라는 긍정적 효과를 낳았다.

정치적 이슈에 대한 시민의 역할은 점점 더 커지고 있다. 시민들이 광장으로 나오고 있는 것이다. 이미 국내 여러 정치적 이슈 속에서 광장에서의 시민의 목소리는 커졌으며, 이를 통해 시민의 역할이 늘어나고 있고, 실제로 움직이는 시민으로 변해가고 있다. 시민의 역할이 강조되는 것은 전 세계적인 경향이다. 주요한 원인은 기존의 대의제 민주주의가 복잡해지고 다양해진 시민의 이해를 모두 담아내지 못하고 있다는 점과, 정파적 이익에 따라 좌우되는 정치 현실에 대한 불만 때문이다. 선거철에는 '내가 당신의 목소리입니다' 혹은 '내가 당신 곁에 서 있습니다'라고 하지만 선거가 끝나면 그들이 내 목소리를 대신 내주지도 않고, 내 곁에 있지도 않은 상황에 실망하는 것이다. 차라리 보수와 진보 어느 한편에 명확히 서 있는 사람이라면 오히려 입장이 잘 반영될 수 있으나 소위 '중도'라고 부르는 (사안에 따라 찬성과 반대가 달라지는) 시민들의 입장은 거의 반영되기 어려운 구조다.

시민의 능동적 변화의 현실에서 먼저 시민이 누구인가를 살펴볼 필요가 있다. 고대 로마에서는 권리를 누리되 국방과 조세 의무를 졌던 사람들을 시민으로 분류했다. 그리스에서도 마찬가지였다. 그러나 그리스나 로마에서의 시민은 노예라는 하층민의 노동력과 생산력을 향유하는 세력이었다. 당시 시민들이 아고라agora에 모여 폴리스의 미래를 위해 토의하고 공동의 의견을 모을 수 있었던 것은 스스로가 생산에 매달리지 않아도 되었기 때문이다. 물론 오늘날에는 기술의 발전으로 높아진 생산력으로 인해 시민들은 일을 하면서도 참정의 권리를 행사한다. 시민의 개념은 중세 암흑기와 절대왕정의 시기 동안 드러나 보이지 않다가 근대 시민혁명을 통해 다시 등장하게 된다. 역사에서 드러난 일관된 시민의 표지는 자신의 권리를 인식하고 이를 지키려는 의지를 가지고 있으면서도 자신의 의무를 다하는 것이다.

오늘날 전 세계적인 경향이 과거의 국가 후견(後見)주의적 입장에서 출발한 후견적 민주주의에서 시민의 역할이 강화된 광장적 민주주의로 이행하고 있음은 분명하다. 특히 풀뿌리 민주주의가 실현되고 있는 지방행정에서 시민 참여 예산제도를 비롯한 주민투표, 주민 소송, 주민 청구 등 다양한 제도가 활용되고 있다.

시민에 의한 직접민주주의가 대의제를 대체할 것이라는 성급한 견해도 있다. 그러나 인터넷을 통해 시민의 의사를 물을 수 있지만 전문성이라는 한계에 부딪힐 수밖에 없다. 또한 거대한 사회 규모와 첨예화된 이해관계를 고려할 때 효율성 측면에서도 제한적이다. 그 결과 대의제의 보완적 형태로써 직접민주주의적 방식을 활용하는 것이 오늘날의 주된 흐름이다.

생각해볼 것들이 있다. 시민의 참여에 의한 결정이 궁극의 해결책인가 하는 것이다. 한때 논란과 찬사를 모두 받았던 공론화위원회가 있다. 원자력발전소의 건설을 두고 국론이 두 개로 갈라져 있었을 때 시민의 숙의를 통해 결론을 이끌어내어 갈등을 봉합하였다. 그렇다고 매번 국가의 중대사에 이러한 공론화 과정을 거치기는 어렵다. 특히 첨예한 경제적 이익이 대립한다면 공론화의 결과는 그다지 효율적이지 않을 수 있다. 금번 원자력발전소의 건도 완전한 성공이라고 볼 수는 없다. 공론화위원회가 원전 갈등을 해소하는 데 결정적 역할을 한 것은 분명하다. 하지만 5·6호기 공사 재개, 점진적 원전 축소라는 절묘한 결과가 나오지 않았다면 모두가 승복할 수 있었을까 하는 우려는 여전하다.

시민 단체는 전문성을 갖춘 시민의 활동이라는 점이 장점이지만 그 자체가 정치화되거나 관료화되는 경향을 보이고 있다. 시민으로 구성된 각종 위원회도 중립적 시민이 아닌 해당 기관과 친한 시민들로 구성되어 있지는 않은지도 경계해야 한다. 참여적 위원회제도가 가진 가장 큰 약점은 위원의 구성에서 정말 민간과 시민이 참여하는 것인지, 시민과 민간의 모습을 한 실질적 이해관계자들이 참여하는 것인지를 구별하기 어렵다.

한편, 시민 단체와 관련하여서는 회계를 포함한 내부 운영의 투명성을 제고할 필요가 있다. 시민 단체의 운영이 대표의 지명도 또는 활동력에 의존하여 운영되다 보니, 회계 및 운영의 투명성과 민주성이 후퇴되는 경우를 볼 수 있다. 정대협(한국정신대문제대책협의회)의 회계 부정 의혹 사건이 한 예이다. 시민 단체인 만큼 시민 사회의 신뢰를 얻고 더 많은 시민들의 참여를 유도하기 위해서 운영상 투명성 및 민주성이 강화되어야 한다.

돌아볼 일들도 있다. 시민의 참여가 긍정적 결과를 이끌어내기 위해서는 시민 스스로가 역량을 갖추고 있는지 그리고 주어진 의무는 다하고 있는지가 전제되어야 한다. 아무리 좋은 참여제도를 만들어도 그 내면을 채우는 역량과 책무성이 부족하다면 결과 역시 좋을 리 없기 때문이다. 우리 현실을 보면 세계 최고의 교육 수준에 비해 특히 시민 의식은 그에 따르지 못하고 있다. 2017년 제천 스포츠센터 화재 사고 때 소방차의 진입을 막은 불법 주차를 두고 시민 의식의 부재를 한탄했지만, 다음 해 첫날 경포대의 소방서는 해돋이 관광객들의 차들로 인해 진출입로가 막혔다. 물론 이러한 결과를 가져오게 한 데에는 입법의 부주의와 행정의 방관도 한몫했다.

근대 시민혁명을 이끌었던 시민계급은 스스로에 대한 절제와 성찰을 기반으로 하고 있었다. 오늘날 세계를 이끄는 주요 선진국 사회의 안정 역시 건전한 시민 세력을 중추로 하고 있다. 선진국을 만든 마지막 디테일이 '성년의 시민'임을 엿볼 수 있으며, 시민교육의 필요성을 일깨워주는 부분이다. 그렇다면 지금 우리의 시민은 어떤가?

어느 법정의 행정소송 변론 기일에서의 이야기다. 한 초등학교가 방과 후 영어 교육을 정규 수업 시간에 시키다가 지역교육지원청의 제재를 받게 되었다. 법정에서의 공방 과정에서 영어로 무엇을 가르쳤는가를 물었을 때 미국 시민의 권리와 의무가 나왔다. 참 어이없는 상황이었지만 방청을 마치고 돌아가던 길에 한 방청객이 이런 말을 했다. '그래도 시민교육을 시켜서 다행이네.' 참으로 아이러니한 상황이지만 시민보다는 기능인 양성에 주력하는 우리 교육에 일침을 가하는 이야기였다.

역사를 통해서 볼 때, 시민은 자신의 권리 실현에 대한 의지를 가지고 있으면서 의무 또한 다하는 사람을 말한다. 우리는 스스로에게 질문을 던져볼 필요가 있다. '당신은 시민입니까?'

신문고와
청원

    국민들이 높은 사람들에게 직접 자신의 억울함을 호소하는 청원petition은 우리의 역사에서도 다양한 형태로 존재하였다. 그 대표적인 것이 격쟁擊錚이나 신문고申聞鼓다. 우리 역사 속의 청원은 백성들의 억울함을 해결하는 수단이었다는 점에서 오늘날의 청원의 개념과 맞닿아 있다. 서양의 역사에서도 청원이라는 말이 '권리청원Petition of Rights'에 등장한다. 왕권신수설王權神授說의 신봉자였던 17세기 영국 왕 찰스 1세와 의회와의 대립 속에서 의회가 관철한 시민의 권리다. 당시 권리청원의 내용은 신체의 자유권, 의회 동의 없는 과세의 금지, 임의적 특별재판 금지, 이유를 명시하지 않은 체포나 구금 금지 등이다. 결과적으로 찰스 1세가 이 권리청원의 내용을 약속해놓고도 지키지 않아서 권리청원이 성공적이라고 할 수는 없지만, 근대 시민권의 기초가 되었다는 큰 의미가 있다. 그러나 권리청원은 오늘날 청원의 개념과는 다르다.

　현재는 억울함을 호소하는 방법이 국민권익위원회, 국가인권위원회 등과 같은 행정기관에 하는 방법, 형사사건에 관한 것으로 수사기관을 통하는 방법, 소송을 제기하여 법원을 통해 시시비비를 가리는 방법 등이 있다. 이러한 방식은 대부분의 나라가 가지고 있는 전형적 방식의 권리 구제 절차다. 이외에 독특한 형태로 운영되는 것이 바로 국민청원제도다.

　국민 청원은 직접 자신이 억울한 일을 호소하는 것도 있지만, 자신의 일이 아니더라도 부정하고 부당한 일을 바로 잡아달라고 청하는 것도 포함한다. 〈청원법〉이라는 것이 있다. 이 법이 만들어진 근거는 〈헌법〉 제26조이다. '① 모든 국민은 법률이 정하는 바에 의하여 국가기관에 문서로 청원할 권리를 가진다. ② 국가는 청원에 대하여 심사할 의무를 진다.'고 정하고 있다. 청원을 제기할 수 있는 사항은 피해의 구제, 공무원의 위법·부당한 행위에 대한 시정이나 징계의 요구, 법률·명령·조례·규칙 등의 제정·개정 또는 폐지, 공공의 제도 또는 시설의 운영, 이외에도 국가기관의 권한에 속하는 사항이다.[160]

　그래도 청원이라고 하면 사람들의 뇌리에서 가장 먼저 생각나는 것이 현대판 격쟁 또는 신문고라고 부를 수 있는 '청와대 국민청원'이다. 이곳을 찾는 이유는 대통령에게 직접 사정이 전달될 수 있다는 점 때문이다. 이러한 장점 때문에 최고 권력자에게 직접 사정을 알리는 격쟁 역시 조선 시대에 억울함을 푸는 주요한 수단으로 활용되었다.

류승훈 교수가 쓴 《조선의 법 이야기》를 보면, 백성들이 소를 제기하는 이유는 일의 시비를 가리는 것도 있지만 억울함을 푸는 것을 목적으로 한 것으로 보인다. 왜냐하면 지금의 소장에 해당하는 소지所志의 첫머리에 '지극히 원통한 일은'으로 시작하여 '소리 높여 바라옵니다' 또는 '피를 토하는 원통함을 면하도록 해주소서'라고 끝을 맺고 있기 때문이다.[161] 그러나 억울함을 고할 곳이 없는 백성들과 일반적인 소송 절차를 통해서는 일의 시비가 왜곡될 수 있다고 생각하는 사람들은 직접 왕에게 이를 고하는 청원을 선택하기도 하였다.

조선 시대에 청원의 주요 수단으로 사용되었던 것은 격쟁이다. 우리가 흔히 신문고로 알고 있지만 격쟁이 오히려 선호되는 수단이었다. 신문고는 초기에 그 기능을 하였으나 사소한 일에 이용되고 부작용이 많아지자 세조 때 신문고를 함부로 치는 자를 벌하면서 그 효용성이 떨어졌다.[162] 격쟁은 왕의 행차 시에 징, 북 또는 꽹과리를 쳐서 이목을 집중시킨 후 왕에게 억울함을 고하는 방식이었는데 글을 몰라도 말로 가능하였기 때문에 문서로 왕에게 억울함을 호소하는 상언上言보다 선호되었다.[163]

모든 제도에는 부작용이 따르는 법이다. 격쟁과 상언을 사소한 일을 해결하는 데 이용하고 허위의 사실로 타인을 곤경에 빠뜨리는 일이 발생하였다. 그러다 보니 허위의 사실로 격쟁과 상언을 이용한 자와 소송 도중에 중복적으로 격쟁 또는 상언을 하는 자를 벌하기도 하였다.[164] 이와 동시에 조정에서는 이처럼 격쟁과 상언이 많아지는 이유가 그간의 소송제도가 제대로 기능을 못했기 때문이라고 생각하고 관리들에게 "송사를 처리함에 있어 욕심을 삼가고 위세에 두려워하지 말며, 백성의 억울함을 없게 하라"는 지시를 내리기도 하였다.[165] 격쟁과 상언을 통해 백성들이 억울함을 풀었지만, 역시 좋은 일에는 그만큼 이를 악의적으로 이용하는 문제가 많았다. 이러한 직접적인 문제 이외에도 정상적인 소송 절차의 발전을 지연시켰다는 점, 문제가 발생하면 정상적인 절차보다는 직접 왕에게 고하여 일을 해결하려는 경향이 발생하였다는 점도 또 하나의 부작용이었다.[166]

조선 시대의 격쟁과 상언 그리고 신문고를 결합한 것이 청와대 국민청원이라고 할 수 있다. 조선 시대의 것이 주로 개인적 억울함을 푸는 것이 목적이었다면, 지금의 것은 개인적 억울함 이외에 일종의 객관적 이슈로 생각될 수 있는 우리 사회의 문제점들을 해결해달라는 요구가 함께 있다는 점에서 양자는 차이를 보인다.

청와대 국민청원제도는 2011년 미국 버락 오바마Barack Obama 정부가 도입했던 'We the People' 온라인 청원 시스템을 벤치마킹한 것으로 알려지고 있다. 미국뿐만 아니라 다른 나라 역시 청원권자, 청원된 사안의 처리 등에서는 차이를 보이나 적어도 온라인을 통해 의사결정권자에게 직접 의견을 개진하는 제도를 두고 있다. 독일과 영국은 의원내각제 국가답게 의회에 온라인 청원을 할 수 있으며, 대통령제 국가인 미국은 백악관에 청원을 한다. 청원의 내용은 다양하나 미국의 경우 총기 규제 청원, 건강보험 문제 등이 상대적으로 높은 비율로 제기되었다. 영국의 경우 브렉시트 Brexit(영국의 EU 탈퇴) 재투표가 가장 높은 비율의 청원이었다.[167] 우리의 경우 10대 청소년들의 범죄가 급증하면서 엄벌을 원하는 것, 괴롭힘을 당하던 경비원이 스스로 목숨을 끊은 사건에 엄벌을 청하는 것, 코로나19 위험으로 인해 등교 개학 시기를 재차 미루어달라는 것, 시민 단체의 회계를 엄정하게 조사해달라는 것 등 다양하다.

소송과의 관계에서 볼 때 지금의 청원제도는 조선 시대 때의 소송에 대한 불만과는 차이가 있다. 10대가 범죄를 저지르고도 벌을 받지 않는 현재 제도의 모순을 지적하는 것을 볼 때 입법의 불비를 지적하고는 있으나, 소송을 통해 권리 구제를 받지 못해 그 대안으로 청원을 이용하는 것은 아니다. 지금의 선진국이라고 하더라도 제2차 세계대전 이전에는 소송이 현실적으로 쉽지 않았던 적도 많았다. 법에는 그럴듯하게 권리를 규정해 놓았지만 재판에서 받아주지 않았던 경우가 많았기 때문이다. 제2차 세계대전 이후에는 대부분의 국가가 헌법에 국민의 재판받을 권리를 규정하면서 이 문제는 상당 부분 해결되었다. 다만 여전히 재판이 어렵고, 시간과 비용이 많이 드는 방식을 고수하고 있는 등 사법 절차에 대한 불만은 여전히 남아 있다.

청원의 주된 대상은 행정 당국이 손을 놓고 있는 사항에 대해 공익적 측면에서의 처리 촉구 및 조치 미흡에 대한 불만 토론, 특정 사건에 대한 수사 당국의 미온적 대처에 대한 불만, 공공 정책의 변경 촉구, 국회에 대한 입법 요구 등이 주를 이루고 있다. 이러한 요구들의 특징은 국민들이 법적으로 요구할 수 있는 권리를 가지고 있지 않는 것들이라는 점이다. 즉 국회를 통하거나 정부에 촉구하여 얻어낼 수 있는 것으로 소송을 통해 해결할 수 있는 것이 아니다.

조선 시대의 격쟁이나 신문고에서 보듯이 허위의 사실로 남을 곤경에 빠뜨리려는 행위를 곤장으로 다스렸던 이유가 오늘날 국민청원에서도 적용된다. 국민청원 게시판에서 대부분의 글들은 억울함을 호소하고 개선을 요구하는 것들이지만 때때로 허위의 사실로 타인을 모함하거나 권리를 침해하는 결과가 야기되기도 한다. 이러한 경우에 청원과 관련하여 직접적으로 제재 방안을 두고 있지는 않다. 대신 형사상 명예훼손죄로 처벌이 가능하다는 점은 과거 조선 시대의 제도와 차이점이다. 하지만 형사적 처벌이 있더라도 이미 개인의 삶은 심각한 타격을 입은 후이며, 진실이 밝혀지더라도 이에 대한 후속 보도는 거의 이루어지지 않는다는 점에서 청원이 인민재판의 장으로 악용될 수 있는 우려가 있다.

시대를 건너 그리고 국경을 넘어 국민들이 최고 의사결정권자와 직접 소통할 수 있는 창구를 만들어놓은 것은 크게 다르지 않다. 각 나라별로 활용도가 다를 뿐이다. 그렇다면 우리에게 청원 제도는 어떤 모습으로 형성되어가야 하는지가 과제로 남겨져 있다. 청원이 억울함을 해소하는 장인지, 아니면 국민적 분노 배출의 창구로 기능할 것인지, 국민적 의견을 모으는 장으로 활용할 것인지 말이다.[168]

여기에서 한 가지 경계해야 할 것이 특정 이익 단체의 동시다발적 청원 행위다. 특정 목적의 이러한 행위는 여론을 왜곡시킬 수 있으며, 그 결과가 성공적이었다면 유사한 행위는 얼마든지 이어질 수 있기 때문이다. 이 문제는 '청원제도를 기존 SNS에 계정을 가지고 있는 사람만을 대상으로 할지, 아니면 익명으로 바로 청원에 찬성표를 던질 수 있도록 할지'와도 밀접한 관련을 지닌다. 여기에 대해서는 의견이 갈리지만, 여론의 왜곡 방지와 민주주의의 책임성 그리고 우리나라의 개인 정보 보호 환경을 고려한다면 익명 청원을 허용할 필요는 없을 것이다.

역사를 통해 이어져온 청원제도는 사회의 갈등을 조절하고 국민의 분노 수치를 낮추고, 적어도 국민들에게 마지막 수단이 남아 있다는 희망과 믿음을 주어왔다. 앞으로도 이름이야 달라질 수 있겠지만 대통령에게 전하는 길인 청원은 계속 이어질 것이다. 여기에서 가장 중요한 것은 '어떤 응답을 하느냐' 일 것이다. 사실 청원제도를 어떻게 할 것인가는 응답이 만들어나갈 과제다.

세상의 변화가
바꾸는
헌법의 생각

〈헌법〉의 조문은 1988년 이후 지금까지 변하지 않고 그대로 있다. 하지만 우리 삶의 모습이 변해가면서 헌법의 사고 역시 변해가고 있으며, 이러한 변화는 우리 삶에서 일어나는 일들에 대한 법의 평가도 변한다는 것을 의미한다. 즉, 헌법이 생각하는 근본적인 지향점을 제외한 헌법의 사고는 매순간의 삶과 밀접하게 연결되어 있으며, 세상의 변화는 헌법의 생각을 바꾼다. 그 하나의 예가 낙태죄 위헌 판결이다.

〈24주24 Wochen〉(2016)라는 독일 영화가 있다. 출산 세 달을 앞두고 엄마는 태아가 다운증후군이라는 사실을 알게 된다. 아이를 낳아야 할 것인가를 두고 그녀의 고뇌가 시작되었다. 법적으로 낙태가 허용되나 아이의 생명과 태어난다면 불행할 것이 분명한 아이의 미래를 두고 결국 고독한 결정을 내려야 하는 상황이다. 아무

도 그녀의 아픔을 대신해줄 수 없다.[169]

낙태죄를 〈형법〉으로 정한 것은 생명을 함부로 경시해서는 안 된다는 근본적인 사고에서 출발한다. 생명 중시의 사고는 인류가 세상에 존재하는 한 결코 변하지 않을 근본규범[170]이다. 그러나 생명을 잉태한 여성 또한 자기의 삶에 대한 결정권을 가지고 있다. 이 양자의 충돌이 낙태죄를 둘러싼 공방의 본질이다.

낙태는 '태아를 자연분만 시기에 앞서 인위적으로 모체 밖으로 배출하거나 모체 안에서 살해하는 행위'를 말하며, 우리 〈형법〉에 낙태를 처벌하는 규정이 들어온 것은 한국전쟁이 끝난 해 9월이다.[171] 그러나 1973년 2월 〈모자보건법〉이 제정되면서 인공임신중절 시술이 가능한 예외를 허용하였다. 〈형법〉이 전면 금지한 것을 〈모자보건법〉이 일부 예외를 열어준 것이다. 여기에서 한 가지 놀랄만한 것은 낙태죄를 규정한 지 20여 년이 지나도록 성범죄 피해자나 유전적 질환자에게 낙태의 권리를 주지 않고, 낙태를 범죄로 취급했다는 점이다. 그러나 사회의 인식 변화에 따라 낙태의 허용 사유는 다음과 같이 개정·정리되었다.

〈모자보건법〉은 낙태의 정당화 사유로 다섯 가지를 들고 있었다. 첫째, 본인이나 배우자가 우생학적 또는 유전학적 정신장애나 신체 질환이 있는 경우. 둘째, 본인이나 배우자가 전염성 질환이 있는 경우. 셋째, 강간 또는 준강간에 의하여 임신된 경우. 넷째, 법률상 혼인할 수 없는 혈족 또는 인척 간에 임신된 경우. 다섯째, 임신의 지속이 보건의학적 이유로 모체의 건강을 심각하게 해치고 있거나 해칠 우려가 있는 경우.[172] 문제는 이들 이외의 사유다. 예를 들어, 여성이 경제적으로 아이를 키울 여력이 없는 경우에는 어떻게 해야 하는가.

　낙태죄에 대한 위헌 논의는 꾸준히 이어져왔다. 2012년 낙태죄 위헌 여부를 두고 헌법재판소의 결정이 있었다. 낙태를 한 여성을 처벌할 것인가를 두고 재판관 8인이 합헌 4, 위헌 4로 팽팽하게 갈렸다.[173] 그런데 2017년 다시 한 번 낙태죄가 헌법재판소의 법대에 올랐다. 〈모자보건법〉상의 조항만으로 다양하고 광범위한 사회적 또는 경제적 사유에 의한 낙태 상황을 모두 포섭할 수 없다는 것이다. 하지만 여전히 위헌의 문을 넘기는 어려웠다. 2019년 헌법재판소는 낙태죄에 대해 헌법 불합치 판결을 내린다.[174] 불합치 판결의 의미는, 현재의 낙태죄는 헌법과 맞지 않으므로 법 개정을 해야 하지만 개선 입법이 마련되기 전까지는 계속해서 적용하는 것이다. 법의 공백을 막기 위함이다.

　헌법재판소는 〈모자보건법〉이 포섭하지 못한 상황을 예를 들어 설명한다. "학업이나 직장 생활 등 사회 활동에 지장이 있을 것에 대한 우려, 소득이 충분하지 않거나 불안정한 경우, 자녀가 이미 있어서 더 이상의 자녀를 감당할 여력이 되지 않는 경우, 상대 남성과 교제를 지속할 생각이 없거나 결혼 계획이 없는 경우, 혼인이 사실상 파탄에 이른 상태에서 배우자의 아이를 임신했음을 알게 된 경우, 결혼하지 않은 미성년자가 원치 않은 임신을 한 경우."

　국가가 이러한 상황을 모두 책임져줄 것도 아니면서 낙태를 막는 것은 합리적이지 않다. 결국 개인이 전체 인생을 통해서 짊어지고 나갈 일이기 때문이다. 이러한 개인의 책임은 여성의 양육에 불리한 정치적 혹은 정책적 결정에 의해서 더욱 열악해질 수도 있다. 일부에서는 인구가 감소하고 있는 현실에서 낙태를 허용해서는 안 된다는 주장을 하기도 한다. 그러나 아이를 잘 낳고 기를 수 있는 환경을 조성하면 자연스럽게 인구가 늘어나는 것이지, 그런 환경을 국가가 조성해주지도 못하면서 아이를 낳으라고 하는 것은 여성의 몸을 국가 정책의 수단으로 활용하는 것밖에 되지 않는다. "여성이 삶의 과정을 스스로 결정하고, 평등한 시민의 지위를 누리는 자주성에 초점을 맞추어야 한다"[175]는 긴즈버그^{Ruth Bader Ginsburg} 미국 대법관의 이야기는 의미심장하다.

헌법재판소는 〈모자보건법〉이 정한 예외를 제외하고 임신 기간 전체를 통틀어서 모든 낙태를 일률적이고 전면적으로 금지하고 또 이를 처벌하는 것은 국가가 임신의 유지·출산을 강제하는 것이어서 임신한 여성의 자기결정권을 제한한다고 판시하였다. 헌법재판소는 임신한 여성의 자기결정권의 성질을 밝히고도 있다. "임신·출산·육아는 여성의 삶에 근본적이고 결정적인 영향을 미칠 수 있는 중요한 문제이므로, 임신한 여성이 임신을 유지 또는 종결할 것인지 여부를 결정하는 것은 스스로 선택한 인생관·사회관을 바탕으로 자신이 처한 신체적·심리적·사회적·경제적 상황에 대한 깊은 고민을 한 결과를 반영하는 전인적全人的 결정이다."

여기에서 의문이 있을 수 있다. 그래도 아이의 생명이 중요한

데 이를 완전히 무시하는 것은 아닌가 하는 것이다. 핵심은 '언제부터 아이를 독립된 생명으로 볼 것인가'이다. 아이가 독립된 생명체가 된 이후에는 낙태를 허용하기 쉽지 않다. 생명권과 자기결정권과의 충돌에서 생명권이 경시될 수는 없기 때문이다.

헌법재판소는 임신 22주 내외를 기준으로 하였다. WHO와 학계의 일반적 견해에 따르면, 최선의 의료 기술과 의료 인력이 뒷받침될 경우 태아는 22주 내외부터 독자적 생존이 가능하기 때문이다. 따라서 태아가 모체를 떠나 독자적 생존이 가능한 시점인 임신 22주 내외에 도달하기 전까지는 여성의 자기결정권 행사가 가능한 것으로 보았다.

당시 낙태죄의 위헌 여부에 대해서는 단순 위헌 의견이 3명, 헌법 불합치 의견이 4명이었다.[176] 결국 전체 재판관 9명 중 7명이 낙태죄를 규정한 〈형법〉 제269조가 헌법에 위반된다고 본 것이다. 그런데 여기에서 2명의 합헌 의견이 있었다.

합헌 의견의 핵심은 태아의 생명권 보호다. 태아나 출생한 사람이나 모두 인간의 존엄과 생명 보호의 필요성이 인정되는 것은 마찬가지라는 점이다. 따라서 태아의 성장 상태에 따라 생명권 보호를 경시하고 동시에 임신한 여성의 자기결정권을 우선하는 것은 합리적이지 않다는 것이다. 여기에 더해 사회적·경제적 사유 등에 의해 낙태를 허용한다면 생명이 경시될 수 있는 문제가 있다는 점을 지적했다.

합헌 의견의 취지와 논리는 충분히 공감하고도 남는다. 생명은 어느 무엇과도 바꿀 수 없기 때문이다. 하지만 현실적으로 출산할 경우 한 여성의 삶이 이 모든 것을 책임져야 하는 상황이라면 이 역시 그 여성의 존엄과 삶의 가치를 경시하는 것일 수 있다. 따라서 헌법재판소는 임신 22주 내외라는 의학적 기준을 중심으로 하여 자기결정권의 행사 시기를 정함으로써 태아의 생명권과 임신한 여성의 자기결정권과의 사이에서 절충을 모색하려고 한 것이다.

　낙태죄가 제정된 때에는 이 죄가 헌법에 합치되지 않는다는 헌법재판소의 결정을 상상하지 못했을 것이다. 남성 중심의 사회에서 여성의 사회적 지위가 그리 높지 않았고, 여성의 사회적 기능 역시 제한적이었기 때문이다. 낙태죄에 대한 위헌 판결은 우리 사회에서 여성의 지위와 역할이 제자리를 찾아가는 과정에서 자연스럽게 선택된 결과라고 할 수 있다.

　낙태죄를 둘러싼 논란은 우리나라에서만 있었던 것은 아니다. 사람이 사는 곳이면 대체로 비슷한 사고 내지 이슈가 발생하고, 법 역시도 대체로 비슷한 규율을 갖게 된다. 1970년대까지도 미국에서는 피임 수단을 구하기가 쉽지 않아서 미혼 여성들이 임신하는 사례가 빈번히 발생하였다. 임신을 한 미혼 여성들은 스스로 낙태를 하기 위해 극단적으로 영구 불임이나 생명이 위태로운 수단을 선택하기도 하였다. 당시만 해도 미국에서 낙태를 하는 것은 형법상 죄가 되는 것이었다. 1970년 하와이주를 시작으로 많은 주들이 면허가 있는 의사에 의한 낙태를 처벌하는 조항을 폐지해 나가고 있었으나, 텍사스주는 요지부동이었다. 하지만 텍사스에서도 이미 변화의 움직임이 시작되고 있었다. 1969년 텍사스주 댈러스에서 한 여성이 강간을 당해 임신했다고 주장하면서 낙태수술을 요청하였다. 병원 측은 해당 여성이 임신의 지속으로 인해 건강이 위협받고 있는 상태가 아니라는 이유로 이를 거부한다. 해당 여성은 낙태 거부와 금지의 근거가 된 '텍사스주법'에 대해서 위헌 소송을 제기한다. 바로 '로 대 웨이드Roe v. Wade 사건이다.[177] 1973년 1월 연방대법원은 7대 2로 낙태 금지가 위헌이라는 결정을 내린다. 판결의 핵심은 주정부는 임신 6개월 이내의 여성이 낙태를 할 수 있는 권리를 박탈할 수 없으며, 임신 첫 3개월 이내의 낙태는 의사와 임산부가 결정하고, 3개월에서 6개월까지는 임산부의 건강을 위한 조치를 허용하며, 그 이후에는 태아를 위한 보호 조치를 취해야 한다는 것이다.[178]

낙태죄 위헌 판결은 형법의 입장에서 보면 새로운 변화다. 오늘날 형법은 시민들의 새로운 가치관 그리고 인식 변화에 따라 역시 큰 변화를 겪고 있다. 일부는 들어오고 일부는 떠났다. 낙태죄와 간통죄는 개인의 자기결정권을 근거로 떠나갔고, 아동학대죄와 가정폭력 등 과거 개인의 가정사로 치부되었던 영역에서는 스스로 자기결정권을 행사할 힘이 없는 아동과 가족 구성원을 위해 국가 형벌권이 개입하고 있다. 법은 늘 살아 움직이는 생물이다.

양심과
의무

　2018년 헌법재판소에서 '양심적 병역 거부'를 허용하는 결정을 내렸다. 군대에 다녀온 남자들이 '그럼 나는 비양심적이란 말인가?'라고 화를 냈던 바로 그 결정으로, 병역 거부로 병역의 의무를 구체적으로 규정한 〈병역법〉을 위반한 사건이다. 논의 수준을 한 단계 올려보면 〈헌법〉에서 정하고 있는 개별적인 기본권들이 충돌하고 있는 상황이다. 우리 〈헌법〉 제19조는 양심의 자유를, 제20조 제1항은 종교의 자유를, 제39조는 국방의 의무를 정하고 있어 이들 간에 충돌이 발생한 것이다. 핵심은 '양심과 의무 중에 무엇을 우선할 것인가'이다.

　양심적 병역 거부의 사례는 1939년 병역을 거부한 여호와의 증인 신자 30여 명이 체포된 '등대사燈臺社 사건'에서 시작되어 최근까지 꾸준히 이루어져왔다. 당시 조선인의 입장에서는 일본군에 입대하는 것을 거부할 정당한 사유가 있었다. 따라서 일제에 대한 항거와, 종교와 양심의 자유를 지키기 위한 것이 혼재되어 있었다.[179] 자연스럽게 비난의 가능성은 크지 않았다. 이후 한국전쟁을 거치면서 양심과 종교상의 이유로 병역을 이행하지 않는 것은 용납되지 않았다. 한 사람의 인원이라도 간절했던 시기였다. 물론 1957년에 당시 국방부장관의 특명으로 안식교(제칠일안식일예수재림교회) 교인들이 위생병 또는 무기를 휴대하지 않는 일을 할 수 있도록 배려한 적도 있다. 그러나 잠시 시도했던 것뿐이고, 이후에는 전과 같이 여전히 처벌을 하였다.

〈헥소 고지Hacksaw Ridge〉(2016)라는 영화가 있다. 집총을 거부하는 비폭력주의자 청년이 위생병으로 군 복무를 하면서 총을 들지는 않았지만 혼자서 75명의 전우들을 구해낸 실화를 바탕으로 만든 영화다. 군에서 집총하지 않은 직무를 부여하는 것은 가능한 일이나 일단 양심적 집총 거부자의 입장에서는 여전히 폭력과 전쟁을 위한 일을 돕는다는 점에서 이를 거부하였고, 군의 입장에서도 현실적으로 관리가 어려웠을 것이다. 그래서 사회 시설에서 근무하는 대체 복무가 논의되었다. 여기에서도 찬반의 논란이 격렬했다. 많은 사람들이 양심과 종교의 자유를 이유로 군 복무를 기피할 수 있다는 반론이 만만치 않았다.[180] 당시의 군 생활 환경은 사회에 비해 낙후된 시설이었으며, 내무반에서는 군기를 잡는다는 이유로 폭력 행위가 있었던 때라 군 입대에 대한 두려움을 갖는 사람들도 있었다. 열악한 환경과 불편한 내무생활은 병역 기피의 원인 중 하나였다.

양심적 병역 거부를 제한하는 것에 대한 그간의 판결은 합헌이었다.[181] 합헌 결정의 주요한 내용은 국가 안전 보장이 이루어지지 않으면 인간으로서의 존엄과 가치도 보장될 수 없으며, 병역 의무는 이를 지키기 위해 반드시 필요한 것이므로 양심적 병역 거부자의 양심의 자유가 이러한 헌법적 가치보다 크지 않다고 보았다. 따라서 〈헌법〉 제37조 제2항에 따라 양심의 자유를 제한하는 것은 헌법상 허용된 정당한 제한이라고 판시하였다.[182] 혹시 이렇게 생각할 수 있을 것이다. 법이 여러 개도 아니고 법에서의 결론이 '그때는 틀리고 지금은 맞다'가 가능한 것인가?

절대 바뀌지 않는 자연법적 정의에 해당하는 '사람을 해하여서는 안 된다. 남의 물건을 훔쳐서는 안 된다'는 등 누구나 다 아는 도덕적 범주에 속하는 사회적 규율은 사회의 인식 변화가 있다고 하더라도 변하지 않는다. 그러나 그러한 자연법적인 정의가 아닌 경우에는 그 사회 구성원의 인식 변화에 따라 법적인 판단도 달라질 수 있다. 양심적 병역 거부에 대한 사회적 시각의 변화는 하급심 판결[183]에서 먼저 감지되었다. 〈병역법〉 제88조는 정당한 사유가 없이 입영을 하지 않은 경우에는 처벌하도록 규정하고 있었는데, 양심상 입영 거부를 정당한 사유로 본 것이다. 이러한 하급심 판결에 대해서는 그 사회 일반이 가지고 있는 인식을 제대로 반영하지 못했다는 비판이 가해졌다. 그러나 이 판결은 대체 복무를 통해 국가와 사회에 대한 시민의 의무를 다할 수 있도록 하자는 논의를 촉발하는 계기가 되었다. 서울남부지법은 당시 〈병역법〉 제88조에 대해서 위헌인 법률이 아닌지에 대해서 헌법재판소에서 판단해달라는 위헌법률심판을 제청하였다. 서울남부지법의 제청 이후 유사한 사건에서의 위헌법률심판 제청이 이어졌다.

이에 따라 2004년 8월 헌법재판소의 결정[184]이 내려졌다. 물론 그 이후에도 위헌법률심판 제청은 몇 차례 있었으며 2004년 10월[185], 2011년 8월[186]에도 헌법재판소는 유사한 결정을 하였다. 2004년 8월에 내려진 헌법재판소 결정문의 핵심을 쉽게 요약하여 정리하면 다음과 같다.

"비록 입법자(국회)가 입법형성권을 가지고 있지만, 국가 안보는 매우 중요한 공익으로서 개인의 자유를 최대한 보장하기 위하여 국가 안보를 저해할 수 있는 무리한 입법은 요구할 수 없다. 현재 한국의 안보 상황, 징병의 형평성, 대체 복무제가 가지고 있는 여러 가지 한계 등을 감안할 필요가 있다. 대체 복무제가 도입되기 위해서는 남북 관계에서 평화 공존이 정착되어야 하고, 군 복무 여건의 개선을 포함한 병역 기피 요인이 제거되어야 한다. 여기에서 더 나아가 대체 복무를 허용하더라도 사회 공동체 구성원들 사이에서 부담의 평등과 사회 통합의 관점에서 공감대가 형성되어야 한다. 따라서 이러한 선행 조건들이 충족되지 않은 상태에서 대체 복무제를 도입하지 않았다고 하여 이를 현저히 불합리하거나 잘못되었다고 볼 수 없다."

그런데 2018년 6월 헌법재판소는 그간의 입장을 바꾼다. 양심적 병역 거부자를 처벌하는 것을 정하고 있는 〈병역법〉 제88조 제1항이 헌법에 위반되지는 않지만 병역의 종류에 대체 복무제를 정해놓지 않은 〈병역법〉 제5조 제1항이 헌법에 합치되지 않는다는 것이다. 쉽게 말해서 병역 거부자를 처벌하는 것은 헌법 위반이 아니나, 양심이나 종교를 이유로 병역을 거부하는 사람들이 국가에 대한 의무를 할 수 있는 대체 복무 방식을 규정하지 않은 것은 헌법이 정하고 있는 양심의 자유나 종교의 자유에 합치되지 않는다는 것이다. 이러한 변화는 우리 사회에서 대체 복무제에 대한 긍정적 시각이 더 많아졌으며, 군 복무를 법원이나 구청 등 사회 복무를 통해 수행하는 사례가 일반화되면서 양심적 병역 거부자들도 기초 군사훈련이 필요 없는 대체 복무를 해도 된다는 시각이 반영된 것이다. 당시 판결문의 핵심적인 내용을 요약하면 다음과 같다.

“우리 〈병역법〉에서 열거하고 있는 병역 의무의 방식은 모두 군사훈련을 전제로 하고 있으므로 이 방식은 양심적 병역 거부자들에게 적용하기 어렵다. 만약 양심적 병역 거부자들을 모두 형사처벌 한다면 사회적 자원으로써 이들을 활용하기도 어렵다. 그리고 이들이 대체 복무를 한다고 하더라도 국방력에 부정적인 영향을 미치지 않는다. 만약 현역 복무와 대체 복무 사이에 복무의 난이도나 기간과 관련하여 형평성을 확보할 수만 있다면 양심을 빙자한 병역 기피자 문제도 해결할 수 있다. 대체 복무제가 우리 국방력에 유의미한 부정적 영향을 미치거나 병역제도의 실효성을 떨어뜨린다고 보기 어려운 이상 양심적 병역 거부자에 대해 대체 복무제를 규정하지 않은 〈병역법〉 조항은 과잉 금지 원칙에 위배하여 양심적 병역 거부자의 양심의 자유를 침해하고 있다고 할 수 있다."

우리 사회가 대체 복무에 대한 다양한 생각을 가지고 있고 사회적으로 인정할 수 있는 형평의 문제만 해결된다면 국방력에 부정적 영향을 주지 않는 한 대체 복무를 포용할 수 있다는 점이며, 이는 사회적 인식의 변화에 바탕을 두고 있다고 할 수 있다. 사회의 인식 변화는 헌법재판소의 결론을 이끌어내는 가장 중요한 동력이다. 결국 우리 사회가 무엇을 생각하고 얼마나 열려 있느냐에 따라 우리 스스로가 우리에게 맞는 법을 정하고 해석해나갈 수 있음을 보여준다.

책임의 공유와
시민의 연대

우리나라에서는 납세자라는 말이 자주 쓰이는 편은 아니다. 쓰이더라도 매우 건조한 뜻의 납세의무자를 의미할 뿐이다. 외국의 문헌을 보면 'Tax Payer'라는 말이 일반적으로 사용되며, 국가에 대한 국민의 권리를 주장할 때 반드시 나오는 단어다. 물론 그 말이 가지는 무게만큼 세금의 징수는 엄격하지만, 세금을 내는 순간 국가에 대한 납세자의 권리는 보장된다. 이러한 권리에 정치적 권리가 포함되는 것은 당연하다. 그래서 미국이나 유럽 국가에서 납세자는 국민과 동일한 의미로 쓰이기도 한다.

우리나라의 조세 납부 상황을 보면, 2017년 국정감사에 보고된 기준으로 근로소득세 면세자 비율은 46.8%에 달한다. 일본이 15.8%, 독일은 20%이라는 점에서 면세자 비율이 매우 높은 편이다. 비단 근로소득세뿐만 아니라 법인에게 부과되는 법인세의 면세 비율도 약 47%정도에 달한다.[187] 그런데 정부의 지출은 점점 더 늘어가고 있다. 그 결과 세금을 내고 있는 사람들에게 세금 부과가 집중되는 문제가 발생한다.

소득이 높지 않아 세금을 부과하지 않는 것이지만 여기에서 하나 생각해볼 것이 '책임의 공유와 사회적 연대'다. 먼저 세금을 납부하는 것이 사회적 책임을 제고시키는 데 기여할 수 있는 측면이 있다. 국가의 모든 작용은 비용을 수반하며, 이는 일상적인 국가 작용에서부터 사회적 약자의 보호를 위한 수급 지원 사업까지 모두를 포함한다. 세금을 납부한 경우에는 그 세금이 어디에 쓰일지, 정치적 이해에 좌우되어 사용되는지, 아니면 꼭 필요한 곳에 쓰이는지에 관심을 갖게 되기 때문이다.

반론으로 소득이 많지 않은 사람으로부터 소액의 세금을 걷기 위해 다액의 징수비용을 사용하는 것은 효율적이지 않다는 주장이 있다. 그러나 국가나 사회를 구성하면서 그러한 비효율의 부분이 책임의식의 제고로 이어진다면 유형의 비효율이 무형의 효율로 바뀐다는 점에서 반드시 낭비라고 볼 수는 없다. 실제로 국가가 비효율적으로 사용하고 있는 '쪽지 예산' 내지는 정치적 목적의 사업 추진 등의 비용만 아껴도 징수비용을 충당할 수 있다는 점에서 설득력 있는 이야기로 들리지는 않는다.

코로나19 사태로 경기가 급속하게 침체되면서 각국이 경기를 살리기 위하여 명칭을 가리지 않고 현금성 자금을 지급하기 시작하였다. 지급된 금액을 사용하도록 함으로써 시중에 수요와 공급의 체인이 작동할 수 있도록 하는 것이다. 지원 필요성에 대해서는 모두가 동의하나 전 국민을 대상으로 할지 아니면 실질적으로 지원을 받아야 할 대상을 선별하여 지급할지에 대해서 논란이 많았다. 그 과정에서 불만과 갈등이 표출되었다. '받는 사람 따로 있고, 세금 내는 사람 따로 있는가'라는 불만이 그것이다. 어떤 형식이나 명칭이든지 지원금이 제공될 경우 재정에 악영향을 줄 것이 분명하나, 재정 파탄 전에 민생 파탄이 나게 된다는 점에서 지원의 정당성은 인정된다. 다만 누구에게 줄 것이며, 누가 부담하게 할 것인가라는 문제가 남는다.

지출 재원을 어떻게 마련할 것인가는 가장 큰 화두이자 매우 민감한 문제다. 일부에서는 세율 인상도 필요하지만, 소득세 감면 비율을 줄여 세원을 넓게 확대하는 것도 고려해야 한다고 주장하는 반면, 다른 한편에서는 부자 증세를 주장한다. 민주주의 국가에서는 국민 스스로의 책임성이 강조된다. 국민이 최종적인 의사 결정권자이자 주권자이기 때문이다. 따라서 정부 재정이 투여되는 의사결정이 자신의 조세 부담에 매우 작은 수준이라도 어떻게 영향을 미치는가를 알 수 있어야 한다. 즉, 내가 지원을 받았을 때 이후 기간의 조세 부담 수준이 얼마나 높아지는지를 아주 작은 금액이라도 인식할 수 있어야 한다는 것이다. 당연히 소득이 많은 사람은 보다 많은 추가적인 조세 부담을 지겠지만, 소득이 적은 사람이라도 자신의 소득 내에서 비례적으로 부담을 질 수 있어야 하며, 이러한 프로세스에서 자연스럽게 민주적 책임성이 발현될 수 있다. 지출 면에서 스스로 져야 하는 부담을 인식하지 못하는 경우 무조건적인 지원을 용인할 수 있으며, 포퓰리즘은 이를 자극할 수밖에 없다.

인류사 최초의 민주주의를 구현했던 고대 그리스의 민주정은 중갑병重甲兵의 팔랑크스Phalanx에서 시작되었다. 팔랑크스는 4각형의 방진方陣 속에서 한 곳이 뚫리면 모두가 위험에 처하는 구조였다. 따라서 서로가 서로를 믿고 각자가 자신의 위치에서 최선을 다해야만 했다. 초기에는 전투에서 돌아온 중갑병들만이 시민이었고 참정권을 행사할 수 있었다. 참전을 통해 보여준 국가에 대한 책임과 상호 신뢰가 시민이 되는 요건이었던 것이다. 물론 이와 같은 초기 그리스의 시민 개념은 큰 문제가 있다. 스스로 자비를 들여서 무장을 했어야 하기 때문에 갑옷과 방패 등 장비를 살 돈이 없는 사람은 전쟁에 나갈 수도 없었고 그래서 시민이 될 수도 없었다. 그러한 문제점에도 불구하고 초기 고대 그리스의 시민이 책임과 상호 신뢰를 기반으로 했다는 점은 매우 의미가 있는 부분이다. 오늘날에도 책임과 상호 신뢰는 건전한 민주주의를 만들어가는 데 여전히 필수적 요소이다.

시민 의식은 시민 스스로가 사회를 건전하고 지속 가능하게 이끌어 나가게 만드는 기제이며, 정치적 후진성을 극복할 수 있는 유일한 대안이라고 할 수 있다. 그러나 개별적 시민 의식만으로 사회 변화를 이끌어낼 수 있는 것은 아니다. 다수의 의사가 필요한 민주주의에서는 개인 한 사람의 변화보다는 시민들 각자의 의식이 연결되어 사회 공동체의 압력으로 작용해야 사회를 변화시킬 수 있다. 시민 의식의 연대, 즉 시민의 사회적 연대가 사회의 변화를 이끌어낼 수 있다. 그러한 점에서 공평한 부담은 이러한 연대의 기반 중 하나라고 할 수 있다.

수로
이루어진 법

처세술 또는 사회생활 생존 전략서가 유행이었던 적이 있다. 그중 한 가지가 설득하는 법을 다룬 책이다. '사실이 아니어도 자신에게 유리한 아무 숫자라도 이야기하세요. 사람들은 확인해보지 않아요. 대신 당신에게 설득당할 겁니다.' 기억나는 한 구절이다. 수數가 가지는 정교한 힘에 기대는 것이다.

수치 정보는 외견상 매우 객관적이고 명확하다. 사회현상을 설명하기도 하고, 법적 기준으로도 사용된다. 한마디로 오늘날 우리 사회는 수에 의해 표현되고, 수에 의해 규율되고 있다. 그러나 수를 대하는 우리의 모습은 수동적이다. 수는 생각보다 객관적이지 않을 수 있지만, 미치는 영향력은 매우 크다. 따라서 개별 상황에서 수가 가지는 의미를 꼼꼼히 따져볼 필요가 있다.

수는 현실이다. 현실을 나타내는 대표적인 것이 통계다. 통계는 정확해야 한다. 통계는 의도를 가지는 순간 취약해진다. 가장 간단하게는 모집단의 구성에 영향을 주는 것이다. 한국은행에서 편제하는 통계의 신뢰성이 높은 것은 중앙은행이 갖는 독립성이 통계의 기반이 되기 때문이다. 물론 객관적 통계라도 해석상 얼마든지 다른 설명이 가능하다. 따라서 해석의 차이는 상호 검증을 통해 그 의미를 판별해야 한다.

수는 허상이다. 대표적인 것이 선거 공약이다. 선거의 승리를 위해 정제되지 않은 이론적 숫자들을 남발한다. 장밋빛 미래가 수를 통해 그려진다. 작은 단체일수록 공약은 미리 검증되지도, 깊이 논의되지도 않는다. 유권자들 중 일부는 진짜 믿은 사람이 반, 믿지는 않지만 모르는 척 청구서를 들이밀 준비를 하는 사람이 반이다. 국가 차원의 선거에서는 '매니페스토manifesto 운동'이라는 검증 수단도 있지만 사실 미래의 전망과 계획을 중심으로 펼쳐지는 공약의 진실성 여부를 걸러내기에는 역부족이다. 결국 민주주의의 가장 큰 장점인 선거가 민주주의의 가장 큰 낭비 요소가 되기도 하고, 역으로 민주주의를 위협하기도 한다. 그래서 선거에서 승리하더라도 다시 객관적으로 공약을 검토해보는 공약의 재구성이 필요하다.

수는 기준이다. 법으로 정해진 기준은 국민과 국가 스스로를 구속한다. 그런데 법에는 그 숫자가 어떻게 나왔는지 설명이 없다. 법안 검토 서류에서도 찾아보기 어렵다. 사실 현장에서 법을 집행하는 공무원들조차도 기준이 되는 수치가 그렇게 정해진 이유를 모른다. BIS(국제결제은행) 자기자본 비율은 왜 8%일까. 교통 신호 위반 범칙금은 왜 6만 원일까. 놀라운 것은 누구도 물어보려고 하지 않았다는 것이다. 양형 기준도 마찬가지이며, 소년범의 처벌 기준인 연령도 마찬가지다. 과거와 달리 수많은 정보를 통해 인지 능력이 발달된 촉법소년觸法少年의 연령을 만 14세 미만으로 제한하는 것이 옳은 것인가. 왜 정부는 국가 채무 수준의 상한을 GDP 대비 60%로 할까.[188]

모든 수에는 의미가 있다. 때때로 우리는 작은 수는 무시해도 된다고 생각한다. 거스름돈 정도는 괜찮을지 모르지만, 법적 의미를 갖는 수라면 그 작은 차이가 위법과 적법을 가르는 결정적 요소가 된다. 마치 99도에서는 물이 끓지 않지만 1도만 오르면 물이 끓는 것과 같은 이치다. 수로 이루어진 세상, 수는 시민적 권리의 기초이자 사회 변화의 출발점이다. 수로 인해 머리가 아파도, 우리가 수에 대한 맹목적 신뢰와 수동적 인식을 걷어내고 끊임없이 질문해야 하는 이유가 여기에 있다.

은행의 건전성을 나타내는 BIS 자기자본 비율은 8%로 이 비율을 지키지 못하면 감독 당국으로부터 영업 제한을 포함한 제재 조치를 받게 된다. 그런데 왜 8%로 시작되었는지 아는 사람은 거의 없다. 논문이나 관련 문헌에서 이에 대한 언급을 찾아보기 어려웠다. 미국에 연구차 머무르고 있던 동안 참여하고 있던 세미나에서 질문을 던졌다. 그 숫자는 어디에서 온 것인가. 당시 세미나 멤버들은 예일, 프린스턴, 스탠퍼드, 버클리 등 쟁쟁한 대학교의 교수들이었지만 명확한 답은 얻지 못했고, 이야기 과정에서 추측에 가까운 이야기가 나왔다. 당시 미국 내 금융기관들의 자기자본 비율이 8%였는데, 국경을 넘어선 금융기관 간 경쟁에서 국내 금융기관이 불리해지지 않도록 국제적인 기준을 정하는 과정에서 8%를 주장해서 관철된 것이 아닌가 하는 것이다. 물론 미국 내에서 8%를 부과했던 것에 대해서는 또 다른 이유가 있었겠지만.

코로나19 이후 재난지원금의 지급 그리고 계속되는 추경과 관련하여 재정 건전성에 우려를 표하는 목소리가 커졌다. 우리나라 역시도 재정 건전성과 관련하여 국가 부채비율을 GDP 대비 몇 %까지 허용할 수 있을 것인가를 두고 논란이 있었다. 현재 국제적인 기준으로는 EU가 마스트리흐트 조약을 통해 정한 60%가 통용되고 있다. 그렇다면 어디에서 이 60%는 나왔고, 우리나라는 왜 이 60%를 마지노선으로 보고 있을까?

EU의 60%는 마스트리흐트 조약 체결에 즈음하여 당시 유럽 주요국의 국가 부채의 중앙값이 선택된 것으로 보인다. 실제로 IMF의 2003년 보고서[189]에서는 서베이리서치 결과를 토대로 부채비율 한도를 제시하고 있는데, 선진국의 경우에는 60%까지 그리고 개발도상국의 경우에는 50%까지 허용하고 있다. 이들 숫자는 서베이리서치 결과의 중앙값이다. 우리나라도 국가 부채 비율을 60%까지 허용해도 된다는 주장은 여기에서 나온다. 최근에는 재정준칙을 법으로 만들자는 제안들이 국회를 중심으로 나오고 있는데, 법이 만들어지면 GDP 대비 부채비율 상한은 60%가 될 가능성이 높다.

2020년 초 'n번방 사건'으로 우리 사회는 큰 충격에 빠졌다. 그 잔혹성과 반인륜성에 분노했지만, 또 한 가지 놀라운 점은 그 범죄의 핵심적 역할을 했던 것이 10대 청소년이었다는 것이다. 그 즈음 여중생을 집단으로 성폭행한 사건이 있었는데 그들 또한 중학생이었다. 비단 이러한 일뿐만 아니라 많은 성범죄, 폭행 및 협박, 무면허운전을 저지르는 10대들이 많으며, 그중 상당수는 이른바 촉법소년이었다. 10세 이상 만 14세 미만의 형사 미성년자로서 형벌을 받을 범법 행위를 한 사람을 일컫는 것으로, 이들은 형사 책임 능력이 없다고 보아 형벌 대신에 〈소년법〉이 정하고 있는 보호처분을 받게 된다. 법적인 근거를 보면, 우리 〈형법〉 제9조와 〈소년법〉 제4조 제1항 제2호다. 2014년부터 2018년까지 검거된 범죄 소년(만 14세 이상 만 18세 이하)은 총 37만 4482명이었다. 2018년 소년부로 송치된 촉법소년은 7364명으로 2015년(6551명)과 비교해 12.4% 증가했다.[190]

당시 왜 14세로 정했을까? 당시 〈형법〉을 제정했던 입법자들은 경험에 비추어 14세 정도의 나이라면 옳고 그름의 분별이 정확하지 않을 수 있어 자신의 행동에 책임을 지우기에는 부적절하다고 판단하였다. 그러나 14세라는 숫자가 가지는 의미는 세상의 흐름에 따라 달라질 수 있다. 비록 입법 당시에는 그러했더라도 지금은 매스미디어와 인터넷의 발달로 훨씬 더 많은 정보를 받아들이고 있어 어떠한 행동이 옳은 것인지 아닌지에 대한 판단이 가능해졌다. 따라서 촉법소년의 연령을 13세 미만으로 낮추자는 의견이 강하게 제기되고 있다. 물론 여기에는 중학생 전과자를 양산할 수 있다는 반론도 있지만 그렇다고 자신의 행위가 타인의 생명과 신체 그리고 권리를 침해한다는 것을 알면서도 이를 행한 것에 대해서 책임을 묻지 않는 것은 더욱 이상한 결과를 가져올 수 있다.

가끔 교통 범칙금을 내면서 왜 4만 원이지, 주차 과태료를 내면서 왜 5만 원이지 하는 생각을 해보았을 것이다. 그런데 그 금액에 대해서 다투는 사람은 없다. 이러한 금액 말고도 법에서 정하고 있는 숫자는 매우 많은데, 대체로 아무런 의심이나 의문점 없이 주어진 숫자를 받아들인다. 그 수는 우리의 권리를 제한하는 정도이자 의무를 부과하는 무게다. 따라서 하찮은 수에도 깨어 있어야 한다.

에필로그

첫 번째 책인 《법의 지도》를 쓰고 나서 5년의 시간이 지났다. 그간 여러 신문 혹은 정기간행물에 칼럼을 써왔다. 주변에서 칼럼을 묶어서 책을 내라고 했지만, 칼럼과 책은 다른 차원의 일이다. 칼럼은 지면상 제약으로 인해 압축해서 핵심적인 논지 위주로 쓰다 보니 하고 싶은 이야기를 모두 담지 못하는 한계가 있다. 그래서 언젠가 칼럼의 내용을 모티브로 하되 보다 많은 것들을 논리적으로 담아내면서도 독자들이 생각해볼 수 있는 글을 써야겠다고 생각했다.

법학전문대학원에서 학생들을 가르치고 있어 분주한 일상의 삶을 살고 있던 터에 대학본부의 기획조정처장직을 맡아 좀처럼 자리에 진득하게 앉아 글을 쓰기 어려웠다. 그러다 보니 학교 보직을 마치고서야 일단 여기저기 흩어져 있던 글들을 모아 한데 묶기 시작했다.

　글을 통해 하고 싶었던 것은 '시민의 법'이라는 인식을 확산시키는 것이었다. 법은 시민의 삶을 제약하는 규칙이지만, 동시에 시민의 권리를 지키는 보루이기도 하다. 따라서 시민 스스로 자신의 권리를 제한하고 의무를 부과하는 규칙을 결정할 수 있어야 한다. 그 시작은 시민이 법을 아는 것이다.

　지난번《법의 지도》가 법의 역사적 형성 과정과 다양한 영역에서 법이 어떻게 발현되어 왔는지를 알아보았다면, 금번《법의 균형》에서는 법의 구체적인 모습과 우리 현실 속에서 법이 어떤 모습으로 비추어지고 있는가를 보여주고 있다. 특히 주안을 두었던 것은 충돌하는 양쪽의 이익 사이에서 '균형'을 찾으려는 노력이었다. 균형을 이루지 못한 법은 어느 한편에게는 혜택이겠지만 다른 한편에게는 큰 짐으로 다가올 수 있기 때문이다. 균형의 이유와 원리를 모른다면 법은 늘 경원의 대상이 될 수밖에 없다. 물론 잘못된 입법, 집행 그리고 판결이 있기도 하다. 이들은 반드시 개선되어야 하고 그 개선을 이끄는 힘은 시민의 힘이며, 개선의 지향점은 균형이다.

　글을 쓰는 동안에도 사회적으로 끊임없이 법이 이용당하거나 법이 무시되는 일들이 일어났으며, 이로 인해 국민적 공분이 일기도 했다. 관련 법률이 개정되었고 의미 있는 판결들도 나왔다. 코로나19로 인한 큰 사회 변화로 새로운 법적 이슈가 제기되었다. 가장 핵심적인 것은 '공공의 이익을 위해 어디까지 개인의 자유를 제한할 수 있는가'였다. 알파고의 충격 이후 비약적으로 발전하고 있는 AI 등 미래 기술은 향유하되, 시민의 권리를 어떻게 보장할 것인가를 두고 많은 토론과 연구가 이어지고 있다. 미래의 일이지만 곧 우리의 현재가 될 수 있기 때문이다.

좀 더 깊게 판례와 이론을 소개하고도 싶었다. 하지만 전문적인 지식도 중요하지만 책이 보다 편안하게 독자에게 다가서기를 바랐다. 법적 용어도 가급적 풀어서 일상의 용어로 썼다. 판례나 이론도 간략하게 정리했다. 법률 전문가들이 보기에는 다소 어색하게 느껴질 수도 있을지 모르겠다. 양해를 구한다.

주변의 지인들과 책의 초고를 놓고 토론과 대화를 나누었으면 훨씬 좋은 책이 되었을 것이다. 하지만 코로나19 시기에 사람들과 오랜 시간 대화를 나눌 수도 없어 그런 기회를 충분히 갖지 못한 점이 가장 아쉬움으로 남는다. 어려운 상황 속에서도 조희문 교수, 조정현 교수, 윤승영 교수, 장보은 교수, 양원석 변호사, 김정숙 변호사, 정다희 변호사가 원고를 꼼꼼히 읽고 소중한 의견을 주었다. 특히 법조기자인 왕성민 기자는 책의 구성 전체에 대한 굵직한 의견을 주어 책을 더 짜임새 있게 만들어주었다. 이외에도 최철 교수, 김도승 교수가 좋은 의견을 주었다. 함께 고민해준 이들에게 감사의 마음을 전한다.

완벽한 글이 아닌데도 추천의 글을 흔쾌히 써주신 이찬희 전 대한변호사협회장께 진심을 담아 감사의 인사를 드린다. 책의 영문 제목을 지어주신 정철자 통번역대학원 교수께도 고마움을 전한다. 법이라는 딱딱한 주제를 다루는 내용임에도 불구하고 출간해준 윤미경 헤이북스 대표와 어려운 주제를 잘 풀어서 정리해준 김영회 편집장에게 깊은 감사를 드린다. 끝으로, 오랜 집필 기간 동안 격려와 지원을 아끼지 않은 가족들에게도 고마움을 전한다.

나를 둘러싼 모두 그리고 모든 것으로부터 배웠다. 그 배움을 여기에서 나눈다. 여러 가지로 흠이 많은 책이지만 그래도 독자들이 현재의 법을 보는 균형적 시각을 가질 수 있으면 하는 바람이다. 이를 통해 정의와 공정을 꿈꾸는 사람들이 더 많아지기를, 다수가 꾸는 꿈이 현실로 나타나기를 소망한다.

2021년 4월, 이문동 법학관에서
최승필

주석

프롤로그

1   에밀 졸라, 유기환 역,《나는 고발한다》, 책세상, 2015, 29쪽.

1부 법, 균형을 찾다

1장 이익과 이해 사이에서

2   '5 Things Barack Obama said in his weirdly off-the-record MIT speech', reason:
     https://reason.com/2018/02/26/barack-obama-mit-sloan-sports/

3   마이클 샌델, 함규진 역,《공정하다는 착각》, 와이즈베리, 2020, 179쪽.

4   방송이나 녹음 시 잔향감을 주기 위해 인공적으로 메아리를 만들어내는 방.

5   SDF2019, "변화의 시작, 이게 정말 내 생각일까?", SBS D 포럼, 2019. 10. 31.

6   허태균,《어쩌다 한국인》, 중앙북스, 2015, 28쪽.

7   국회예산정책처,〈2020 조세 수첩〉, 2020, 10쪽.

8   〈개인정보보호법〉 제2조 1의2호;〈신용정보법〉 제2조 15호.

9   〈개인정보보호법〉 제58조의2;〈신용정보법〉 제2조 17호.

10   신종철,《개인정보보호법 해설》, 진한엠앤지, 2020, 30쪽.

11   Finance(금융)와 Technology(기술)의 합성어로, 금융과 IT의 융합을 통한 금융서
     비스 및 산업의 변화를 통칭한다.

12   대법원 2020. 4. 29. 선고 2018다3519 판결; 대법원 2008. 10. 23. 선고 2007다7973
     판결

13   대법원 2010. 3. 25. 선고 2007두8881 판결

14   한국은행,〈금융안정보고서〉, 가계 부채(가계 신용 통계 기준) 자료, 17쪽.

15   OECD, Best Practice Principles on Stakeholder Engagement in Regulatory
     Policy 2016; 최승필,〈Global Legal Issue-공공 행정/규제 개혁〉, 한국법제연구원,
     2018.

16 송덕수, 《신 민법 강의》, 박영사, 2014, 76쪽.

17 헌재, "1991. 6. 3. 89헌마204", 《판례집 3》, 268쪽.

18 허숭, 《사회, 법정에 서다》, 궁리, 2017, 274쪽.

19 대법원 1992.3.13. 선고 91다39559 판결.

20 김영란, 《판결과 정의》, 창비, 2019, 84쪽.

21 대법원 2013. 9. 26. 선고 2013다26746 전원합의체 판결.

22 김영란(2019), 앞의 책, 127쪽.

23 한국법제연구원, 〈영국 웨일스 '미래 세대 후생법'〉, 2020 참조

24 대법원 2012. 11. 19. 선고 2012도10392 판결.

25 국민대통합위원회, "세계 주요국의 국민 통합 정책과 제도: 공공 갈등관리 방안", 《국민 통합 이슈 모니터링》 Vol. 6, 2015, 11쪽.

26 대한민국시도지사협의회-해외 행정 우수 사례, 2014. 9. 10.

27 이상명, "공론화위원회와 민주주의", 《법과 정책 연구》 제19집 제1호, 2019, 5쪽.

28 선거에 승리한 선출직 공무원이 자신의 정치적 지지자를 공무원으로 임명하는 것.

29 1968년 미국 생물학자 개릿 하딘(Garrett Hardin)가 말한 '공유지의 희귀한 공유 자원은 어떤 공동의 강제적 규칙이 없다면 많은 이들의 무임승차 때문에 결국 파괴된다'는 것을 이른다.

30 "【팩플】디지털세는 손도 못 대는 '넷플릭스 무임승차 방지법'", 《중앙일보》, 2020. 5. 22.

31 소득 이전 및 세원 잠식(Base Erosion and Profit Shifting, BEPS)에 대응하기 위해 2015년에 OECD가 발표한 15개 행동 계획.

32 최승필, "BEPS Action Plan의 주요 내용과 2015년 발표 이후의 변화", 《Global Legal Issues》, 한국법제연구원, 201쪽.

33 한국 ABS 연구센터. https://www.abs.re.kr/app/absInfo/nagoyaView.do

2장 규제와 혁신 사이에서

34 김영란, 《열린 법 이야기》, 풀빛, 2016, 96~117쪽.

35 한국인공지능법학회, 《인공지능과 법》, 박영사, 2019, 4~5쪽.

36 "도망만 다닌 베테랑 조종사 격추⋯세기의 공중전 승자는 AI", 《중앙일보》, 2020. 8. 30.

37 https://ec.europa.eu/competition/elojade/isef/case_details.cfm?proc_code=1_39740

38 Ariel Ezrachi etal., Artificial Intelligence & Collusion: When Computers Inhibit Competition, The University of Oxford Centre for Competition Law and Policy, Working Paper CCLP (L) 40, 2

39 최지연, "디지털사회 법제 연구(V)-알고리즘 중립성 보장을 위한 법제 연구",《글로벌법제전략연구》17-18-2, 한국법제연구원, 2017, 41~42쪽.

40 State v. Loomis, 881 N.W.2d 749

41 U.S. District Court (2017), Amended summary judgement opinion, p. 17; Audrey Amrein-Beardsley, The Education Value-Added Assessment System(EVAAS) on Trial, p. 7, https://files.eric.ed.gov/fulltext/EJ1234497.pdf

42 U.S. District Court (2017), Amended summary judgement opinion, p. 18; Audrey Amrein-Beardsley, ibid, p. 7

43 State of Texas (2017), Settlement and full and final release agreement. p. 2; Audrey Amrein-Beardsley, ibid, p. 7

44 "대입 'A레벨' 성적 엉터리 산정. 알고리즘이 기가 막혀…",《중앙선데이》, 2020. 9. 19. 22면.

45 최승필, "공행정에서 AI의 활용과 행정법적 쟁점-행정작용을 중심으로",《공법연구》제49집 제2호, 2020, 229쪽.

46 최지연(2017), 앞의 책, 53쪽.

47 최지연(2017), 앞의 책, 55쪽.

48 고대 그리스의 철학자 헤라클레이토스의 사상을 나타내는 말이다.

49 https://brunch.co.kr/@budnamuu/35

50 Autonomous Vehicle Readiness Index. KPMG가 2018년에 개발한 평가 방법이다.

51 권영준, "사적 거래 질서에 있어서의 법의 지배와 경제적 효율성",《경제적 효율성과 법의 지배》, 박영사, 2009, 144쪽.

52 〈제조물 책임법〉 제3조 제2항.

53 규제를 뜻하는 레귤레이션(regulation)과 기술을 의미하는 테크놀로지(technology)의 합성어로, 금융회사로 하여금 내부 통제와 법규 준수를 용이하게 하는 정보 기술이다.

54 http://www2.deloitte.com

국문으로 정리된 구체적인 자료는 다음 논문을 참조: 최승필, '글로벌 리걸 이슈 2018-공공 행정/규제 개혁', 한국법제연구원, 2018.

55 최승필·임현·김대인, "제4차 산업혁명과 거버넌스-행정법 이론을 중심으로", 한국법제연구원, 2019.

56 금융보안원, "금융 규제 이행을 위한 RegTech의 필요성 및 향후 과제", 보안연구부 2017-008, 2017. 3. 13.

57 〈금융혁신특별법〉 제23조(배타적 운영권)

58 안드레스 오펜하이머, 손용수 역, 《2030 미래 일자리 보고서》, 가나문화콘텐츠, 2020, 227쪽.

59 안드레스 오펜하이머, 손용수 역(2020), 앞의 책, 248쪽.

60 CoEC(CEPEJ) European Charter on the Use of Artificial Intelligence in Judicial Systems and their environment.

61 최승필(2020), 앞의 논문(각주 45) 참조.

62 김나영, "의료 데이터의 활용 관련 일본·핀란드의 입법례", 〈최신외국입법정보〉 2020-14호, 국회도서관, 2020. 6. 9.

63 '가상통화, 가상화폐'라고 부르며 비트코인, 이더리움, 리플 등이 이에 해당한다. 영어로는 'Virtual Currency, Digital Currency, Crypto-currency'로 표현된다.

64 한정미·안수현, "디지털사회법제연구(I)-가상통화 규제 체제에 관한 연구", 한국법제연구원, 2017, 4~5쪽.

65 김형섭, "리히텐슈타인 블록체인법의 주요 내용 및 시사점", 《법연》 Vol.69, 한국법제연구원, 2020, 28쪽.

66 United States-Guidance issued on hard forks of crpytocurrency, 10 Oct 2019, News IBFD

67 http://www.wstv.asia

68 "페이스북 주도하던 가상화폐 '리브라'→'디엠'으로 개명", 《연합뉴스》, 2020. 12. 2. https://www.yna.co.kr/view/AKR20201202123400009?input=1195m

69 차현진, "중앙은행 디지털화폐, 전망은 '흐림'", 《오피니언뉴스》, 2020. 10. 6. http://www.opinionnews.co.kr/news/articleView.html?idxno=41089

70 영화 〈트루먼 쇼(The Truman Show)〉(1998)에서 주인공 트루먼은 지난 30년간 일

상이라고 믿었던 모든 것이 TV에 생중계되는 '쇼'였다는 것을 알게 된다.

71 "기차도 안면 인식으로 탑승…中, 현대판 빅브라더 우려", 《조선일보》, 2019. 12. 5.

72 장지연, "플랫폼 노동 현상에 어떻게 대응할 것인가", 《열린정책》 통권 제5호, 2020. 159쪽.

73 서울고등법원 2014. 8. 20. 선고 2012누37274, 2012누37281(병합) 판결.

74 참여연대 사법감시센터, 《공평한가? 그리고 법리는 무엇인가?》, 콤마, 2015, 86쪽.

75 AI 분야 과학자 한스 모라벡(Hans Moravec)이 이름 붙였다.

76 제러미 리프킨, 이영호 역, 《노동의 종말》, 민음사, 2010, 213쪽, James Samuel D. K. 〈The Impact of Cybernation on Black Automotive Workers in the U.S.〉, p.44 재인용.

77 제러미 리프킨, 이영호 역(2010), 앞의 책, 5쪽, J. C. L. Simonde de Sismondi, 〈New Principle of Political Economy〉, trans. Richard Hyse, Transactions Publishers, 1991, p.563 재인용.

78 "〔윤석만의 인간혁명〕 '제4차 혁명 시대, 인성이 최고 실력이다'", 《중앙일보》, 2017. 11. 11.

3장 위기와 위험 사이에서

79 원제는 'Die Kunst über Geld nachzudenken'이다.

80 대외적 방위, 국내 치안 유지, 사유 재산에 대한 침해의 제거 등 최소한의 임무만을 수행하는 국가를 말한다. 독일 사회주의자 라살(Lassalle, F.)이 자유주의 국가를 비판하여 사용한 개념이다.

81 이진수·최승필 외, "재정 건전성의 법적 개념과 기준", 한국법제연구원, 2020, 54-55쪽

82 페터 퀼러, 박지희 역, 《다빈치가 자전거를 처음 만들었을까-가짜 뉴스 속 숨은 진실을 찾아서》, 한국경제신문, 2020, 75-78쪽.

83 최승필, "가짜 뉴스에 대한 규제법적 검토: 언론 관련 법 및 정보통신망법상 규제를 중심으로", 《공법학연구》 제21권 제1호, 2020, 122쪽.

84 최승필(2020), 앞의 논문, 128쪽.

85 Faked Pelosi videos, slowed to make her appear drunk, spread across social media, The Washington Post, May 24, 2019. https://www.washingtonpost.com/

technology/2019/05/23/faked-pelosi-videos-slowed-make-her-appear-drunk-spread-across-social-media/

86 〈환경보건법〉 제19조 제2항.

87 지광석, "소비자권익증진기금의 필요성과 추진 방향에 대한 소고", 《소비자정책동향》 제80호, 2017. 5. 31., 14쪽.

88 조조던 엘렌버그, 김명남 역, 《틀리지 않는 법(How Not to Be Wrong)》, 열린책들, 2016, 518~519쪽. 307~311쪽.

89 최승필, "법은 위험을 어떻게 반영하는가", 《법연》 2018. 9, 63-65쪽에 실린 전문가 칼럼의 내용을 보완하고 알기 쉽게 재정리한 것이다.

90 행정법학이 계량화된 개념, 즉 계량적 위험에 대해 보다 친숙해진다면 전통적 개념에 따르더라도 리스크는 상당 부분 위험으로 재분류될 가능성이 있다.

91 재량과 관련하여 전문가 집단이 가질 수 있는 오류와 편향의 가능성을 통제하는 것은 매우 중요한 과제다. 전문성은 규제의 포획에 가장 취약할 수 있기 때문이다. 따라서 전문가 집단이 참여하는 기구의 중립성 문제는 매우 중요한 쟁점이다.

92 폴 존슨 지음, 명병훈 옮김, 근대의 탄생 II, 살림, 2014, 13-16면

93 재러드 다이아몬드, 강주헌 역, 《대변동》, 김영사, 2019, 411~412쪽.

94 말콤 글래드웰, 김규태 역, 《티핑 포인트》, 김영사, 2020, 16쪽.

95 재러드 다이아몬드, 강주헌 역(2019), 앞의 책, 299쪽.

96 미국 시카고에서 창궐해 2년 동안 전 세계에서 5000만 명(추정)의 목숨을 앗아갔다. 스페인이 바이러스의 발원지는 아니었지만 스페인 언론이 이 사태를 깊이 있게 다루면서 이름이 붙여졌다.

97 중국 구이저우성에서 첫 발견된 후 전 세계에서 200만 명(추정)의 목숨을 앗아갔다.

98 홍콩에서 창궐해 2년 동안 전 세계에서 100만 명(추정)의 목숨을 앗아갔다.

99 미국 캘리포니아에서 첫 발병된 후 214개국 이상에서 확진되었고 전 세계적으로 2만여 명(추정)의 목숨을 앗아갔다.

100 세계보건기구(WHO)가 선포하는 감염병 최고 경고 등급. 제한된 지역에 발생하는 유행병인 에피데믹(epidemic)의 단계를 넘어 두 대륙 이상 확산되는 전염병일 경우 이 용어를 쓴다.

101 중국 우한에서 시작해 전 세계로 퍼졌고, 이 글을 썼던 2020년 11월 27일 현재 전 세

계 6026만 명 이상이 확진되었고 142만 명 이상이 목숨을 잃었다.

102 오형규, 《경제로 읽는 교양 세계사》, 글담, 2016, 134쪽.

103 지도 제작에 사용되는 라틴어 용어로서, 2세기 로마의 지리학자 프톨레마이오스 (Ptolemy)가 만든 지도 책 《지리(Geography)》에 나온다.

104 "법조계, 포스트 코로나19를 대비한다", 《대한변협신문》, 2020. 5. 18. 1면.

105 1984년 이만희가 창설한 신천지예수교증거장막성전을 말한다.

106 "The Coronavirus Pandemic Will Forever Alter the World Order", 《WSJ》, 2020. 4. 3.

107 Yuval Noah Harari, The world after coronavirus, Financial Times, March 20, 2020, https://www.ft.com/content/19d90308-6858-11ea-a3c9-1fe6fedcca75

108 http://www.history.com/topics/middle-ages/pandemics-timeline

109 "흑사병·스페인독감…바이러스의 습격, 과학으로 극복", 《중앙선데이》, 2020. 2. 1~2쪽.

110 https://www.history.com/news/why-was-the-1918-influenza-pandemic-called-the-spanish-flu

감염병의 발생에 대해서는 정확히 어느 지역이 발원지인지 알기가 어려우며 가설에 의해서 논리가 제공될 뿐이다. 그리고 각국 역시 자국이 발원지가 아니라고 부인하면서 사실 명확한 자료가 없는 한 어느 지역이라고 특정하기는 어렵다.

111 홍춘욱, 《7대 이슈로 보는 돈의 역사 2》, 로크미디어, 2020, 111-112쪽.

112 2002년 중국 광둥에서 발생하여 전 세계로 확산되고 있다. 원인 병원체는 변종 코로나바이러스로 알려져 있다.

113 2012년 사우디아라비아 등 중동 지역에서 발생하여 전 세계로 확산되어 지금도 지속 발생 중이다. 원인 병원체는 메르스 코로나바이러스로 알려져 있다.

114 대법원 2014. 5. 16. 선고 2014두274 판결

115 대법원 2019. 4. 3. 선고 2017두52764 판결; 대법원 2014. 5. 16. 선고 2014두274 판결

116 http://freihietsrechte.org/corona-und-grundrechte

117 네이버 지식백과 시사경제용어사전 참조

118 스튜어트 로스, 강순이 역, 《모든 것의 처음》, 홍시, 2020, 207쪽.

119 "'쓰레기 가져갈래, 전쟁할래' 화난 동남아", 《한국일보》, 2019. 5. 30.

120 대법원 2008. 6. 12. 선고 2008도3108 판결.

121 이현숙, "팬데믹발 폐플라스틱 대란…기업·소비자 2인3각 감축을", 《중앙선데이》 2020. 9. 26.~27., 14면.

122 2019년 국회 환경노동위원회 국정감사 자료.

123 이현숙(2020), 앞의 기사.

124 〈해양환경관리법〉 제2조 제4호.

125 "주목받는 미세 먼지 시즌제", 《한국일보》, 2019. 6. 26.

126 최승필, "미세 먼지 대응에 대한 법적 검토", 《외법논집》 제43권 제2호, 2019. 5. 30., 241쪽; BVerwGE 128, 278

127 최승필(2019), 앞의 논문, 242쪽; BVerwGE 128, 278

128 BVerwG, Urt. v. 27. 2. 2018 - 7 C 30/17 (VG Stuttgart)

2부 법, 시민을 향하다

4장 법의 지배, 법을 통한 지배

129 국회 홈페이지의 국회 소개-역대 국회 소개-의안 통계 참조.

130 '허위 조작 정보'가 옳은 표현이나 일반적으로 '가짜 뉴스'라는 용어를 사용하므로 독자들의 이해를 돕기 위해 후자의 용어를 그대로 쓴다.

131 프랑스와 독일의 가짜 뉴스 대응 법제를 포함한 가짜 뉴스에 대한 법적 대응은 별도로 다룬다.

132 정보 시스템 환경을 구축하고 개방하여 누구나 다양하고 방대한 정보를 쉽게 활용할 수 있도록 제공하는 기반 서비스

133 대법원 최고의결기구로 대법원장(재판장)과 대법관 13명 중 재판에 관여하지 않는 법원행정처장을 맡는 대법관 1명을 제외하고 총 13명으로 구성된다.

134 대법원 2019. 2. 21. 선고 2018다248909 전원합의체 판결

135 〈형사소송법〉 제17조 제8호(2021.6.9. 시행)

136 프리드리히 하이에크, 민경국·서병훈·박종운 역, 《법, 입법 그리고 자유》, 자유기업원, 2018, 194쪽.

137 프리드리히 하이에크, 민경국·서병훈·박종운 역(2018), 앞의 책, 78쪽.

138 한스 로슬링 외, 이창신 역, 《팩트풀니스》, 김영사, 2020. 295쪽.

139 김재광, 《법학 산책》, 박영사, 2016, 54~55쪽.

140 한스 로슬링 외, 이창신 역(2019), 앞의 책, 69~70쪽.

141 김영란(2016), 앞의 책, 204~205쪽.

142 김태규, "법관이 양심 핑계로 정치적 이념 구현하려 들면 법치의 종막", 《월간조선》, 2020. 2.

143 조던 엘렌버그, 김명남 역(2016), 앞의 책, 518~519쪽.

144 김재광(2016), 앞의 책, 36~37쪽.

145 1894년 프랑스에서 일어난 간첩 의옥(疑獄) 사건이다. 군 법정이 유대인 장교 드레퓌스에게 독일의 간첩 혐의를 씌워 종신형을 선고했다. 드레퓌스는 1906년 무죄가 확정되어 군에 복직하였다.

146 에밀 졸라(2015), 앞의 책, 29쪽.

147 1994년 6월 미국 LA에서 일어난 살인 사건. 당시 용의자로 유명한 흑인 전 미식축구선수 O. J. 심슨이 체포되었으나 재판에서 무죄 판결을 받고 풀려났다. 진범은 아직 밝혀지지 않았다. 인종차별 문제와 확률, 통계의 함정 등 여러 분야에서 의미를 갖는 사건이다.

148 켄들 코피, 권오창 역, 《여론과 법, 정의의 다툼》, 커뮤니케이션북스, 2013, 101쪽.

149 켄들 코피, 권오창 역(2013), 앞의 책, 223쪽.

150 김영란(2019), 앞의 책, 174쪽.

151 John Ferejohn, Pasquale Pasquino, Rule of Democracy and Rule of Law, Cambridge University Press, 2003, p. 248

152 박은정, "정치의 사법화와 민주주의", 《서울대학교 법학》 제51권 제1호, 2010, 10쪽.

5장 느린 전진

153 2018년에 제4차 국민연금 재정계산이 이루어졌다.

154 기관 투자자가 수탁자로서의 책임을 다하도록 행동 원칙을 규정한 자율 규범.

155 재러드 다이아몬드, 강주현 역(2019), 앞의 책, 413~416쪽.

156 티머시 스나이더, 조행복 역, 《폭정》, 열린책들, 2017, 35쪽.

157 야스차 뭉크, 함규진 역, 《위험한 민주주의》, 와이즈베리, 2018, 55쪽.

158 대법원 2006. 3. 23. 선고 2003두11124 판결; 대법원 2006. 3. 23. 선고 2003두11155

판결

159 아마르티아 센, 이규원 역,《정의의 아이디어》, 지식의 날개, 2019.

6장 시민의 법

160 〈청원법〉 제4조.

161 류승훈,《조선의 법 이야기》, 이담북스, 2010, 17쪽. 조선의 청원제도에 대한 사항은 이 책의 내용을 기반으로 하였다.

162 류승훈(2010), 앞의 책, 26쪽.

163 류승훈(2010), 앞의 책, 28쪽.

164 류승훈(2010), 앞의 책, 29쪽.

165 류승훈(2010), 앞의 책, 30쪽.

166 류승훈(2010), 앞의 책, 32쪽.

167 정책기획위원회, "청와대 국민청원에 대한 국민 인식과 평가 및 발전적 운영을 위한 제도화 방안 제안", 2019, 18쪽.

168 정책기획위원회(2019), 앞의 자료, 19쪽.

169 https://www.indiepost.co.kr/post/2830

170 법의 타당성의 근거로서 가설적으로 설정된 궁극적인 최고의 규범. 오스트리아의 법학자 켈젠(Kelsen)이 제시하였다.

171 〈형법〉 제269조.

172 〈모자보건법〉 제14조 제1항.

173 헌재 2012. 8. 23. 2010헌바402 결정

174 헌재 2019. 4. 11. 2017헌바127 결정

175 김영란(2016), 앞의 책, 40쪽.; 이언 모리스, 이재경 역,《가치관의 탄생》, 반니, 2016, 142~143쪽.

176 단순 위헌과 헌법 불합치 결정의 차이는 단순 위헌인 경우 즉시 해당 법률이 효력을 상실하지만, 헌법 불합치 결정은 위헌적 상황을 개선한 개정 법률이 나올 때까지 기존 법률 조항은 유효하다는 것이다. 헌법 불합치 결정이 나면 국회는 새로운 입법을 해야 할 의무를 진다.

177 Roe v. Wade, 410 U.S. 113, 1973. 사생활 또는 신변 보호를 위해 당사자의 이름을 가명으로 할 때 통상적으로 사용하는 이름이 도(Doe) 또는 로(Roe)이다. 그리고

웨이드(Wade)는 당시 댈러스 카운티 지방검사였던 헨리 웨이드(Henry Wade)이다.

https://caselaw.findlaw.com/us-supreme-court/410/113.html

178 김재광(2016), 앞의 책, 362~363쪽; https://caselaw.findlaw.com/us-supreme-court/410/113.html

179 홍완식, 《법과 사회》, 법문사, 2018. 354쪽.

180 홍완식(2018), 앞의 책, 356쪽.

181 대법원 1969. 7. 22. 선고 69도934 판결; 대법원 2004. 7. 15. 선고 2004도2965 판결; 대법원 2007. 12. 27. 2007도7941 판결; 대법원 2009. 10. 15. 2009도7120 판결.

182 대법원 2004. 7. 15. 선고 2004도2965 판결.

183 서울남부지법 2004. 5. 21. 2002고단3941 판결.

184 헌법재판소 2004. 8. 26. 2002헌가1 결정

185 헌법재판소 2004. 10. 28. 2004헌바61 결정

186 헌법재판소 2011. 8. 30. 2008헌가22 결정

187 "법인도 2곳 중 1곳만 세금 낸다…면세비율 47.3%", 《연합뉴스》, 2016. 5. 8.

188 우리뿐만 아니라 EU의 '마스트리흐트 조약(Maastricht Treaty)' 역시 제104조에서 재정준칙으로 GDP 대비 비율을 60%로 규정하였다.

189 IMF, "Public debt in emerging markets: is it too high?", 2003.
https://www.elibrary.imf.org/view/IMF081/08007-9781589062832/08007-9781589062832/ch03.xml?language=en&redirect=true

190 2019년 9월 국회 행정안전위원회 소속 소병훈 의원이 경찰청으로부터 받은 국정감사 자료다.